FOKUS DEUTSCH

Erfolgreich in Alltag und Beruf
Brückenkurs (B1+)

Dieter Maenner
Joachim Schote
Gunther Weimann

Dieses Buch gibt es auch auf

www.scook.de/eb

zrjkw-tkz9f

Materialien online verfügbar unter
www.cornelsen.de/webcodes

Code: vusayo

Cornelsen

Symbole

 Alle Hörverstehensübungen zum Kurs- und Übungsbuch finden Sie unter www.cornelsen.de/webcodes. Geben Sie hier den Code **vusayo** ein.

Erfolgreich in Alltag und Beruf
Brückenkurs (B1+)
Kurs- und Übungsbuch
Deutsch als Fremdsprache

Im Auftrag des Verlages erarbeitet von
Dieter Maenner, Joachim Schote und Gunther Weimann

Redaktion: CoLibris-Lektorat Dr. Barbara Welzel
Redaktionsleitung: Gertrud Deutz
Bildredaktion: Katharina Hoppe-Brill, CoLibris-Lektorat Dr. Barbara Welzel
Illustrationen: Andreas Terglane
Umschlaggestaltung und Layout: finedesign Büro für Gestaltung, Berlin
Technische Umsetzung: Klein & Halm Grafikdesign, Berlin

www.cornelsen.de

Soweit in diesem Buch Personen fotografisch abgebildet sind und ihnen von der Redaktion Namen, Berufe, Dialoge oder Ähnliches zugeordnet oder diese Personen in bestimmte Kontexte gesetzt werden, dienen diese Zuordnungen ausschließlich der Veranschaulichung und dem besseren Verständnis des Buchinhalts.

Die Webseiten Dritter, deren Internetadressen in diesem Lehrwerk angegeben sind, wurden vor Drucklegung sorgfältig geprüft. Der Verlag übernimmt keine Gewähr für die Aktualität und den Inhalt dieser Seiten oder solcher, die mit ihnen verlinkt sind.

1. Auflage, 1. Druck 2019

Alle Drucke dieser Auflage sind inhaltlich unverändert und können im Unterricht nebeneinander verwendet werden.

© 2019 Cornelsen Verlag GmbH, Berlin

Druck: H. Heenemann, Berlin

ISBN 978-3-06-122455-4
ISBN 978-3-06-122459-2 (E-Book)
ISBN 978-3-06-122456-1 (Audio-CDs)

PEFC zertifiziert
Dieses Produkt stammt aus nachhaltig bewirtschafteten Wäldern und kontrollierten Quellen.

PEFC
PEFC/04-31-1156

www.pefc.de

Fokus Deutsch Brückenkurs (B1+) – auf einen Blick

Die Reihe Fokus Deutsch – Erfolgreich in Alltag und Beruf richtet sich an Lernende, die sich auf die sprachlichen Anforderungen im Arbeitsleben oder auf weiterführende Qualifizierungsmaßnahmen (zum Beispiel im Rahmen der bundesweiten berufsbezogenen Deutschsprachförderung nach § 45 a AufenthG) vorbereiten wollen.

Der Brückenkurs Fokus Deutsch (B1+) ermöglicht in dieser Reihe einen sanften Übergang von der Niveaustufe B1 zu B2 und schafft somit in heterogenen Lerngruppen die sprachlichen Voraussetzungen für eine erfolgreiche Arbeit mit Fokus Deutsch – Erfolgreich in Alltag und Beruf B2. Er eignet sich dabei insbesondere für Lernende, die nach dem letzten DaF-Kurs eine (längere) Pause eingelegt oder im Deutsch-Test für Zuwanderer nicht in allen Prüfungsteilen die Niveaustufe B1 erreicht haben. Er hilft nachhaltig, Lücken im Bereich Wortschatz und Grammatik zu schließen und die produktiven und rezeptiven Fertigkeiten niveaugerecht in arbeitsweltlichen Kontexten zu sichern. Der Brückenkurs Fokus Deutsch (B1+) bietet dabei Material für 100 Unterrichtseinheiten (UE) und ist ein integraler Bestandteil des vom BAMF konzipierten B2-Basiskurses mit einem Umfang von 500 UE.

Das Kurs- und Übungsbuch enthält sieben Einheiten à insgesamt 18 Seiten: sieben Seiten mit abwechslungsreichen Texten und Dialogen sowie lerneraktivierenden Aufgaben für gemeinsames Lernen im Kursraum, eine Seite „Kurz und bündig", die die wichtigsten Redemittel und grammatischen Strukturen übersichtlich zusammenfasst, sieben Seiten Übungen, die der Wiederholung und Festigung dienen, eine Seite „Wichtige Wörter" mit dem Lernwortschatz sowie zum Abschluss zwei Extra-Seiten „Wortschatz und Grammatik" für alle Lernenden, die noch etwas intensiver üben möchten. Diese Extra-Seiten können auch situationsbezogen zur inneren Differenzierung eingesetzt werden.

In den sieben Einheiten des Brückenkurses werden wichtige Grundstufeninhalte im Bereich Grammatik (z. B. Bildung und Gebrauch der Zeitformen, Verben mit Präpositionen oder Sätze und Satzverbindungen) systematisch wiederholt und gefestigt, Redemittel und relevanter Wortschatz reaktiviert sowie die vier Fertigkeiten (Lesen, Hören, Schreiben, Sprechen) intensiv trainiert.

Mit der kostenlosen **PagePlayer-App** können die Audios zum Kurs- und Übungsbuch heruntergeladen und anschließend abgespielt werden. Alternativ sind die Audios auch unter www.cornelsen.de/webcodes (Webcode **vusayo**) als Download verfügbar. Zudem finden Sie auf www.cornelsen.de/fokus-deutsch/alltag-beruf weitere Produkte der Lehrwerksreihe, wie etwa die Lösungen zu den Übungen, Handreichungen für den Unterricht und Audio-CDs.

Viel Spaß und Erfolg beim Deutschlernen mit dem Brückenkurs (B1+) der Reihe Fokus Deutsch – Erfolgreich in Alltag und Beruf.

Inhalt

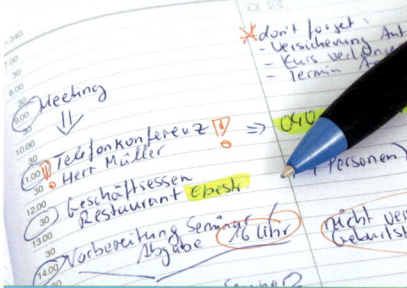

Inhalt

A — Ausbildung
B — Studium
3 Deutschkurs
C — Grundschule
5 Umschulung / Weiterbildung
6 E-Learning-Kurs

A Schule, Ausbildung, Weiterbildung

1a Arbeiten Sie in Gruppen. Wählen Sie ein Foto aus und beschreiben Sie die Situation auf dem Foto: Wer? Was? Wo? Warum? Die Begriffe 1–6 helfen. Präsentieren Sie Ihre Ergebnisse im Kurs.

> Auf Bild D sieht man einen Kursraum und Lernende an Computern. Wahrscheinlich nehmen sie an einer Weiterbildung teil.

1b Woran denken Sie bei den Themen Schule, Ausbildung und Weiterbildung? Sammeln Sie.

2a Hören Sie das Vorstellungsgespräch. Welche Situationen auf den Fotos (oben) erwähnt Herr Suwaid?

2b Hören Sie das Gespräch noch einmal und beantworten Sie die Fragen.

1 Woher kommt Herr Suwaid?
2 Wo und wie lange ist er zur Schule gegangen?
3 Welche Deutschprüfung hat er gemacht?
4 An welcher Weiterbildung hat er teilgenommen?

2c Befragen Sie sich gegenseitig über Ihren Ausbildungsweg (Schulzeit, Ausbildung) und Ihren Beruf. Machen Sie Notizen und stellen Sie Ihre Partnerin / Ihren Partner im Kurs vor.

Redemittel

Wo und wie lange sind Sie zur Schule gegangen? / Was waren Ihre Lieblingsfächer? / Welche Erinnerungen haben Sie an die Schulzeit? Haben Sie einen Schulabschluss / eine Weiterbildung/Umschulung gemacht? Wann und wo?
Haben Sie Berufserfahrung? / Wo haben Sie gearbeitet?

Sie lernen
- über Schule, Ausbildung und Weiterbildung sprechen
- den eigenen Lebensweg beschreiben
- über Selbstständigkeit sprechen
- über berufliche Ziele sprechen
- Vergangenheitsformen (Wdh.): Perfekt, Präteritum
- Infinitiv mit *zu*

3 a Die Braun GmbH stellt neue Mitarbeiterinnen und Mitarbeiter vor. Lesen Sie den Text im Intranet des Betriebs. Welche Aussagen stehen im Text? Kreuzen Sie an.

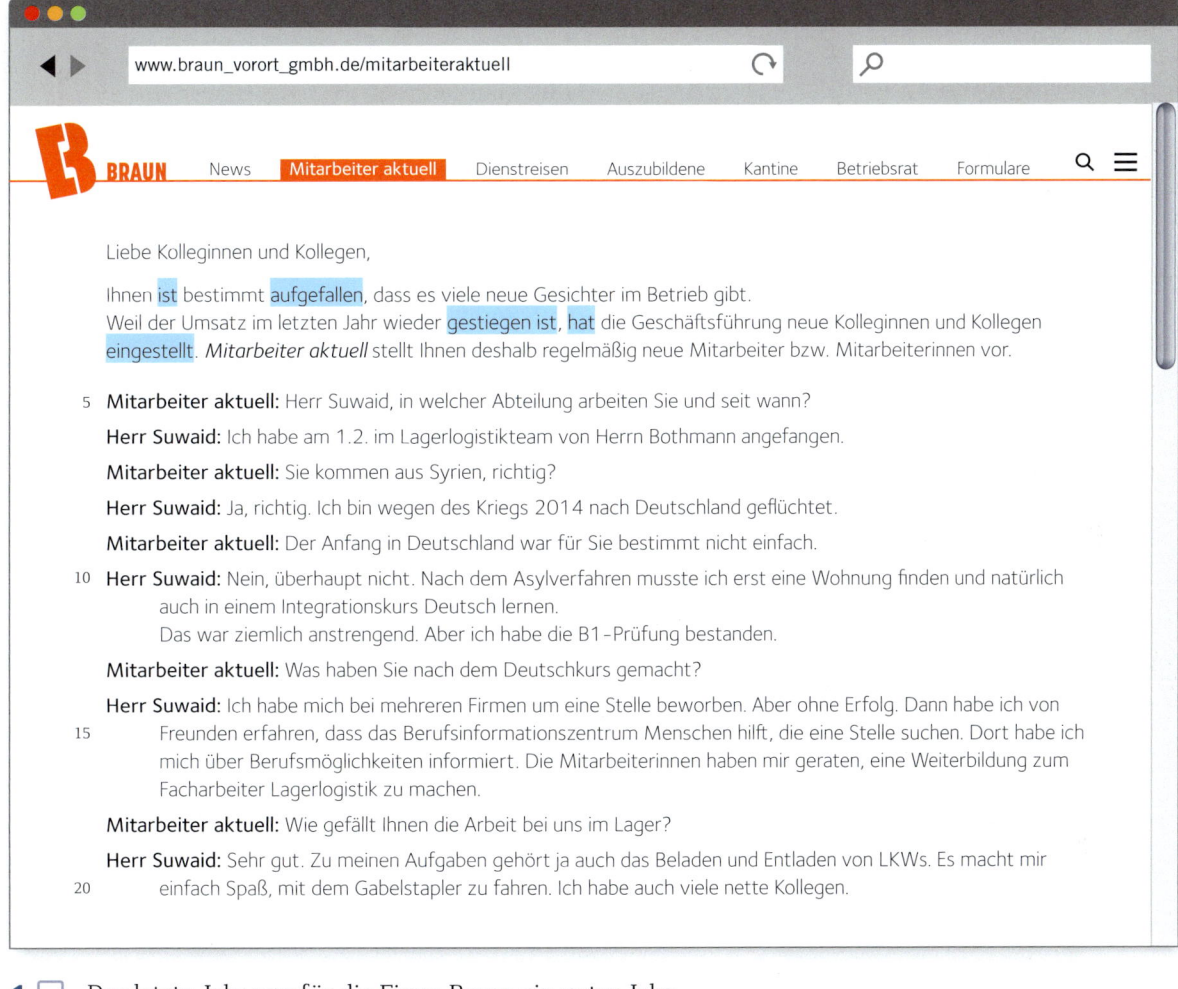

www.braun_vorort_gmbh.de/mitarbeiteraktuell

BRAUN   News   Mitarbeiter aktuell   Dienstreisen   Auszubildene   Kantine   Betriebsrat   Formulare

Liebe Kolleginnen und Kollegen,

Ihnen ist bestimmt aufgefallen, dass es viele neue Gesichter im Betrieb gibt.
Weil der Umsatz im letzten Jahr wieder gestiegen ist, hat die Geschäftsführung neue Kolleginnen und Kollegen eingestellt. *Mitarbeiter aktuell* stellt Ihnen deshalb regelmäßig neue Mitarbeiter bzw. Mitarbeiterinnen vor.

5   **Mitarbeiter aktuell:** Herr Suwaid, in welcher Abteilung arbeiten Sie und seit wann?

Herr Suwaid: Ich habe am 1.2. im Lagerlogistikteam von Herrn Bothmann angefangen.

Mitarbeiter aktuell: Sie kommen aus Syrien, richtig?

Herr Suwaid: Ja, richtig. Ich bin wegen des Kriegs 2014 nach Deutschland geflüchtet.

Mitarbeiter aktuell: Der Anfang in Deutschland war für Sie bestimmt nicht einfach.

10   **Herr Suwaid:** Nein, überhaupt nicht. Nach dem Asylverfahren musste ich erst eine Wohnung finden und natürlich auch in einem Integrationskurs Deutsch lernen.
Das war ziemlich anstrengend. Aber ich habe die B1-Prüfung bestanden.

Mitarbeiter aktuell: Was haben Sie nach dem Deutschkurs gemacht?

Herr Suwaid: Ich habe mich bei mehreren Firmen um eine Stelle beworben. Aber ohne Erfolg. Dann habe ich von
15   Freunden erfahren, dass das Berufsinformationszentrum Menschen hilft, die eine Stelle suchen. Dort habe ich mich über Berufsmöglichkeiten informiert. Die Mitarbeiterinnen haben mir geraten, eine Weiterbildung zum Facharbeiter Lagerlogistik zu machen.

Mitarbeiter aktuell: Wie gefällt Ihnen die Arbeit bei uns im Lager?

Herr Suwaid: Sehr gut. Zu meinen Aufgaben gehört ja auch das Beladen und Entladen von LKWs. Es macht mir
20   einfach Spaß, mit dem Gabelstapler zu fahren. Ich habe auch viele nette Kollegen.

1 ☐ Das letzte Jahr war für die Firma Braun ein gutes Jahr.
2 ☐ Das Deutschlernen war für Herrn Suwaid kein Problem.
3 ☐ Nach dem Deutschkurs hat er sofort einen Job bei der Firma Braun bekommen.
4 ☐ Bei der Firma Braun muss er unter anderem Fahrzeuge aus- und einladen.

3 b Sehen Sie sich die markierten Verben in dem Intranet-Text an und schreiben Sie einen kurzen Text über Ihre eigene Schul- und Ausbildungszeit sowie über Ihre Berufserfahrung. Benutzen Sie das Perfekt.

Redemittel

Den eigenen Lebensweg beschreiben

Ich bin von … bis … in … in die Schule gegangen.
Ich habe mit … Jahren meinen Schulabschluss gemacht. /
Ich habe keinen Schulabschluss. / Ich konnte die Schule
nicht beenden, weil …
Nach der Schule habe ich … / Ich habe eine Ausbildung als
… gemacht. / Ich habe noch keine Ausbildung gemacht. /
Nach der Schule habe ich sofort gearbeitet.
Deutsch habe ich in … gelernt. / Ich habe in einer Firma in
… als … gearbeitet.

Memo

Bildung des Perfekts

Die meisten Verben bilden das Perfekt mit
haben + Partizip II.
Verben mit Positionsveränderung bilden das
Perfekt mit *sein*, z. B.:

fahren → ich bin gefahren,
laufen → ich bin gelaufen,
fliegen → ich bin geflogen.

1 a Überfliegen Sie das Porträt von Herrn Esso. Welche Überschrift passt am besten? Tragen Sie sie ein.

1 Ein Migrant, der erfolgreich seinen Weg geht
2 Gute Berufsaussichten für Migranten in Krankenhäusern
3 Immer mehr Migranten erfolgreich im Beruf

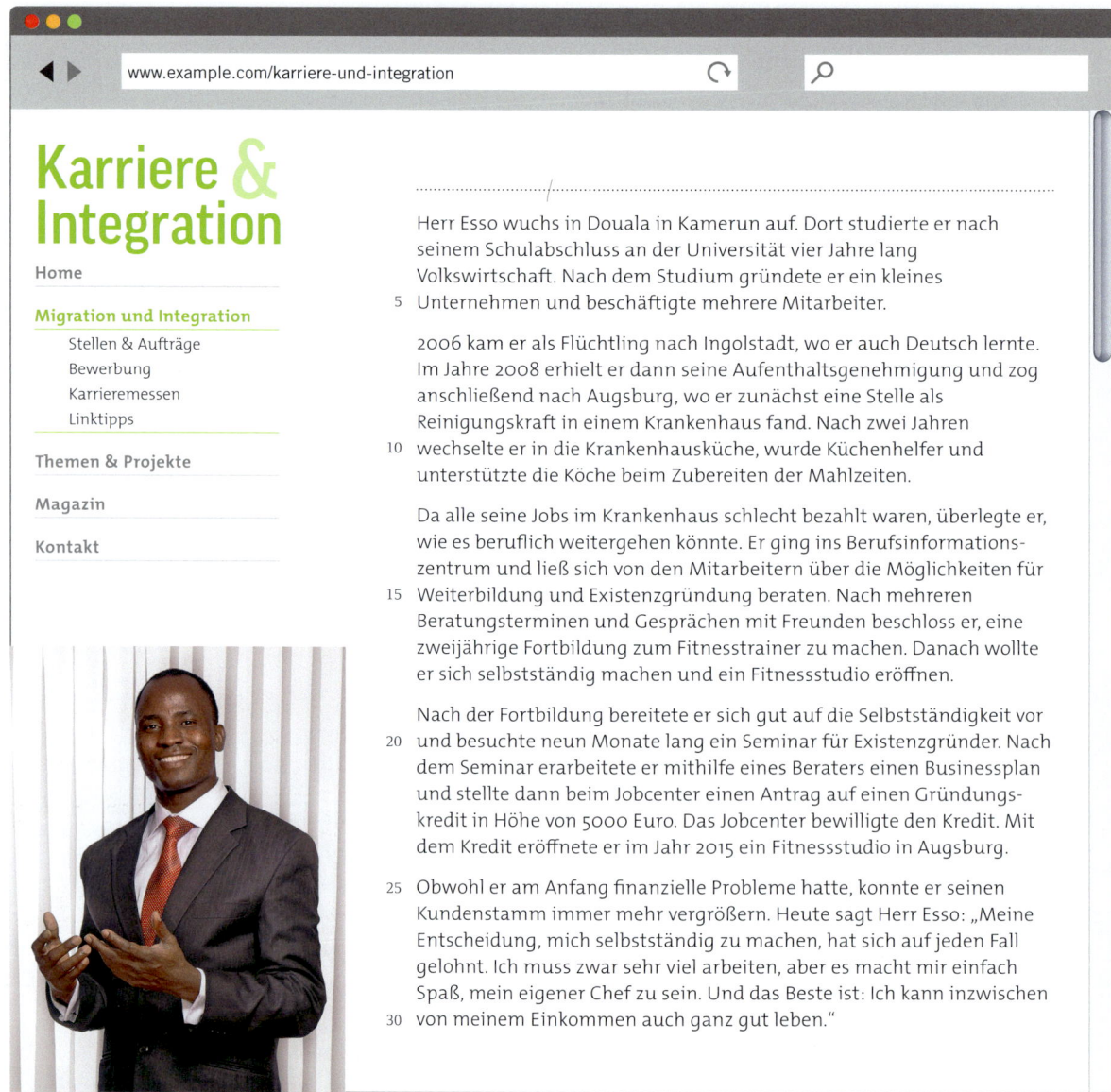

Karriere & Integration

Home

Migration und Integration
  Stellen & Aufträge
  Bewerbung
  Karrieremessen
  Linktipps

Themen & Projekte

Magazin

Kontakt

www.example.com/karriere-und-integration

Herr Esso wuchs in Douala in Kamerun auf. Dort studierte er nach seinem Schulabschluss an der Universität vier Jahre lang Volkswirtschaft. Nach dem Studium gründete er ein kleines
5 Unternehmen und beschäftigte mehrere Mitarbeiter.

2006 kam er als Flüchtling nach Ingolstadt, wo er auch Deutsch lernte. Im Jahre 2008 erhielt er dann seine Aufenthaltsgenehmigung und zog anschließend nach Augsburg, wo er zunächst eine Stelle als Reinigungskraft in einem Krankenhaus fand. Nach zwei Jahren
10 wechselte er in die Krankenhausküche, wurde Küchenhelfer und unterstützte die Köche beim Zubereiten der Mahlzeiten.

Da alle seine Jobs im Krankenhaus schlecht bezahlt waren, überlegte er, wie es beruflich weitergehen könnte. Er ging ins Berufsinformationszentrum und ließ sich von den Mitarbeitern über die Möglichkeiten für
15 Weiterbildung und Existenzgründung beraten. Nach mehreren Beratungsterminen und Gesprächen mit Freunden beschloss er, eine zweijährige Fortbildung zum Fitnesstrainer zu machen. Danach wollte er sich selbstständig machen und ein Fitnessstudio eröffnen.

Nach der Fortbildung bereitete er sich gut auf die Selbstständigkeit vor
20 und besuchte neun Monate lang ein Seminar für Existenzgründer. Nach dem Seminar erarbeitete er mithilfe eines Beraters einen Businessplan und stellte dann beim Jobcenter einen Antrag auf einen Gründungskredit in Höhe von 5000 Euro. Das Jobcenter bewilligte den Kredit. Mit dem Kredit eröffnete er im Jahr 2015 ein Fitnessstudio in Augsburg.

25 Obwohl er am Anfang finanzielle Probleme hatte, konnte er seinen Kundenstamm immer mehr vergrößern. Heute sagt Herr Esso: „Meine Entscheidung, mich selbstständig zu machen, hat sich auf jeden Fall gelohnt. Ich muss zwar sehr viel arbeiten, aber es macht mir einfach Spaß, mein eigener Chef zu sein. Und das Beste ist: Ich kann inzwischen
30 von meinem Einkommen auch ganz gut leben.“

1 b Lesen Sie das Porträt noch einmal und entscheiden Sie, was im Text steht: a, b oder c? Kreuzen Sie an.

1 Herr Esso war in seiner Heimat
  a ☐ Volkswirt.
  b ☐ Unternehmer.
  c ☐ Mitarbeiter.

2 Im Krankenhaus arbeitete er zuletzt als
  a ☐ Reinigungskraft.
  b ☐ Küchenarbeiter.
  c ☐ Koch.

3 Im Anschluss an seine Fortbildung zum Fitnesstrainer
  a ☐ erarbeitete er einen Businessplan.
  b ☐ besuchte er einen Kurs für Existenzgründer.
  c ☐ beantragte er einen Kredit.

1 c Schreiben Sie drei W-Fragen zum Text. Fragen und antworten Sie anschließend im Kurs.

Wo studierte Herr Esso? Wann kam er ...?

2a

Das Präteritum. Markieren Sie in 1a die Präteritumformen und tragen Sie sie in eine Tabelle ein. Unterscheiden Sie dabei, ob die Verben regelmäßig oder unregelmäßig sind.

Infinitiv	Präteritum	
	regelmäßige Verben	unregelmäßige Verben
aufwachsen		wuchs auf
studieren	studierte	
kommen		kam

2b

Über Vergangenes berichten. Lesen Sie die Regel und streichen Sie die Zeitformen, die nicht passen.

Regel

Beim Sprechen über Vergangenes benutzt man meistens das *Präsens / Perfekt / Präteritum*.
In schriftlichen Texten, z. B. in Zeitungsartikeln, benutzt man vor allem das *Präsens / Perfekt / Präteritum*.
Bei *haben*, *sein* und den Modalverben (*wollen, müssen, können, sollen, dürfen*) benutzt man auch im Mündlichen meist das *Präsens / Perfekt / Präteritum*.

Strategie

Lernen Sie die unregelmäßigen Verben mithilfe von Lernkarten. Schreiben Sie zehn Lernkarten mit für Sie wichtigen Verben und üben Sie sie.

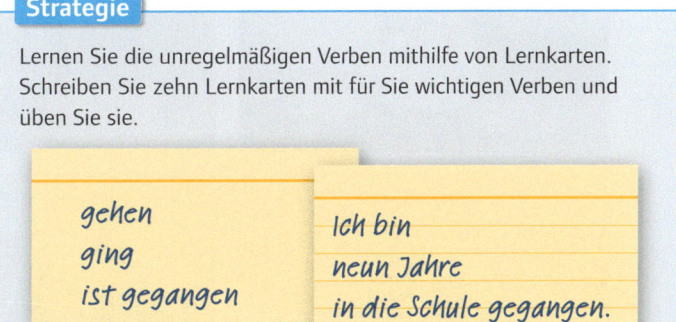

gehen
ging
ist gegangen

Ich bin
neun Jahre
in die Schule gegangen.

2c

Der Lebensweg von Jelka Ilic. Sehen Sie sich die Bilder und die Stichpunkte an und schreiben sie einen Text über das Leben von Jelka Ilic. Benutzen Sie das Präteritum.

Jelka wuchs … Sie …

aufwachsen: in Belgrad,
dort zur Schule gehen: 1994 – 2006,
Lieblingsfach: Sport

nach Deutschland kommen: 2012,
schnell Wohnung finden,
B1-Prüfung bestehen: 2013

Umschulung machen zur Köchin: 2015,
um eine Stelle bewerben und
sofort bekommen: 2017

3

Thema Selbstständigkeit. Wo sehen Sie Chancen, wo Risiken? Sammeln Sie und diskutieren Sie in Gruppen. Stellen Sie Ihre Ergebnisse im Kurs vor.

Chancen	Risiken
Man hat mehr Freiheit. Man kann sich die Arbeit selbst einteilen. …	Man trägt Verantwortung für Mitarbeiter. Man verdient nicht immer gut. …

Redemittel

Über Selbstständigkeit sprechen

Unserer Meinung nach … / Man sollte bedenken, dass …
Für/Gegen Selbstständigkeit spricht, dass … / Dafür/Dagegen spricht … /
Positiv/Negativ an der Selbstständigkeit ist, …
Ein großer Vorteil von Selbstständigkeit liegt darin, dass … / Ich finde es einen Vorteil/Nachteil, dass …

11

C Fit für den Arbeitsmarkt

1 Arbeitssuche in Deutschland: Welche Schwierigkeiten kann es geben? Welche Erfahrungen haben Sie gemacht? Sammeln Sie in Gruppen und sprechen Sie.

> Die Ausbildung wird nicht anerkannt.

> Ich habe meine Zeugnisse auf der Flucht verloren.

>  …

2a Ein Interview mit drei Migrantinnen und Migranten. Sie hören den ersten Teil der Radiosendung. In welchen Berufen arbeiten die drei Personen heute? Ordnen Sie die Fotos den Personen zu.

Ihra Sarasin ☐ ☐   Abdi Ibrow ☐ ☐   Sevil Bodog ☐ ☐

2b Hören Sie noch einmal und ergänzen Sie die Informationen.

	Woher?	Schule und Beruf in der Heimat	Fortbildung in Deutschland	Beruf und Arbeitgeber jetzt
Ihra Sarasin	*aus Thailand*			
Abdi Ibrow		*keine Ausbildung*		
Sevil Bodog				

2c Hören Sie das Interview weiter und kreuzen Sie an: Wer sagt was? Notieren Sie B (= Bodog), I (= Ibrow) oder S (= Sarasin).

1. ☐ Es fiel mir nicht leicht, Deutsch zu lernen.
2. ☐ Ich wollte meine Berufschancen verbessern. Deshalb beschloss ich, eine Fortbildung zu machen.
3. ☐ Ich hatte oft keine Lust, am Wochenende zu lernen.
4. ☐ Weil ich keine abgeschlossene Berufsausbildung hatte, war es schwer für mich, eine Arbeit zu finden.
5. ☐ Nach meiner Ankunft in Deutschland, habe ich gleich versucht, in meinem Beruf zu arbeiten.
6. ☐ Es war gar nicht einfach, alle wichtigen Dokumente und Zeugnisse zusammenzustellen.

3 a Infinitiv mit *zu*. Lesen Sie die Regel und ergänzen Sie mithilfe von 2c die Sätze.

> **Regel**
>
> **Infinitiv mit *zu***
>
> Ein Infinitiv mit *zu* steht nach:
> - bestimmten Verben (z. B. *anfangen, versuchen, beschließen, finden, hoffen ...*): Er hat angefangen, für die Prüfung zu lernen.
> - Ausdrücken mit Nomen + *haben* (z. B. *Zeit/Lust ... haben*): Ich habe heute keine Zeit, einzukaufen.
> - Ausdrücken mit es *ist/war* + Adjektiv (z. B. *Es ist/war gut/schlecht/schwierig/schön ...*): Es ist schön, am Wochenende lange schlafen zu können.
> - Ausdrücken mit *es macht ...* (z. B. *Es macht Spaß/Freude/...*): Es macht mir Spaß, im Sommer ins Grüne zu fahren.

1 Herr Ibrow: Es fiel mir nicht leicht, ...

2 Frau Bodog beschloss, ...

3 Frau Bodog: Ich hatte oft keine Lust, ...

4 Herr Ibrow: Es war für mich schwer, ...

5 Frau Sarasin: Ich habe gleich versucht, ...

6 Frau Sarasin: Es war gar nicht einfach, ...

3 b Arbeiten Sie zu zweit. Fragen und antworten Sie.

Ist es leicht/schwer, Hast du Lust, Macht es Spaß, Hast du versucht,	die B2-Prüfung zu bestehen? Deutsch zu lernen? einen guten Job zu finden? sich selbstständig zu machen? die Nachbarn kennenzulernen? eine Weiterbildung zu machen? einen Antrag auf Anerkennung ausländischer Berufsabschlüsse zu bekommen?	Natürlich! Selbstverständlich! Ja, (ziemlich). Ich glaube schon/nicht. Ich weiß nicht. Nein. Auf gar keinen Fall!

3 c Das bin ich. Schreiben Sie Sätze über sich und lesen Sie sie im Kurs vor.

1 Es macht mir (keinen) Spaß, ...

2 Ich finde es wichtig, ...

3 Nach dem Kurs habe ich (keine) Lust, ...

4 Ich möchte in diesem Jahr versuchen, ...

5 Es ist langweilig, ...

6 Ich habe oft keine Zeit, ...

7 Ich möchte anfangen, ...

8 Ich finde es schwer, ...

4 Was sind Ihre Ziele? Wo möchten Sie nach dem Sprachkurs arbeiten. Berichten Sie.

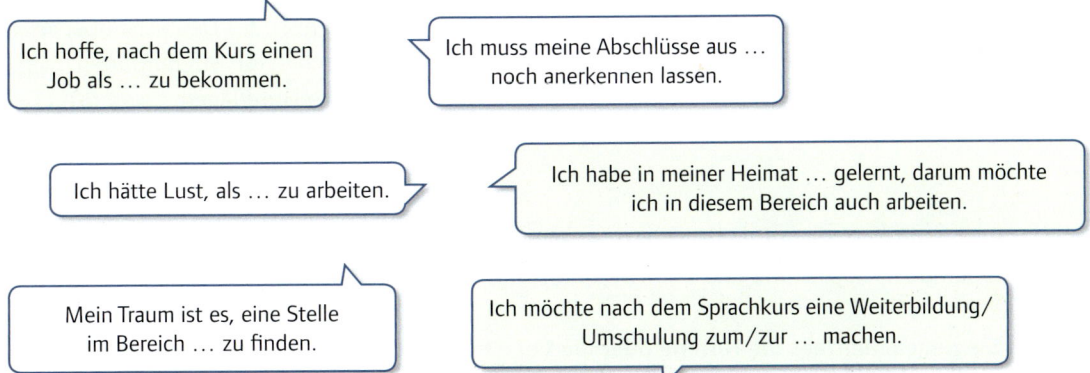

Ich hoffe, nach dem Kurs einen Job als ... zu bekommen.

Ich muss meine Abschlüsse aus ... noch anerkennen lassen.

Ich hätte Lust, als ... zu arbeiten.

Ich habe in meiner Heimat ... gelernt, darum möchte ich in diesem Bereich auch arbeiten.

Mein Traum ist es, eine Stelle im Bereich ... zu finden.

Ich möchte nach dem Sprachkurs eine Weiterbildung/ Umschulung zum/zur ... machen.

1a Ein Berater im Jobcenter hat Ihnen eine Broschüre mitgegeben. Lesen Sie den Text. Worum geht es? Tauschen Sie sich aus und tragen Sie das Thema als Überschrift ein.

Sie möchten in Ihrem Wunschberuf arbeiten? Für viele Migrantinnen und Migranten ist es aber nicht immer einfach, Arbeit zu finden. Auch Fachkräfte mit Arbeitserlaubnis haben es oft schwer, in ihren
5 erlernten Berufen zu arbeiten. Zeugnisse und offizielle Dokumente sind für Arbeitgeber sehr wichtig. Wenn Sie aber im Ausland zur Schule gegangen sind und dort eine Ausbildung gemacht oder studiert haben, wissen Arbeitgeber in Deutschland meistens nicht,
10 was Ihre Zeugnisse und Qualifikationen bedeuten und welche Kompetenzen Sie haben. Sie können aber eine Anerkennung Ihrer Zeugnisse und Berufsqualifikationen beantragen.

Bei einer Anerkennung werden Ihre Zeugnisse und
15 Berufsabschlüsse mit deutschen Zeugnissen und Berufsabschlüssen verglichen. Wenn es keine großen Unterschiede gibt, bekommen Sie die volle

Anerkennung. Wenn es aber größere Unterschiede gibt, müssen Sie eine Qualifizierungsmaßnahme machen.
20 Das sind z.B. Kurse oder Praktika.

Wenn Sie in einem reglementierten Beruf arbeiten möchten, müssen Sie einen Antrag auf Anerkennung stellen. Das sind zum Beispiel Berufe im medizinischen Bereich (Arzt/Ärztin, Gesundheits- und
25 Krankenpfleger/-in usw.), im Bildungswesen (Lehrer/-in, Erzieher/-in usw.), im Handwerk (Bäckermeister/-in usw.) und Rechtsberufe (Richter/-in, Rechtsanwalt/-anwältin usw.).

Sie benötigen für die Anerkennung u.a.
30 • eine Übersicht über Ihre Ausbildung und Berufstätigkeit,
• Ihre Zeugnisse sowie
• Nachweise über Ihre Berufserfahrung.
In einem ersten Schritt ist es wichtig, alle Zeugnisse
35 und Zertifikate zusammenzustellen. Sie brauchen dann beglaubigte Kopien von Ihren Unterlagen in deutscher Sprache. Wenn Sie alle Unterlagen haben, dauert das Verfahren meistens nicht länger als drei Monate. Es kostet jedoch 200 bis 600 Euro. Manchmal
40 übernimmt die Agentur für Arbeit die Kosten.

1b Lesen Sie den Text noch einmal und entscheiden Sie: Welche Aussagen sind richtig? Kreuzen Sie an.

1 Für Migrantinnen und Migranten ist es schwer,
  a ☐ in ihrem Wunschberuf zu arbeiten.
  b ☐ eine Arbeitserlaubnis in ihrem Wunschberuf zu bekommen.
  c ☐ als Fachkraft zu arbeiten.

3 Wer als Krankenpfleger arbeiten möchte, muss
  a ☐ eine Qualifizierungsmaßnahme machen.
  b ☐ zuerst beantragen, dass seine Ausbildung und Qualifikationen anerkannt werden.
  c ☐ seine Zeugnisse mit deutschen Zeugnissen vergleichen.

2 Arbeitgeber in Deutschland möchten von Migrantinnen und Migranten vor allem wissen,
  a ☐ welche Schulen sie besucht haben.
  b ☐ welche Zeugnisse sie haben.
  c ☐ was die Zeugnisse und Qualifikationen bedeuten.

4 Für die Anerkennung ihrer Abschlüsse
  a ☐ müssen Migrantinnen/Migranten ihre Zeugnisse ins Deutsche übersetzen.
  b ☐ brauchen die Migrantinnen/Migranten einige Unterlagen.
  c ☐ benötigen Migrantinnen/Migranten mindestens drei Monate.

2a Projekt. Recherchieren Sie auf der Webseite www.anerkennung-in-deutschland.de und sammeln Sie Informationen über die Hotline und Vor-Ort-Beratung.

2b Nehmen Sie gegebenenfalls die Hotline oder die Vor-Ort-Beratung in Anspruch. Welche Voraussetzungen für die Anerkennung eines Berufs Ihrer Wahl sind notwendig? Stellen Sie diese im Kurs vor.

Kommunikation

über Schule, Ausbildung und Weiterbildung sprechen

Ich bin in … Jahre zur Grundschule/… gegangen. Danach bin ich auf … gegangen.
Im Jahr … habe ich meinen Schulabschluss gemacht. / Ich habe keinen Schulabschluss gemacht.
Nach der Schule habe ich eine Ausbildung zu … gemacht..

den eigenen Lebensweg beschreiben

Ich wurde … in … geboren. / Ich wuchs in … auf und ging dort zur Schule. / Als ich nach Deutschland
kam, lernte ich Deutsch. / Nach dem Deutschkurs machte ich eine Weiterbildung zu …

über Selbstständigkeit sprechen

Für / Gegen Selbstständigkeit spricht …
Wenn man selbstständig ist, hat man mehr Verantwortung / ist man sein eigener Chef / …

über seine beruflichen Ziele sprechen

Mein Traum ist es, eine Stelle im Bereich … zu finden. / Ich habe … gelernt, darum möchte ich in diesem
Bereich auch arbeiten. / Ich möchte eine Weiterbildung/Umschulung zum/zur … machen.

Grammatik

Perfekt

Im Perfekt stehen die konjugierten Formen von *haben* und *sein* im Hauptsatz auf Position 2 und das
Partizip II am Satzende.

	Position 2		Partizip II
Sie	hat	zwei Jahre lang Deutsch	gelernt.
Im Sommer	hat	sie die DTZ-Prüfung	bestanden.
Wann	bist	du nach Deutschland	gekommen?

Die meisten Verben bilden das Perfekt mit *haben* + Partizip II.
Perfekt mit *sein*: Verben mit Positionsveränderung (ich bin gegangen/gefahren/…)
Verben mit Veränderung des Zustands (ich bin aufgewacht / es ist passiert)
Bei den Verben *sein* (ich bin gewesen) und *bleiben* (ich bin geblieben)

Präteritum

	regelmäßige Verben im Präteritum		unregelmäßige Verben im Präteritum			
ich	wohnte	arbeitete	ging	fuhr	flog	gab
du	wohntest	arbeitetest	gingst	fuhrst	flogst	gabst
er/es/sie/man	wohnte	arbeitete	ging	fuhr	flog	gab
wir	wohnten	arbeiteten	gingen	fuhren	flogen	gaben
ihr	wohntet	arbeitetet	gingt	fuhrt	flogt	gabt
sie/Sie	wohnten	arbeiteten	gingen	fuhren	flogen	gaben

Infinitiv mit *zu*

Der Infinitiv mit *zu* bestimmten Verben (z. B. *anfangen*): Ich fange an, für die Prüfung zu lernen.
steht nach: Ausdrücken mit Nomen + *haben*: Ich habe keine Lust, ins Kino zu gehen.
Ausdrücken mit *es ist* + Adjektiv: Es ist wichtig, regelmäßig zu lernen.
Ausdrücken mit *es macht*: Es macht keinen Spaß, das Bad zu putzen.

A Schule, Ausbildung, Weiterbildung

1a Zur Schule gehen in Deutschland. Lesen Sie den Artikel und ergänzen Sie ihn.

1 Gymnasium	**2** Grundschule	**3** Schulsystem	**4** Fachhochschule
5 Kindergarten	**6** Berufsschulen	**7** Schule	**8** Schulabschluss

Das .... in Deutschland

In Deutschland gibt es eine Schulpflicht. Alle Kinder müssen zur ...., in den

.... müssen Eltern ihre Kinder aber nicht schicken. Die Schulpflicht beginnt in der Regel

mit sechs Jahren und endet, wenn die Jugendlichen 18 Jahre alt werden.

Ganz zu Anfang besuchen alle Kinder vier – und in manchen Bundesländern auch sechs – Jahre lang die

.... Danach wechseln die Schüler/-innen in die Sekundarstufe I. Manche gehen auf

ein Gymnasium, andere gehen auf eine Gemeinschaftsschule, Stadtteilschule, Mittelschule usw. Diese Schulen

heißen in jedem Bundesland anders. Am Ende der Sekundarstufe I (meistens nach der 10. Klasse) können alle

Schüler/-innen einen .... machen: zum Beispiel den Hauptschulabschluss oder den

Realschulabschluss.

Danach können sie dann im Sekundarbereich II weiterlernen: Dazu können sie zum Beispiel an ein

.... gehen und nach der Klasse 12 oder 13 das Abitur machen. Damit kann man

an einer .... oder Universität studieren. Die Sekundarstufe II können sie aber

auch an einer Berufsschule absolvieren. In den .... werden sie auf die Ausbildung

in bestimmten Berufen vorbereitet.

1b Schulfächer. Ordnen Sie die Fächer den Beschreibungen zu.

1 Mathematik
2 Deutsch
3 Biologie
4 Kunst
5 Geschichte
6 Geografie und Erdkunde
7 Chemie

a In diesem Fach geht es um Tiere, Pflanzen und den menschlichen Körper.
b Hier lernen die Grundschüler/-innen Lesen, Schreiben und Grammatik. Später beschäftigen sie sich mit Literatur und lesen z. B. Romane.
c In diesem Fach lernen die Schüler/-innen unterschiedliche Stoffe kennen. Sie machen auch im Labor Experimente.
d In diesem Fach geht es um Zahlen. Hier lernt man, wie man rechnet.
e In diesem Fach malen und zeichnen die Schüler/-innen.
f In diesem Fach beschreiben die Schüler/-innen verschiedene Länder z. B. die Gebirge, Flüsse, Seen, Pflanzen oder das Klima.
g Zu diesem Fach gehört alles, was in der Vergangenheit passiert ist.

1c Ein Gespräch mit Tanya Danow. Die Schülerin hat sich um einen Ausbildungsplatz beworben. Hören Sie das Gespräch und beantworten Sie die Fragen.

1 Wie alt ist Frau Danow?
2 Was für eine Ausbildung möchte sie machen?
3 Welchen Schulabschluss möchte sie machen?
4 Was sind ihre Lieblingsfächer an der Schule?
5 Was macht sie gern in ihrer Freizeit?

2 a Zeitform Perfekt. Sehen Sie sich den Text in Aufgabe 3a auf Seite 7 noch einmal an und sammeln Sie alle Formen des Partizip II. Wie werden diese Partizipien gebildet? Tragen Sie sie an der passenden Stelle in das Raster ein und ergänzen Sie die Infinitive.

ge...(e)t	*geflüchtet: flüchten* *gemacht:*	ge...en	
...ge...(e)t		...ge...en	
...t		...en	

2 b Was hat Zeki Suwaid gestern gemacht? Sehen Sie sich die Bilder an und schreiben Sie eine kleine Geschichte. Benutzen Sie das Perfekt.

| zur Arbeit fahren, Musik hören, Mails lesen | LKW ausladen, Waren kontrollieren | in die Kantine gehen, essen, sich unterhalten | Ware im Lager abholen und verpacken | spazieren gehen, fernsehen |

1 Um 6.30 Uhr *ist Zeki mit dem Bus* ....

2 Am Vormittag ....

3 Um 12.00 Uhr ....

4 Am Nachmittag ....

5 Am Abend .... Danach ....

2 c Perfekt mit *haben* oder *sein*? Ergänzen Sie jeweils das Hilfsverb und das Partizip.

Infinitiv		Partizip	Infinitiv		Partizip
bleiben	*ist*	*geblieben*	passieren		
bekommen			kommen		
sein			aufstehen		
fahren			essen		
finden			fliegen		
gehen			schwimmen		
einschlafen			fallen		

2 d Was haben Sie letztes Wochenende gemacht? Schreiben Sie zehn Sätze mit den Verben in 2c.

> *Am Samstag bin ich erst um 9.00 Uhr aufgestanden. Danach ...*

B Lebenswege

1 a Komposita. Wie viele Wörter finden Sie in den Komposita? Arbeiten Sie mit dem Wörterbuch.

1 der Schulabschluss — *die Schule, der Abschluss*

2 die Aufenthaltsgenehmigung

3 die Reinigungskraft

4 die Krankenhausküche

5 das Berufsinformationszentrum

6 der Beratungstermin

7 der Existenzgründer

8 der Gründungskredit

1 b Wörter in Verbindung lernen. Was passt zusammen? Verbinden Sie. Es gibt mehrere Möglichkeiten.

1 eine Prüfung   a gehen
2 einen Sprachkurs   b informieren
3 sich selbstständig   c machen
4 einen Antrag   d einteilen
5 sich über Berufsmöglichkeiten   e stellen
6 einen Bescheid   f bestehen
7 Verantwortung   g besuchen
8 sich die Arbeit selbst   h tragen
9 zur Schule   i bekommen

1 c Gertrude Numbi berichtet. Ergänzen Sie die Sätze.

> Einkommen • Entscheidung • Berufsinformationszentrum • Deutsch •
> Flüchtling • Stelle • Gemeinschaftsunterkunft • Aufenthaltsgenehmigung • Fortbildung

Ich musste vor fünf Jahren meine Heimat verlassen und bin als

.... nach Deutschland gekommen. Als Asylsuchende

musste ich in den ersten Monaten hier in einer ....

wohnen. Mein Antrag auf Asyl wurde bewilligt und ich bekam eine un-

begrenzte .... Danach habe ich

zuerst .... gelernt. Nach der Deutschprüfung

bin ich ins .... gegangen und

habe mich beraten lassen. Ich habe schließlich beschlossen, eine

.... zur Bürofachkraft zu machen.

Jetzt habe ich eine gut bezahlte .... in

einem kleinen Unternehmen. Für mich war es auf jeden Fall die richtige

...., eine Fortbildung zu machen.

Ich habe nette Kolleginnen und Kollegen und ein gutes

....

2 a Das Präteritum der unregelmäßigen Verben. Ergänzen Sie die Tabelle.

	geben	bleiben	fliegen	wissen	denken
ich	gab				
du					dachtest
er/es/sie/man					
wir					
ihr		bliebt			
sie/Sie					

2 b Unregelmäßige Verben. Ordnen Sie die Infinitive den Präteritumformen zu.

Infinitive	Verben im Präteritum
müssen – sitzen – vermeiden – treffen – fahren – bringen – essen – erkennen – halten – haben – gewinnen – schwimmen – liegen – sehen – ziehen	brachte – saß – hielt – hatte – schwamm – aß – vermied – traf – fuhr – erkannte – sah – zog – gewann – lag – musste

● _müssen – musste; sitzen – ..._

3 Wiederholung von Nebensätzen mit *als*. Schreiben Sie Sätze im Präteritum.

1 ich – 18 Jahre alt – sein / ich – meinen Schulabschluss – machen
2 ich – nach Deutschland kommen / ich – einen Asylantrag – stellen
3 ich – letztes Jahr – die Deutschprüfung – bestehen / ich – sehr froh – sein
4 ich – eine Stelle – bekommen / ich – ein Auto – kaufen

● _1 Als ich 18 Jahre_
alt war, machte
ich ...

4 a Eine Migrantin geht ihren Weg. Lesen Sie, was Darja Emsis bisher alles gemacht hat. Schreiben Sie eine Kurzbiografie über das Leben von Frau Emsis und benutzen Sie dabei das Präteritum.

- Darja Emsis: geboren am 03.06.1985 in Lettland; sie geht in Jelgava zur Schule.
- Da sie eine gute Schülerin ist, besucht sie ein Gymnasium und macht 2003 das Abschlusszertifikat.
- Nach der Schule studiert sie Ökonomie und Tourismus in Riga und macht 2008 ihren Hochschulabschluss.
- 2009 lernt sie einen deutschen Touristen kennen, verliebt sich und heiratet ihn.
- Kurze Zeit später kommt Darja nach Deutschland und besucht erst einmal einen Integrationskurs, der ihr hilft, in der neuen Heimat anzukommen.
- Weil ihr Studienabschluss nicht anerkannt wird, bewirbt sie sich um eine Stelle als Verkäuferin.
- Da ihr der neue Beruf nicht so gut gefällt, entscheidet sie, sich selbstständig zu machen.
- Da sie fließend Russisch, Lettisch und Ukrainisch spricht, eröffnet sie 2016 ein Übersetzungsbüro.

● _Darja Emsis wurde am 03.06.1985 in Lettland geboren. Sie ging ..._

4 b Wie war das damals bei Ihnen? Schreiben Sie fünf Sätze über Ihr Leben früher.

Redemittel

Als ich ... Jahre alt war, ... / Von ... bis ... / Früher ... / Vor ... Jahren, ...

müssen • arbeiten • zur Schule gehen • machen • können • wohnen • ankommen • lernen • beenden • sein • haben

C Fit für den Arbeitsmarkt?

1 Nomen und Verben. Arbeiten Sie mit dem Wörterbuch und ergänzen Sie die Tabelle.

	Infinitiv	Präteritum	Perfekt
die Zuwanderung	zuwandern	er/sie wanderte zu	er/sie ist
die Integration			
die Pflege			
die Produktion			
die Ausbildung			
der Fahrer			
die Bezahlung			
die Erfahrung			
die Wohnung			
die Ankunft			

2 Wiederholung von Präpositionen. Ergänzen Sie die Kurzbiografie von Sevil Blaga.

> in (2x) • aus • nach (2x) • bis • von • seit •
> zur • zwischen • während • am

Sevil Blaga kam 2010 .... Rumänien .... Deutschland. .... 2012 lebt

sie .... Magdeburg. .... 2013 und 2015 arbeitete sie als Kellnerin

.... einem Bistro in der Nähe des Bahnhofs. 2015 2016

machte sie eine Fortbildung .... Floristin.

.... der Fortbildung lernte sie ihren späteren

Mann kennen. Frau Blaga machte sich ....

der Fortbildung selbstständig und eröffnete ein Blumen-

geschäft direkt .... Marktplatz. Sie freut sich,

endlich ihren Traumberuf zu haben.

🔊 **3** Drei Kurzberichte. Hören Sie, was Mohammed Al-Sabty, Yulia Nowak und Nguyen Thi Phuon über ihr
6 Leben berichten. Wer sagt was? Ordnen Sie zu (Mohammed = M, Yulia = Y, Nguyen = N).

1 ☐ Ich bin nach Deutschland gekommen, weil ich mich in einen deutschen Geschäftsmann verliebt
hatte.
2 ☐ In meiner Heimat gibt es noch immer instabile Verhältnisse und Krieg. Deshalb habe ich 2015
einen Asylantrag gestellt.
3 ☐ In meiner Heimat habe ich von 2004 bis 2013 als Ärztin gearbeitet.
4 ☐ Nach den Sprachkursen habe ich ein Seminar für Existenzgründer besucht.
5 ☐ Aber mein Antrag wurde abgelehnt, weil ich die B2-Sprachprüfung noch nicht bestanden hatte.
6 ☐ Ich möchte hier als Jurist arbeiten, aber mein Studienabschluss wurde nicht anerkannt.

4 a Infinitiv mit *zu*. Schreiben Sie ganze Sätze wie im Beispiel. Es gibt mehrere Möglichkeiten.

1 Nadja versucht,
2 Ich finde es gefährlich,
3 Es ist sinnvoll,
4 Ich finde es toll,
5 Wir lieben es,
6 Nikos nimmt sich Zeit,
7 Ich empfehle euch,
8 Es tut mir gut,
9 Eteri hasst es,

A jeden Tag fünf Kilometer zu joggen.

B am Wochenende shoppen zu gehen.

C Deutsch zu lernen.

D sich selbstständig zu machen.

E nach der Arbeit mit seinen Kindern zu spielen.

F mit den Kunden zu sprechen.

G regelmäßig Yoga zu machen.

H hier bei Rot über die Straße zu gehen.

I mit dir zusammenzuarbeiten.

Nadja versucht, jeden Tag fünf Kilometer zu joggen.

4 b Schreiben Sie Sätze mit Infinitiv mit *zu*.

1 Wir haben keine Chance mehr / gewinnen / das Fußballspiel
2 Oleg hat Angst / mit großen Flugzeugen fliegen
3 Wir haben morgens oft keine Zeit / machen / Pause
4 María hat oft Probleme / aufstehen / um 6.00 Uhr
5 Es ist schön / im See schwimmen / morgens
6 Ich habe vergessen / mitbringen / meine Sportsachen

1 Wir haben keine Chance mehr, ...

4 c Schreiben Sie Sätze zu den sechs Szenen. Benutzen Sie den Infinitiv mit *zu*. Es gibt mehrere Möglichkeiten.

1 Rafi hat keine Zeit,

2 Es macht Anna Spaß,

3 Julia hat angefangen,

4 Es ist wichtig,

5 Maria hat vergessen,

6 Omar hat abends Lust,

1 Adjektive und Nomen. Welches Adjektiv passt nicht zu dem Nomen? Streichen Sie durch.

1	die Anerkennung	staatlich – offiziell – interessant – öffentlich
2	die Qualifikation	beruflich – offen – fachlich – nötig
3	der Abschluss	unfair – anerkannt – erfolgreich – gut
4	die Ausbildung	akademisch – praktisch – betrieblich – reich
5	das Zeugnis	schriftlich – ärztlich – gut – leicht
6	die Kompetenz	fachlich – lang – kommunikativ – sozial

2a Fragen und Antworten zur Ausbildung und zum Berufsweg. Was passt zusammen? Verbinden Sie.

1 Wo und wie lange sind Sie zur Schule gegangen?

2 Haben Sie nach der Schule eine Ausbildung gemacht?

3 Als was haben Sie in Ihrer Heimat gearbeitet?

4 Haben Sie Ihr Studium anerkennen lassen?

5 Was für Pläne haben Sie für die Zukunft?

a Ich möchte eine Ausbildung zur Köchin machen.

b Nein, noch nicht. Ich muss meine Zeugnisse noch übersetzen lassen.

c Nein, ich habe in meiner Heimat studiert.

d Ich habe in Kairo drei Jahre lang als Arabischlehrerin gearbeitet.

e In Ägypten. Dort habe ich nach der 12. Klasse das ägyptische Abitur gemacht.

2b Lesen Sie die Fragen 1–5 in 2a noch einmal und beantworten Sie sie für Ihren Berufsweg.

1 Ich bin ... gegangen. ...

3a In sechs Schritten zur Anerkennung. Sehen Sie sich die Bilder an und bringen Sie sie in die richtige Reihenfolge.

3b Lesen Sie die Informationen a–f und ordnen Sie sie in 3a den Bildern zu. Schreiben Sie anschließend die Schritte zur Anerkennung auf.

a Zeugnisse und Nachweise der Qualifikationen zusammenstellen

b Antragsformular vollständig ausfüllen

c In einer Anerkennungsberatung Informationen über das Verfahren bekommen

d Nach ca drei Monaten einen Bescheid über die Gleichwertigkeit der Abschlüsse erhalten

e Die Unterlagen übersetzen und beglaubigen lassen

f Antrag und Unterlagen zur Anerkennung einreichen

Zuerst bekommt man in einer Anerkennungsberatung Informationen ...
Dann ... Danach ... Schließlich ...

A Schule, Ausbildung, Weiterbildung

die Abteilung, -en ....

der Arbeitgeber, – ....

die Arbeitgeberin, -nen ....

das Asylverfahren, – ....

die Ausbildung, -en ....

auf{fallen ....

(eine Prüfung) bestehen ....

das Berufsinformations- zentrum (BIZ) ....

der Betrieb, -e ....

sich bewerben ....

jdn. ein{stellen ....

das E-Learning (Sg.) ....

der E-Learning-Kurs , -e ....

der Facharbeiter, – ....

die Facharbeiterin, -nen ....

der Gabelstapler, – ....

die Geschäftsführung, -en ....

sich informieren ....

das Lager, – ....

die Lagerlogistik (Sg.) ....

der Mitarbeiter, – ....

die Mitarbeiterin, -nen ....

jdm. etw. raten ....

der Schulabschluss, "-e ....

steigen ....

teil{nehmen an (+ Dat.) ....

der Umsatz, "-e ....

die Umschulung, -en ....

wahrscheinlich ....

die Weiterbildung, -en ....

B Lebenswege

der Antrag, "-e ....

einen Antrag stellen ....

die Aufenthaltsgenehmi- gung, -en ....

auf{wachsen ....

der Berater, – ....

die Beraterin, -nen ....

jdn. beschäftigen ....

der Businessplan, "-e ....

das Einkommen, – ....

die Entscheidung, -en ....

eine Entscheidung treffen ....

die Existenzgründung, -en ....

die Fortbildung, -en ....

eine Fortbildung machen ....

(ein Unternehmen) gründen ....

einen Kredit bewilligen ....

der Küchenhelfer, – ....

die Küchenhelferin, nen ....

sich selbstständig machen ....

die Selbstständigkeit (Sg.) ....

überlegen ....

Verantwortung tragen für (+ Akk.) ....

C Fit für den Arbeitsmarkt

etw. anerkennen lassen ....

der Berufsabschluss, "-e ....

die Berufsausbildung, -en ....

etw. beschließen ....

das Zeugnis, -se ....

D Bald am Ziel!?

die Anerkennung, -en ....

das Anerkennungs- verfahren, – ....

die Arbeitserlaubnis, -se ....

die Fachkraft, "-e ....

die Kompetenz, -en ....

Kosten übernehmen ....

der Nachweis, -e ....

das Praktikum, Praktika ....

die Qualifikation, -en ....

reglementiert ....

die Unterlage, -n ....

etw. vergleichen mit (+ Dat.) ....

Wortschatz und Grammatik

Wortfeld Aus- und Weiterbildung

1a Lupita Rudisha erzählt. Ergänzen Sie den Text.

Mein Name ist Lupita Rudisha. Ich bin neun Jahre lang in Kenia zur Schule gegangen. Mein

Lieblingsf _a_ _c_ _h_ war Mathema............. Meine Leh............. waren ziemlich streng und

wir mussten fast jeden Tag Hausaufga............. machen. In Deutschland habe ich dann meinen

Schulabschl............. gemacht. Danach habe ich ein dreimonatiges Prakti............. in einem

kleinen Optiker-Betrieb gemacht. Anschließend habe ich dort eine dreijährige Ausbild............. zur

Augenoptikerin begonnen. Ich bereite mich jetzt auf meine schriftliche Prüf............. vor. Vielleicht studiere

ich später noch an einer Universi............. Augenoptik. Mal sehen.

1b Was passt zusammen? Notieren Sie Wortverbindungen. Es gibt mehrere Möglichkeiten.

an die Tafel • einen Kurs • ein Fach an der Universität • Schüler • eine Prüfung • einen Schulabschluss • den Lernenden eine Aufgabe • einen Fehler • ein Zeugnis • eine Umschulung • eine Schule • sich um einen Ausbildungsplatz • in die Schule

bestehen • unterrichten • korrigieren • studieren • wiederholen • bewerben • machen • besuchen • erklären • gehen • bekommen • schreiben

an die Tafel schreiben, einen Kurs ...

Verben mit Vokalwechsel im Präsens

2a Vokalwechsel oder nicht? Ergänzen Sie die Verben.

1	fahren	er/sie *fährt*	7	empfehlen	er/sie
2	lachen	er/sie	8	lesen	er/sie
3	waschen	er/sie	9	leben	er/sie
4	laufen	er/sie	10	sprechen	er/sie
5	schlafen	er/sie	11	lehren	er/sie
6	werden	er/sie	12	vergessen	er/sie

2b Ergänzen Sie die Verben.

1 helfen: .... du mir bitte? Der Drucker funktioniert nicht. – Klar.

2 nehmen: Was .... du? Pizza oder Nudeln? – Ich glaube, ich .... Nudeln.

3 gefallen: .... dir mein neuer Mantel? – Ja, er .... mir sehr gut.

4 essen: Was .... du gern zum Frühstück? – Ich .... gern ein Müsli mit Obst.

5 halten (von): Was .... du von dem neuen Mitarbeiter? – Ich .... viel von ihm.

6 bewerben: .... du dich auf die neue Stelle? – Ja, auf jeden Fall.

Sie festigen

- Wortfeld Aus- und Weiterbildung
- Verben mit Vokalwechsel im Präsens
- das Verb *lassen*
- Schreibtraining: Groß- und Kleinschreibung

Das Verb *lassen*

3 a Ergänzen Sie das Verb *lassen*.

1 Ich .... meine Steuererklärung von einem Steuerberater machen.

2 .... du das Computerprogramm von dem IT-Mitarbeiter installieren?

3 Die Geschäftsführung .... alle Büros neu streichen.

4 Wir .... uns in der Mittagspause oft Pizza bringen.

5 .... ihr eure Kinder alleine in die Schule gehen?

6 Unsere Chefs .... alle Mitarbeiterinnen und Mitarbeiter jedes Jahr fortbilden.

3 b Welche Bedeutung hat *lassen* in den Sätzen? Kreuzen Sie an.

	nicht mitnehmen / zurücklassen	(nicht) erlauben	nicht selbst machen
1 Tom lässt seinen Computer reparieren.	☐	☐	☐
2 Samira lässt ihr Auto meistens zu Hause stehen.	☐	☐	☐
3 Die Müllers lassen ihre Kinder im See schwimmen.	☐	☐	☐
4 Der Chef lässt seine Mitarbeiter oft zu Hause arbeiten.	☐	☐	☐
5 Najeeb lässt seine Jacke im Büro liegen.	☐	☐	☐
6 Eva lässt niemanden in ihrer Wohnung rauchen.	☐	☐	☐
7 Alina lässt ihren Sohn täglich nur eine Stunde fernsehen.	☐	☐	☐
8 Ivo lässt das Protokoll schreiben.	☐	☐	☐

Schreibtraining

4 Groß- und Kleinschreibung. Korrigieren Sie die Fehler.

Mein weg nach deutschland

Mein name ist juri sokolow. Ich bin 1982 in samara in russland geboren. Mein vater hat in der marketingabteilung bei einem großen automobilkonzern, lada, gearbeitet. Meine mutter war dort buchhalterin. Ich habe zwei geschwister: eine ältere schwester und einen jüngeren bruder. Ich bin in samara zur schule gegangen. Nach meinem abitur habe ich an der staatlichen universität in samara informatik studiert und danach fünf jahre lang als programmierer in einem großen auto-zulieferungsbetrieb gearbeitet.

Im jahr 2014 bin ich nach deutschland gekommen. Zuerst habe ich in münchen an der volkshochschule deutsch gelernt. Nach dem deutschkurs habe ich 2016 eine stelle bei siemens bekommen. dort habe ich meine frau sofia kennengelernt. sie arbeitet in der finanzbuchhaltung. letztes jahr haben wir geheiratet und vor einem monat eine tochter bekommen. Wir sind sehr glücklich. Allerdings brauchen wir jetzt eine größere Wohnung.

Praktikum

Zeitarbeitsfirma

Jobportal im Internet

Zeitungsanzeige

Aushang

Hotel Zum Löwen
Auszubildende Hotelfachkraft
Mitarbeiter Empfang (m/w/d)

Freunde und Bekannte

Initiativbewerbung

Ausbildung

A Wie finde ich Arbeit?

1 **Wie kann man Arbeit finden?**
Sehen Sie die Fotos an und sprechen Sie.

> In Supermärkten gibt es oft eine Pinwand mit Aushängen. Da findet man auch Stellenangebote.

> Ich denke, dass ein Praktikum eine gute Chance sein kann, Arbeit zu finden.

> Eine gute Möglichkeit ist auch …

Redemittel

Über Erfahrungen bei der Arbeitssuche sprechen

Meiner Erfahrung nach …   Von Freunden/Bekannten weiß ich …
Ich habe gute/schlechte Erfahrungen mit …   Ich habe gehört, dass …
Ich habe die Erfahrung gemacht, dass …   Ein Arbeitsberater hat mir gesagt …

2a **Vier Personen erzählen von ihrer Arbeit. Hören Sie die Aussagen. Wer ist Arbeitgeber, wer ist Arbeitnehmer? Ergänzen Sie.**

Frau Smirnova: ....   Herr Park: ....

Frau Özil: ....   Herr Pauli: ....

Sie lernen

- über Erfahrungen bei der Arbeitssuche sprechen
- über Vorteile und Nachteile von Zeitarbeit sprechen
- Stellenanzeigen verstehen
- ein Formular ausfüllen
- Relativpronomen und Relativsätze
- Adjektivdeklination

2 b Hören Sie die Personen noch einmal. Wie müssen die Aussagen richtig lauten? Berichten Sie.

1 Frau Smirnova möchte wieder als Russisch-lehrerin arbeiten.

2 Sie hat bei ihrer Arbeit in Deutschland noch nicht viel gelernt.

3 Herr Park hatte früher eine eigene Firma.

4 Er hat jetzt eine feste Stelle in einer Elektrofirma.

5 Die Installateurfirma hat zu wenig Aufträge.

6 Die Leiharbeiter sind für die festen Mitarbeiter der Installateurfirma eine Konkurrenz.

7 Fachpersonal bekommt er oft durch Empfehlungen.

8 Herr Pauli mag es nicht, wenn Leute direkt in den Restaurants nach Arbeit fragen.

3 a Ein Ratgeber. Lesen Sie den Text. Wählen Sie eine Überschrift und tragen Sie sie ein.

 A Die perfekte Bewerbung garantiert den Erfolg

 B Das Bewerbungsverfahren – ein Überblick

 C Bewerbungen früher und heute

Bei der Suche nach einer Arbeitsstelle ist es anfangs oft notwendig, die Stellenanzeigen in Zeitung oder Internet zu lesen oder auch Stellenanzeigen bei der Bundesagentur für Arbeit zu recherchieren. Wenn Sie
5 ein passendes Angebot gefunden haben, müssen Sie, ein gutes Bewerbungsschreiben formulieren. Dazu sollten Sie die Stellenanzeige noch einmal genau lesen und Notizen zu den folgenden Punkten machen:
  • Was erwartet die Firma von dem neuen Mitarbeiter?
10 • Wer ist der Ansprechpartner in der Firma?
  • Erwartet die Firma eine Online- oder Offline-Bewerbung oder ist beides möglich?
  • Der Brief muss fehlerfrei sein und sollte nicht länger als eine Seite sein. Es ist gut, wenn eine andere Per-
15 son ihn noch einmal liest, bevor Sie ihn zusammen mit den anderen Unterlagen (Schulzeugnissen, Arbeitszeugnissen, Lebenslauf mit Foto) abschicken.
  • Vergessen Sie auch nicht, sich genauer über die Firma zu informieren, bevor Sie Ihre Bewerbung
20 starten. Wichtige Informationen sind z. B. das Leitbild der Firma, die Produkte und eventuell auch die Mitarbeiterzahl und der Umsatz.

Wenn Sie zu einem Vorstellungsgespräch eingeladen werden, sollten Sie zunächst den Termin bestätigen oder – wenn Sie gar keine Zeit haben – um einen an- 25 deren Termin bitten.
Dann ist eine gute Vorbereitung auf das Gespräch wichtig. Im Internet informieren viele Webseiten über den typischen Verlauf eines Vorstellungsgesprächs und über häufige Fragen. Gut ist auch, das Gespräch 30 mit einem Freund, einer Freundin oder Bekannten zu üben. Das gibt Ihnen im realen Vorstellungsgespräch Sicherheit. Damit Sie pünktlich sind, sollten Sie den Weg zu Ihrem möglichen zukünftigen Arbeitgeber pla-nen und eventuelle Verspätungen von öffentlichen 35 Verkehrsmitteln einkalkulieren. Bleiben Sie in dem Ge-spräch ruhig und vermitteln Sie einen sicheren Ein-druck. Vergessen Sie nicht, sich am Ende bei Ihrem Gesprächspartner oder Ihrer Gesprächspartnerin zu bedanken. 40
Nach dem Vorstellungsgespräch beginnt meist die Wartezeit. Wenn man zum Beispiel nach einer Woche noch nichts von der Firma gehört hat, kann man auch anrufen und fragen, wie der Stand der Dinge ist.

3 b Lesen Sie den Ratgebertext noch einmal und beantworten Sie die Fragen.

1 Was ist wichtig, wenn man ein interessantes Stellenangebot gefunden hat?

2 Wie sollte der Bewerbungsbrief sein?

3 Was sollte man machen, bevor man die Bewer-bungsunterlagen abschickt?

4 Was ist zuerst wichtig, wenn man eine Einladung zu einem Vorstellungsgespräch bekommen hat?

5 Wie kann man sich auf das Vorstellungsgespräch vorbereiten?

6 Was sollte man am Ende des Gesprächs machen?

4 Wie haben Sie oder Bekannte Arbeit gefunden? Welche Erfahrungen haben Sie oder Ihre Bekannten mit der Arbeitssuche und Bewerbungsgesprächen gemacht? Berichten Sie im Kurs.

1 a Arbeitsvermittlung. Lesen Sie den Zeitschriftenartikel über zwei unterschiedliche Formen der Arbeitsvermittlung. Was ist der Hauptunterschied zwischen der Bundesagentur für Arbeit und Zeitarbeitsfirmen?

In Deutschland gibt es offiziell anerkannte Institutionen, die Arbeitsplätze vermitteln:
Das ist erstens die Bundesagentur für Arbeit, zweitens sind es Zeitarbeitsfirmen.

Die **Bundesagentur für Arbeit** ist eine staatliche Behörde, die 100.000 Mitarbeiter hat. Sie nimmt verschiedene öffentlichen Aufgaben wahr: Eine sehr wichtige Aufgabe ist die Vermittlung von
5 Arbeit. Außerdem bietet sie zum Beispiel eine Berufsberatung für Jugendliche an, die bald die Schule beenden, und sie zahlt das Arbeitslosengeld aus. Zudem bietet sie finanzielle Hilfen an, zum Beispiel wenn jemand ein eigenes Geschäft eröffnen will.
10
Die Berufsinformationszentren haben Internetarbeitsplätze, an denen man nach Stellen suchen kann. Wenn man zum Beispiel Hilfe für eine Bewerbung braucht, kann man einen Termin ver
15 einbaren. Bei der Bundesagentur ist auch die Familienkasse, bei der man das Kindergeld beantragt und die das Kindergeld auch auszahlt. Anders als Zeitarbeitsfirmen verdient die Bundesagentur mit der Vermittlung von Arbeit kein
20 Geld. Sie finanziert sich vor allem durch die Beiträge, die die Arbeitnehmenden für die Arbeitslosenversicherung bezahlen.

Zeitarbeitsfirmen sind Privatfirmen. Sie stellen Arbeitnehmende an, die dann bei einer anderen Firma eingesetzt werden, zum Beispiel für ein be
25 stimmtes Projekt, das nur einige Monate dauert. Wenn ein Einsatz beendet ist, muss die Zeitarbeitsfirma eine andere Beschäftigung für die Arbeitnehmenden finden, denn die Arbeitnehmenden werden nicht automatisch arbeitslos,
30 sondern bleiben bei der Zeitarbeitsfirma angestellt. Sie bekommen also ihr Gehalt nicht von der Firma, für die sie aktuell arbeiten, sondern von der Zeitarbeitsfirma. Darum sagt man, dass die Arbeitnehmenden von der Zeitarbeitsfirma an eine
35 andere Firma „ausgeliehen" werden, und spricht auch von Leiharbeit. Die Firma, für die die Arbeitnehmenden aktuell arbeiten, zahlt an die Zeitarbeitsfirma eine Vermittlungsgebühr.

Für Zeitarbeitsfirmen und Leiharbeit gelten
40 strenge Regeln. So brauchen die Firmen eine staatliche Genehmigung für ihre Tätigkeit. Außerdem darf ein Arbeitnehmender nicht mehr als 18 Monate für eine Firma arbeiten. Der sogenannte Kettenverleih ist verboten. Ein Betrieb,
45 der Leiharbeiter beschäftigt, darf diese also nicht weiter an andere Firmen verleihen.

1 b Lesen Sie den Text noch einmal und ergänzen Sie die Sätze.

1 Bei der Bundesagentur für Arbeit arbeiten ....

2 Die Arbeitsvermittlung ist ....

3 In den Berufsinformationszentren kann man ....

4 Zeitarbeitsfirmen leihen ....

5 Die Zeitarbeitsfirmen bezahlen ....

6 Für die Vermittlung von Arbeitskräften bekommen ....

7 Arbeitnehmende dürfen maximal ....

2 a Relativsätze. Suchen Sie im Text bei 1a die folgenden Satzanfänge und ergänzen Sie die Sätze.

1 Außerdem bietet sie zum Beispiel eine Berufsberatung für Jugendliche an, ...

2 Die Berufsinformationszentren haben Internetarbeitsplätze, ...

3 Sie bekommen also ihr Gehalt nicht von der Firma, ...

4 … für ein bestimmtes Projekt, ...

2 b Finden Sie im Text bei 1a weitere Relativsätze. Lesen Sie dann die Regel und ergänzen Sie die Relativpronomen.

> **Regel**
>
> **Relativsätze**
>
> Zeitarbeitsfirmen stellen Arbeitnehmende an. Die Arbeitnehmende werden bei einer anderen Firma eingesetzt.
> Zeitarbeitsfirmen stellen Arbeitnehmende an, die bei einer anderen Firma eingesetzt werden.
>
> Bei der Bundesagentur ist auch die Familienkasse. Bei der Familienkasse beantragt man das Kindergeld.
> Bei der Bundesagentur ist auch die Familienkasse, bei der man das Kindergeld beantragt.
>
> **Relativpronomen**
>
> | | maskulin | neutrum | feminin | Plural |
> |---|---|---|---|---|
> | **Nominativ** | | | die | |
> | **Akkusativ** | den | das | | |
> | **Dativ** | dem | | | |
>
> Der Relativsatz ist ein Nebensatz: Das Verb steht am Ende.
>
> Der Relativsatz steht meistens direkt hinter dem Bezugswort und deshalb manchmal mitten im Hauptsatz:
> Ein Betrieb, der Leiharbeiter beschäftigt, darf diese nicht weiter an andere Firmen verleihen.

2 c Lesen Sie die Regel noch einmal und formen Sie die Relativsätze in zwei Hauptsätze um.

1 Die Bundesagentur für Arbeit ist eine staatliche Behörde, die 100.000 Mitarbeiter hat.

2 Die Bundesagentur finanziert sich vor allem durch die Beiträge, die die Arbeitnehmenden bezahlen.

3 Welche Vor- und Nachteile hat die Leiharbeit? Machen Sie Notizen zu den Punkten und diskutieren Sie im Kurs.

Berufserfahrung • Arbeitsplatzsicherheit • Bezahlung • Flexibilität für Unternehmen • Verwaltungsaufwand für Unternehmen • Arbeitszeit • Chancen auf eine unbefristete Stelle

Ich denke, dass Leiharbeiter nicht viel verdienen.

Aber Leiharbeit kann für Leute, die lange arbeitslos sind, auch eine Chance sein.

Für Arbeitgeber ist Leiharbeit vorteilig, weil sie dann flexibler sind.

Richtig, aber diese Flexibilität kann für die Leiharbeiter Unsicherheit bedeuten.

Nachteilig finde ich, dass Leiharbeiter oft schlechter bezahlt sind als feste Mitarbeitende eines Unternehmens.

Für Arbeitgeber …

> **Redemittel**
>
> **Vor- und Nachteile benennen**
>
> Für mich ist es ein Nachteil/Vorteil, …
> Vorteilig/Nachteilig finde ich …
> Von Vorteil/Nachteil ist, …
> Leiharbeit hat den Vorteil/Nachteil …
> Bei Leiharbeit ist gut, dass …, aber nicht so gut ist …
> Vor allem Arbeitgeber/Arbeitnehmende haben Vorteile/Nachteile von der Leiharbeit, denn …

C Stellenanzeigen verstehen

1 a Vier Stellenanzeigen. Überfliegen Sie die Anzeigen und ergänzen Sie die passenden Berufe.

> Ingenieur/-in • Lagerlogistiker/-in • Informatiker/-in • Pflegekraft • Verkäufer/-in • Sicherheitsmitarbeiter/-in • Agraringenieur/-in

---

A

⬡ Gramma Chemie AG

Ihr Ansprechpartner für Kunststoffbearbeitung im Raum Köln

Wir sind ein international agierendes Unternehmen und möchten mit sozial und ökologisch verantwortlichem Handeln weiter wachsen. Daher suchen wir zum 01.09.2020

einen .... **(m/w/d)**

Ihre Aufgaben:
- Sie nehmen die Waren an und kontrollieren sie.
- Sie packen die Waren aus und sortieren Sie.
- Sie bereiten den Transport von Waren vor.
- Sie betreuen das Be- und Entladen der Transportfahrzeuge.
- Sie sorgen für optimale Lagerbedingungen.

Ihr Profil:
- Sie haben eine abgeschlossene Ausbildung zur Fachkraft für Lagerlogistik und 1–2 Jahre Berufserfahrung.
- Sie sind belastbar, kontaktfreudig und Sie haben Teamgeist.

Wir bieten einen sicheren Arbeitsplatz mit guten sozialen Leistungen und ein 13. Monatsgehalt. Bewerbungen richten Sie bitte an: Frau Monika Wolter
mwolter.gramma-personalabteilung@example.com

C

Zur Verstärkung unseres Teams suchen wir eine freundliche und flexible

examinierte .... **in Vollzeit**
(mindestens 120 Stunden p. M.)

Kurs21 versorgt seit mehr als 20 Jahren Patienten in Mannheim und Umgebung.

Das erwarten wir von Ihnen:
- Ihr Auftreten ist offen und positiv.
- Verantwortung, Arbeitseinsatz und Flexibilität – und dass Sie zu Fortbildung bereit sind
- gute Kommunikationsfähigkeiten
- einen einfühlsamen Umgang mit den Kundinnen und Kunden
- Bereitschaft zu Wochenend- und Spätdiensten

Das bieten wir Ihnen:
- Zusammenarbeit in einem netten Team
- Platz für eigene Ideen in einer innovativen Umgebung
- Möglichkeiten für Fort- und Weiterbildung
- eine überdurchschnittliche Bezahlung

Bitte senden Sie Ihre vollständigen Bewerbungsunterlagen an: Pflegeservice Kurs21 GmbH
Janina-Arndt-Str. 4 • 68000 Mannheim
Tel.: 0621 39158707

B

Supermarkt-kette **Scholz**

Die gute Beratung, der freundliche Kundenservice und die immer frischen Angebote haben uns zum größten Lebensmittelanbieter in der Region gemacht. Wir wachsen weiter und suchen für die neuen Filialen in Unterrode und Kleinstetten engagierte

.... **(m/w)**
in Teilzeit und Vollzeit.

Bei der Supermarktkette Scholz
- arbeiten Sie selbstständig und sind für mehrere Bereiche (z. B. Backwaren oder Getränke) zuständig.
- kümmern Sie sich um die Bestellungen und die Auffüllung der Regale in Ihrem Bereich.
- arbeiten Sie in Spitzenzeiten auch an der Kasse.
- sorgen Sie gemeinsam mit Ihren Teamkollegen und -kolleginnen dafür, dass im Laden alles läuft.

Ihre Online-Bewerbung richten Sie bitte an Herrn Martin Scholz
Telefon 0211-87547827
scholz@GF.scholz_supermarkt_vorOrt.net

D

Debris GmbH & Co. KG
Medizintechnik

Wir suchen .... **(m/w/d)**

Als Familienunternehmen mit 5.000 Mitarbeiterinnen und Mitarbeitern weltweit bieten wir Ihnen gute Karrierechancen und Zukunftsperspektiven.

Ihre Aufgaben:
> Sie kümmern sich um die Produktionsprozesse.
> Sie erarbeiten für diese Prozesse neue Konzepte.
> Sie organisieren und leiten Projektteams.

Ihre Voraussetzungen:
> ein abgeschlossenes Studium in Maschinenwesen
> 1–2 Jahre Berufserfahrung
> sehr gute Kenntnisse von MS Office
> Selbstständigkeit und Verantwortungsbewusstsein
> Teamfähigkeit und Kommunikationsstärke

Bitte schicken Sie Ihre Bewerbung an:
Annika Wollmann · Debris GmbH & Co. KG
Postfach, 44267 Dortmund
Tel: +49 231 53256667

Memo

Die Abkürzung m/w/d bedeutet männlich, weiblich, divers. Stellenanzeigen müssen sich an alle Interessenten richten und nicht ausschließlich z. B. an Männer oder Frauen. Mit divers ist das dritte Geschlecht gemeint.

1 b   Lesen Sie die Anzeigen noch einmal und ergänzen Sie die Informationen.

Ort/Firma/Ansprechpartner	Tätigkeit/Beruf	Aufgaben	Bedingungen	Leistungen der Firma
Gramma Chemie AG, Raum Köln, Monika Wolter	Lagerlogistiker/-in	Annahme, Kontrolle, Auspacken und …	Ausbildung zum/zur Lagerlogistiker/-in …	sicherer Arbeitsplatz …

2   Nomen mit Adjektiven. Lesen Sie die Anzeigen in 1a noch einmal und suchen Sie darin Nomen mit Adjektiven. Ordnen Sie sie in einer Tabelle wie im Beispiel. Ergänzen Sie auch Kasus und Geschlecht.

Adjektivdeklination im Singular …

mit bestimmtem Artikel	mit unbestimmtem Artikel	ohne Artikel
die gute Beratung (Nom., fem.)		

Adjektivdeklination im Plural …

mit bestimmtem Artikel	ohne Artikel
	gute Kommunikationsfähigkeiten (Akk.)

3 a   Berufsbekleidung. Wer trägt was? Ordnen Sie zu.

> Die Frau auf Bild C trägt einen weißen Kittel.

der Kittel • der Arbeitsanzug • der Schutzhelm • die Weste • die Hose …

3 b   Welche Berufe haben die Personen? Wer kann sich auf eine Stelle in 1a bewerben?

> Der Mann mit dem blauen Arbeitsanzug arbeitet in einem Lager. Er könnte sich auf die Anzeige der Firma … bewerben.

3 c   Welche Aufgaben können Personen haben, die in Berufen arbeiten, für die es in 1a keine Anzeige gibt?

4 a   Berufsporträts. Lesen Sie das Porträt für Lagerlogistiker/-innen und ergänzen Sie die Informationen.

Lagerlogistiker/-in
Die Ausbildung für den Beruf Lagerlogistiker dauert drei Jahre. Lagerlogistiker/-innen arbeiten in verschiedenen Branchen, im Einzelhandel, Großhandel oder in Industriebetrieben. Ihre Aufgaben umfassen unter anderem die Betreuung und Kontrolle der Waren im Lager, die Annahme von Waren, die Vorbereitung für den Versand und die Nachbestellung von Waren, wenn die Regale leer sind. Das Gehalt ist von der Berufserfahrung und der Branche abhängig. Es liegt meistens zwischen 2000 und 2400 Euro brutto pro Monat.

Ausbildungsdauer: ....   Einsatzorte: ....

Branchen: ....   Aufgaben: ....   Gehalt: ....

4 b   Projekt. Recherchieren Sie einen Beruf, der Sie interessiert. Stellen Sie diesen Beruf wie in 4a vor.

1a Der Fragebogen. Hören Sie das Gespräch. Welche Aussage passt?
Kreuzen Sie an.

Herr Petrov
a ☐ bewirbt sich bei einer Zeitarbeitsfirma.
b ☐ hat einen Termin bei seinem Arbeitgeber.
c ☐ will seinen Arbeitsplatz kündigen.

1b Hören Sie das Gespräch noch einmal. Was ist richtig? Markieren Sie und ergänzen Sie die Informationen
in dem Formular.

1 Herr Petrov hat *das Abitur* / *einen Realschulabschluss*.
2 Er hat eine Ausbildung *als IT-Systemkaufmann* / *als Fachinformatiker*.
3 Er ist bei der Zeitarbeitsfirma seit dem *1. Juni* / *1. Juli* 2018 angestellt.
4 Der erste Einsatz für die Zeitarbeitsfirma war ein Projekt der Firma Attila *für die Entwicklung neuer Software* / *für den Aufbau eines IT-Systems* für die Stadtverwaltung.
5 Er dauerte *von April bis Juni* / *von Mai bis Juni*.
6 Der zweite Einsatz war *als Urlaubsvertretung* / *als Krankheitsvertretung*.
7 Er dauerte *von August bis September* / *von August bis Oktober*.
8 Herr Petrov kann am Wochenende *arbeiten* / *nicht arbeiten*.
9 Herr Petrov hat *ein eigenes Auto* / *kein eigenes Auto*.
10 Die Zeitarbeitsfirma kann die Informationen über Herrn Petrov *nur mit seinem Einverständnis* / *auch ohne sein Einverständnis* an die Firma Kuhnert Heizungstechnik weitergeben.

Kahner IT-Lösungen

Binsenstraße 14
79098 Freiburg

Informationsbogen für die Beschäftigung als Zeitarbeitnehmer/-in

Projekt: Bauvorhaben Mühlenstraße (Projektnummer SZ 3-016)

Zeitraum: 05/20–10/20

Name: *Predrag Petrov*   Geburtsdatum: *18.06.1994*   Adresse: *Buchenweg 12, 73178 Sulz*

Schulbildung: ....

Berufsausbildung: *Realschulabschluss* ....

Angestellt bei: *Grünstadt Personaldienstleistungen*   seit: ....

Einsätze:

1. Firma: ....   Projekt: ....   Zeitraum: ....

2. Firma: ....   Projekt: *Kundenberatung*   Zeitraum: ....

Bereitschaft für Wochenendarbeit: ○ Ja ○ Nein

Eigener PKW: ○ Ja ○ Nein

---

2 Wo und bei welchen Gelegenheiten haben Sie schon einen Informationsbogen ausgefüllt? Welche Informationen mussten Sie geben? Berichten Sie.

> Ich musste zum Beispiel beim Arzt Name, Geburtsdatum und Geschlecht angeben.

> Als ich letzte Woche einen Kredit beantragen wollte, ...

Kommunikation

über Erfahrungen bei der Arbeitssuche sprechen

Ich habe die Erfahrung gemacht, dass …
Meiner Erfahrung nach ist ein Praktikum / eine Zeitarbeitsfirma / … eine gute Möglichkeit, eine Arbeit zu finden.
Mit einem Praktikum / der Arbeitsagentur / … habe ich gute/schlechte Erfahrungen gemacht.
Ich habe gehört, dass … / Von Freunden/Bekannten weiß ich … / Ein Berater hat mir gesagt …

über Vorteile und Nachteile sprechen

Für mich ist es ein Nachteil/Vorteil, … / Vorteilig/Nachteilig finde ich…
Von Vorteil/Nachteil ist, dass … / … hat den Vorteil/Nachteil …
Bei Leiharbeit/… ist gut/schlecht, dass …, aber nicht so gut/schlecht ist …
Vor allem Arbeitgeber/Arbeitnehmende/… haben Vorteile/Nachteile von der Leiharbeit / …, denn…

Vermutungen äußern, welchen Beruf Personen haben

Ich denke/vermute, dass die Frau mit dem weißen Kittel / … als Altenpflegerin arbeitet.
Der Mann mit dem blauen Anzug arbeitet vielleicht in einem Büro / im …
Es könnte sein, dass der Mann …

Grammatik

Relativpronomen und Relativsätze

	maskulin	neutrum	feminin	Plural
Nominativ	der	das	die	die
Akkusativ	den	das	die	die
Dativ	dem	dem	der	denen

Die Bundesagentur für Arbeit ist eine staatliche Behörde, die 100.000 Mitarbeitende hat.
Bei der Bundesagentur ist auch die Familienkasse, bei der man das Kindergeld beantragt.

Der Relativsatz ist ein Nebensatz: Das Verb steht am Ende. Er steht meistens direkt hinter dem Bezugswort und deshalb manchmal mitten im Hauptsatz:
Ein Betrieb, der Leiharbeiter beschäftigt, darf diese nicht weiter an andere Firmen verleihen.

Adjektivdeklination

Zwischen Artikel und Nomen haben Adjektive eine Endung (mindestens ein -e).

	maskulin	neutrum	feminin	Plural
Nominativ	grauer Anzug der graue Anzug ein grauer Anzug kein grauer Anzug	blaues Kleid das blaue Kleid ein blaues Kleid kein blaues Kleid	rote Bluse die rote Bluse eine rote Bluse keine rote Bluse	die braunen Schuhe – braune Schuhe keine braunen Schuhe
Akkusativ	grauen Anzug den grauen Anzug einen grauen Anzug keinen grauen Anzug	blaues Kleid das blaue Kleid ein blaues Kleid kein blaues Kleid	rote Bluse die rote Bluse eine rote Bluse keine rote Bluse	die braunen Schuhe – braune Schuhe keine braunen Schuhe
Dativ	grauem Anzug dem grauen Anzug einem grauen Anzug keinen grauem Anzug	blauem Kleid dem blauen Kleid einem blauen Kleid keinem blauen Kleid	roter Bluse der roten Bluse einer roten Bluse keiner roten Bluse	den braunen Schuhen – braunen Schuhen keinen braunen Schuhen

A Wie finde ich Arbeit?

1 **Was bedeuten die Nomen? Ordnen Sie die Erklärungen zu.**

1 der Aushang

2 das Praktikum

3 die Initiativbewerbung

4 die Ausbildung

a ☐ Man bewirbt sich, ohne zu wissen, ob die Firma tatsächlich Mitarbeitende sucht.

b ☐ Man findet sie oft in Supermärkten. Es werden nicht nur Jobs angeboten, sondern auch Dinge, die jemand verkaufen möchte.

c ☐ Man lernt einen Beruf. Mit einem Berufsabschluss ist es dann leichter, eine Arbeit zu finden.

d ☐ Man ist bei einer Firma und arbeitet auch etwas mit, aber man bekommt keine oder eine nur sehr geringe Bezahlung. Wichtig ist es, Erfahrungen zu sammeln und Kontakte zu knüpfen.

2 **Wortschatz Bewerbung. Ergänzen Sie die Wörter.**

1 Im Internet und in Zeitungen findet man St ….. ll ….. n ….. nz ……….. g ….. n.

2 Im B ….. w ….. rbungsschr ……….. b ….. n stellt sich der Bewerbende kurz vor. Außerdem legt man einen

L ….. b ….. nsl ……….. f, ….. bschl ….. ssz ……….. gn ….. ss ….. oder auch ….. rb ……….. tsz ……….. gn ….. ss ….. bei.

3 Wenn man Erfolg hat, bekommt man eine Z ….. s ….. ge, sonst bekommt man eine ….. bs ….. ge und die

Firma schickt die B ….. w ….. rb ….. ngs ….. nterl ….. gen zurück.

4 Wenn man sich bei einer Firma bewirbt, sollte man sich zum Beispiel über das L ……….. tb ….. ld,

die M ….. t ….. rb ……….. t ….. rz ….. hl und den ….. ms ….. tz der Firma informieren.

3 a **Arbeit suchen – Arbeit finden. Lesen Sie die Aussagen der vier Personen. Wer musste schon einmal die Stelle wechseln? Kreuzen Sie an.**

Ich habe Geschichte und Soziologie studiert und nach dem Studium war es für mich zuerst genau genommen unmöglich, eine passende Stelle zu finden, denn es gab fast keine passenden Stellenangebote. Ich habe dann in einem Café gejobbt und hatte Glück, denn in dem Café war ein Journalist Stammgast, mit dem ich ins Gespräch gekommen bin. Er hat mir dann den Kontakt zu unserer Lokalzeitung vermittelt und nach einem Gespräch mit dem Redaktionsleiter habe ich einige kleine Artikel über unsere Stadtgeschichte geschrieben, die bei den Lesern sehr gut ankamen. So wurde ich langsam bekannt und bekam immer mehr Aufträge. Heute bin ich freiberufliche Autorin und kann von meiner Arbeit gut leben.

Gisela Rego

☐

Daniel Mühl

Arbeitssuche war für mich lange kein Thema. Nach meiner Ausbildung hat mich die Firma, in der ich meine Ausbildung zum Industriekaufmann gemacht habe, direkt übernommen. Aber nach 25 Jahren hat die Firma Pleite gemacht und ich stand auf der Straße. Es war dann sehr schwer, eine neue Arbeit zu finden. Ich habe über hundert Bewerbungen an Firmen in ganz Deutschland geschrieben, aber viele Firmen haben gar nicht geantwortet. Nur sehr wenige haben mich zu einem Gespräch eingeladen, ohne dass ich eine Stelle bekommen habe. Dann habe ich in einem Radiobeitrag gehört, dass die Deutsche Bahn dringend Lokomotivführer sucht, und habe einfach mal dort angerufen. Schon vier Tage später hatte ich einen Gesprächstermin und jetzt mache ich eine neue Ausbildung und werde schon bald Züge auf der Strecke zwischen Karlsruhe und Basel fahren.

☐

Nach meiner Ausbildung zur Versicherungsfachfrau habe ich vier Jahre bei einer großen Versicherung in Ludwigshafen gearbeitet und bin dort auch Bereichsleiterin geworden. Dann hat mein Mann ein sehr gutes Angebot bekommen, Geschäftsführer einer großen Möbelfirma in München zu werden. Wir haben lange diskutiert, ob wir das Angebot annehmen sollten, denn es war klar, dass ich meine Stelle aufgeben musste. Wir haben uns dann entschieden, dass mein Mann zuerst alleine nach München umzieht und ich nachkomme, wenn ich selbst eine gute Stelle gefunden habe. Das hat dann auch sehr schnell geklappt. Ich habe mich bei mehreren Versicherungen in München beworben und auch schnell ein sehr gutes Angebot bekommen. Dabei war es sicher ein Vorteil, dass ich eine verantwortungsvolle und leitende Funktion in der Ludwigshafener Versicherung hatte und dass ich meinen Wunsch, die Stelle zu wechseln, gut begründen konnte.

Samar Khosa

Ich studiere Bauingenieurswesen an der Fachhochschule Unterrode in einem dualen Studiengang. Dualer Studiengang bedeutet, dass ich einen Vertrag mit einer Firma habe, der Hochbau Tief, die mir auch ein Gehalt bezahlt. Das theoretische Studium an der Fachhochschule ist eng mit Praxissemestern und Praktika bei Hochbau Tief verbunden. Um meine berufliche Zukunft muss ich mir keine Sorgen machen, denn die Firma investiert viel Geld in mein Studium und wird mich nach meinem Bachelorabschluss übernehmen. Das steht auch in meinem Ausbildungsvertrag. Viel schwieriger war es, eine Partnerfirma für das duale Studium zu finden. Alle Firmen, bei denen ich mich beworben habe, haben mich zu zwei, einige sogar zu drei Gesprächsrunden eingeladen und Hochbau Tief hatte sogar zwölf Bewerber gleichzeitig eingeladen – für zwei freie Studienplätze. Ich stand also elf Konkurrenten direkt gegenüber. Das war wirklich hart und ich war ziemlich angespannt. Aber meine Präsentation war wohl überzeugend, denn ich habe einen Studienplatz bekommen.

Benjamin Johnson

3b **Lesen Sie die Aussagen in 3a noch einmal und schreiben Sie zu jeder Frage mindestens einen Antwortsatz.**

1 Warum konnte Gisela Rego keine passende Stelle finden?
2 Wie hat sie Kontakt zu der Lokalzeitung bekommen?
3 Welche Erfahrung hat Daniel Mühl bei der Arbeitssuche am Anfang gemacht?
4 Wie ist er mit der Deutschen Bahn in Kontakt gekommen?
5 Warum hat Samar Khosa ihre Stelle gekündigt?
6 Was ist ein duales Studium?
7 Welche Garantie hat Benjamin Johnson nach dem Ende der Ausbildung?

4 **Ein erfolgreiches Vorstellungsgespräch. Was ist wichtig? Ergänzen Sie die Sätze.**

den Weg planen • im Gespräch ruhig bleiben • das Gespräch mit einer anderen Person üben • etwa zehn Minuten früher zu dem Termin kommen • den Termin bestätigen • ...

1 Es ist wichtig, dass man ....

2 Man sollte ....

3 Man darf nicht vergessen, ...

4 Es empfiehlt sich, ...

5 Gut ist, wenn man ....

6 ....

B Arbeitsvermittlung in Deutschland

1 Lesen Sie noch einmal den Text über Arbeitsvermittlung in Deutschland auf S. 28. Notieren Sie fünf Aufgaben der Bundesagentur für Arbeit.

1 Eine wichtige Aufgabe der Bundesagentur ist, ...

2 Sie ist dafür zuständig, ...

3 Die Familienkasse ....

4 Jugendliche ....

5 ....

2a Relativsätze. Ergänzen Sie in den vier Übungen jeweils die Relativpronomen.

1 Das ist Herr Huck,

mit *dem* wir das Projekt planen.

.... ich näher kennenlernen möchte.

.... so beliebt ist.

.... ich bei der Installation der Software helfen soll.

2 Das ist meine Kollegin Uta,

.... der Chef ins Ausland schicken möchte.

.... immer alle zuhören, wenn sie etwas sagt.

.... seit einer Woche hier arbeitet.

über .... ich mich manchmal ärgere.

3 Das ist das Team,

in .... mitarbeite.

.... ich leite.

.... noch gute Ideen fehlen.

.... sich morgen zum letzten Mal trifft.

4 Das sind die Kollegen,

.... unsere Unterstützung brauchen.

.... morgen eine Reise machen.

ohne .... die Firma auf dem Markt ohne Chancen ist.

.... die Geschäftsleitung für ihre Leistungen gedankt hat.

2b Ordnen Sie die Sätze wie im Beispiel.

1 Wer hat den Ordner, gestellt – habe – gestern – ich – ins Regal – den – ?

Wer hat den Ordner, den ich gestern ins Regal gestellt habe?

2 Wo sind die Fotos, werben – wir – für unsere Produkte – mit denen – wollen – ?

....

3 Wem gehört der USB-Stick, ist – der – in meinem Computer – ?

....

4 Wann kommt das Paket, der Chef – auf das – wartet – schon seit drei Tagen – ?

....

5 Wer war der Anrufer, mit dem – hast – gesprochen – du – so freundlich – ?

....

6 Wo sind die Notizen, Frau Lenz – hat – gestern – die – während des Gesprächs – gemacht – ?

....

2 c   Verbinden Sie die Sätze zu einem Satz.

1   Siemens ist eine Firma. Die Firma ist auf der ganzen Welt aktiv.

....

2   Ich suche eine Arbeit. Bei der Arbeit kann ich kreativ sein.

....

3   Die Firma hatte eine Stellenanzeige. Für die Stellenanzeige haben sich viele Leute interessiert.

....

4   Das ist Herr Schmolck. Ich kenne ihn schon seit fünf Jahren.

....

5   Wir haben ein Firmenauto. Wir brauchen es für Kundenbesuche.

....

3   Relativsätze mitten im Satz. Schreiben Sie Sätze.

1   Die Angestellten müssen Ende Dezember frei nehmen. Die Angestellten arbeiten in der Verwaltung.

Die Angestellten, die in ....

2   Ich besuche mit einer Kollegin eine Fachmesse. Ich kenne die Kollegin noch nicht so gut.

....

3   Das Büro liegt in der Innenstadt. Ich arbeite in dem Büro.

....

4   Bei der Firma Heris arbeiten 20.000 Menschen. Die Firma ist der größte Arbeitgeber in der Region.

....

5   Großraumbüros mag ich nicht. In den Großraumbüros arbeiten 15 oder mehr Personen.

....

4 a   Eine Umfrage über Zeitarbeit. Hören Sie die Umfrage. Wer hat Erfahrung mit Leiharbeit?

9

☐ Lygia Freitas   ☐ Elena Monz   ☐ Yuri Ibramov

4 b   Hören Sie die Umfrage noch einmal. Wer sagt was? Kreuzen Sie an.

	Lygia Freitas	Elena Monz	Yuri Ibramov
1 Es ist gut, dass ich mit vielen Menschen in Kontakt komme.			
2 Arbeitnehmer haben keine Vorteile von der Leiharbeit.			
3 Ich habe für dieselbe Arbeit weniger Geld bekommen als feste Mitarbeiter.			
4 Ich lerne die deutsche Unternehmenskultur besser kennen.			
5 Leiharbeit kann für Berufsanfänger eine Chance sein, Berufserfahrung zu sammeln.			
6 Es kann Konflikte mit den festen Mitarbeitern eines Unternehmens geben.			

C Stellenanzeigen verstehen

1 a Welches Verb passt nicht? Markieren Sie.

1	Transportfahrzeuge	erarbeiten – beladen – bezahlen – ausleihen
2	den Transport von Waren	vorbereiten – organisieren – sortieren – kontrollieren
3	Waren	auspacken – annehmen – sortieren - unterstützen
4	einen sicheren Arbeitsplatz	verkaufen – bieten – haben – suchen
5	neue Konzepte	erarbeiten – bieten – beschäftigen – brauchen
6	das Lager	auffüllen – auspacken – kontrollieren – leiten
7	ein Projektteam	haben – leiten – organisieren – sortieren
8	Produktionsprozesse	vorbereiten – optimieren – auspacken – kontrollieren
9	eine Ausbildung	haben – sortieren – anbieten – machen
10	Bestellungen	beladen – annehmen – machen – vorbereiten

1 b Wählen Sie aus 1a fünf Nomen und Verben aus und schreiben Sie Sätze in Ihr Heft.

> *Eine Aufgabe von Lagerlogistikern ist es, …   Viele Leute suchen …*

2 Adjektive im Nominativ und Akkusativ. Ergänzen Sie die Endungen.

1 Kennen Sie den neu............. Kollegen?

2 Herr Dr. Moritz ist ein freundlich............. Mensch.

3 Wir haben ein groß............. und schön............. Büro.

4 Viele Leute suchen sicher............. Arbeitsplätze.

5 Ich suche auch einen traumhaft............. Arbeitsplatz.

6 Frau Marina ist eine nett............. Mitarbeiterin.

7 Die wichtig............. Dinge besprechen wir morgen.

8 Mietest du die schön............. Wohnung im Seepark?

9 Der schwarz............. Wagen dort ist unser Firmenwagen.

10 Die freundlich............. Verkäuferin heißt Frau Erb.

11 Ich bekomme bald ein ganz neu............. Smartphone.

12 Wie viel kostet das neu............. Smartphone?

3 Adjektive im Dativ. Ergänzen Sie die Endungen.

1 Ich fahre mit einem neu............. Auto.

2 Fährst mit dem neu............. Auto von deinen Eltern?

3 Es ist schön, dass wir nach lang............. Zeit mal wieder miteinander zu tun haben.

4 Ich helfe gerne nett............. Leuten.

5 Ich habe gestern den nett............. Nachbarn geholfen.

6 In der Kantine nehme ich heute einen Toast mit gebacken............. Käse.

7 Ich nehme noch ein Stück von dem lecker............. Kuchen.

8 Bei schlecht............. Wetter findet das Open-Air-Konzert nicht statt.

9 Heute Abend gehe ich zu einer gut............. Freundin.

10 Diese Jacke passt nicht zu der blau............. Hose.

11 Er kommt aus einem sehr kalt............. Land.

12 Mit sehr gut............. Abiturnoten bekommt man einen Medizinstudienplatz.

4a Farbige Kleidung. Wie heißen die Kleidungsstücke? Schreiben Sie die Wörter mit Artikel und Plural.

....
....
....
....   <
....

4b Ergänzen Sie die Kleidungsstücke aus 4a und – wo nötig – die Endungen.

Der Mann mit d......... blau......... Krawatte und dem schwarz......... .... ist Patrick. Er trägt auch

ein......... grau......... Jacke und eine braun......... Hose. Seine .... sind schwarz......... .

Die Frau mit d......... blau......... .... und d......... gelb......... Tuch heißt Ada. Sie trägt ein......... weiß.........

........................., die gut zu d......... schwarz......... Rock passt. Sie trägt auch grün......... ....

5 Adjektivdeklination ohne Artikel. Ergänzen Sie wenn nötig die Endungen.

1 Nett............. Student sucht hell............. Wohnung in Uninähe.

2 Verkaufe fast neu............. Fahrrad zu günstig............. Preis.

3 Heute im Angebot: italienisch............. Tomaten, frisch............. Obst.

4 Lieb............. Hund (sechs Monate alt.............) sucht neu............. Zuhause.

5 Klein............. Lebensmittelsupermarkt sucht erfahren............. Personal.

6 Suche modern............. Smartphone mit gut............. Display.

6 Ein Kollege verlässt die Firma. Ergänzen Sie die Abschiedsmail durch passende Adjektive. Ergänzen Sie wenn nötig auch die Endungen.

schlecht • gemeinsam • interessant • lieb • neu • gut • groß • ~~erfolgreich~~ • zufrieden • bekannt

Liebe Kolleginnen, ... Kollegen,

nach zehn *erfolgreichen*............. Jahren verlasse ich zum ersten August die Firma. Ich werde

eine .... und sehr .... Aufgabe bei der Firma Haberland in

Braunschweig übernehmen. Wie ihr wisst, ist Haberland ein .... und in der ganzen Welt

.... Hersteller von Werkzeugmaschinen.

Ich danke euch allen für die .... Zeit hier in der Firma. Wir hatten ....

und manchmal auch .... Tage, aber ich denke, wir alle können mit unserer Arbeit

.... sein.

Am Freitagnachmittag lade ich ab 1600 Uhr zu einer Abschiedsfeier in der Kantine ein.

Es grüßt Euch Euer Kollege

Erwin

1 Dieser Informationsbogen ist teilweise falsch ausgefüllt. Korrigieren Sie ihn.

Haberlandwerke Schloseriastraße 103 – 79322 Emmendingen

Informationsbogen für die Beschäftigung als Zeitarbeitende

Projekt: _Studium der Betriebswirtschaft, Master_ .... (Projektnummer KA-B 0815)

Zeitraum: _18.06.1994_ ....

Name: _Anita Olsen_ .... Geburtsdatum: _Abitur_ .... Adresse: _Unterstützung des Managements_ ....

Schulbildung: _Neuorganisation der Verwaltung_ ....

Berufsausbildung: _Feldbergstraße 197a, 79276 Reute_ ....

Angestellt bei: aLinda Personaldienstleistungen   seit: 16.08.2018

Einsätze:

1. Firma: Heriton   Projekt: _01.03.2020–30.09.2020_ .... Zeitraum: 01.09.2018–31.05.2019

2. Firma: Raten AG   Projekt: Aufbau des Kommunikationscenters   Zeitraum: 01.07.2019–31.01.2020

Bereitschaft für Wochenendarbeit: ⊗ Ja ◯ Nein

Eigener PKW: ⊗ Ja ◯ Nein

Haberlandwerke Schloseriastraße 103 – 79322 Emmendingen

Informationsbogen für die Beschäftigung als Zeitarbeitende

Projekt: .... (Projektnummer KA-B 0815)

Zeitraum: ....

Name: _Anita Olsen_ .... Geburtsdatum: .... Adresse: ....

Schulbildung: ....

Berufsausbildung: ....

Angestellt bei: aLinda Personaldienstleistungen   seit: 16.08.2018

Einsätze:

1. Firma: Heriton   Projekt: .... Zeitraum: 01.09.2018–31.05.2019

2. Firma: Raten AG   Projekt: Aufbau des Kommunikationscenters   Zeitraum: 01.07.2019–31.01.2020

Bereitschaft für Wochenendarbeit: ⊗ Ja ◯ Nein

Eigener PKW: ⊗ Ja ◯ Nein

---

2 Sehen Sie sich den Fragebogen bei 1a noch einmal an und verfassen Sie einen kurzen Text, in dem Sie über Anita Olsen berichten.

> _Anita Olsen wurde ... geboren und wohnt in der ..._
> _Sie hat als Zeitarbeitende bei ... gearbeitet und ..._

A Wie finde ich Arbeit?

der   Ansprechpartner, – ....

die   Ansprechpartnerin, -nen ....

der   Aushang, "-e ....

das   Bewerbungsschreiben, – ....

das   Bewerbungsverfahren, – ....

der   Eindruck, "-e ....

die   Elektrofirma, -firmen

erwarten ....

das   Fachpersonal (Sg.)

fehlerfrei ....

die   Initiativbewerbung, -en ....

die   Installateurfirma, -firmen ....

die   Konkurrenz (Sg.) ....

der   Leiharbeiter, – ....

die   Leiharbeiterin, -nen ....

das   Leitbild, -er ....

der   Stand der Dinge

einen Termin bestätigen ....

die   Unterlage, -n ....

die   Wartezeit, -en ....

die   Zeitarbeitsfirma, -en

zukünftig ....

B Arbeitsvermittlung in Deutschland

die   Arbeitskraft, "-e ....

das   Arbeitsverhältnis, -se

ausleihen ....

die   Berufsberatung, -en ....

die   Berufserfahrung, -en

beschäftigen ....

die   Beschäftigung (Sg.) ....

der   Betrieb, -e ....

die   Genehmigung, -en ....

die   Leiharbeit (Sg.) ....

der   Leiharbeiter, – ....

die   Leiharbeiterin, -nen

staatlich ....

die   Tätigkeit, -en ....

einen Termin vereinbaren ....

verleihen ....

die   Vermittlung, -en ....

die   Vermittlungsgebühr, -en ....

C Die Deadline

der   Agraringenieur, -e ....

die   Agraringenieurin, -nen ....

der   Arbeitseinsatz, "-e ....

der   Bereich, -e ....

die   Bereitschaft (Sg.) ....

der   Einsatzort, -e

examiniert ....

das   Familienunternehmen, – ....

der   Informatiker, – ....

die   Informatikerin, -nen ....

der   Ingenieur, -e ....

die   Ingenieurin, -nen

innovativ ....

die   Karrierechance, -n ....

die   Kommunikationsfähigkeit, -en ....

der   Kundenservice (Sg.) ....

die   Pflegekraft, "-e ....

der   Pflegeservice (Sg.) ....

der   Sicherheitsmitarbeiter, – ....

die   Sicherheitsmitarbeiterin,
-nen ....

der   Teamgeist (Sg.) ....

die   Verantwortung (Sg.) ....

der   Verkäufer, – ....

die   Verkäuferin, -nen ....

die   Verstärkung, -en ....

die   Zukunftsperspektive, -n ....

die   Zusammenarbeit (Sg.)

zuständig ....

D Informationsbogen bei Zeitarbeit

das   Bauvorhaben, – ....

die   Berufsausbildung, -en ....

der   Einsatz, "-e ....

das   Einverständnis, -se ....

der   Fachinformatiker, – ....

die   Fachinformatikerin, -nen ....

die   Krankheitsvertretung, -en ....

der   Realschulabschluss, "-e ....

die   Urlaubsvertretung, -en ....

der   Zeitraum, "-e ....

Wortschatz und Grammatik

Wortbildung: Nomen und Adjektive

1a **Nomen aus Adjektiven. Wie heißen die Nomen?**

1 aktiv – die ....

2 engagiert – das ....

3 motiviert – die ....

4 schnell – die ....

5 selbstständig – die ....

6 sicher – die ....

1b **Wie heißen die Adjektive?**

1 die Zuverlässigkeit – ....

2 die Flexibilität – ....

3 die Bereitschaft – ....

4 die Schnelligkeit – ....

5 die Möglichkeit – ....

6 das Verantwortungsbewusstsein – ....

1c **Wählen Sie vier Wörter aus 1a und 1b und schreiben Sie Sätze.**

> *Wenn ich selbstständig bin, werde ich ...*

2a **Adjektive mit der Vorsilbe *un-*. Wie heißt die Negation? Ergänzen Sie.**

1 genau – ....

2 interessant – ....

3 möglich – ....

4 pünktlich – ....

5 ruhig – ....

6 sicher – ....

7 typisch – ....

8 wichtig – ....

> **Memo**
>
> Mit der Vorsilbe *un-* negiert man Adjektive.
> Mit der Nachsilbe *-los* werden aus Nomen Adjektive mit Negation.

2b **Ergänzen Sie passende Adjektive aus 2a.**

1 Man soll .... arbeiten, damit es keine Fehler gibt.

2 Es ist schon 10 Uhr, wir wollten uns um 9 Uhr treffen. Warum bist du so ....?

3 Meine Firma hat große Probleme und mein Arbeitsplatz ist jetzt leider ....

4 Du bist so .... Bist du nervös?

3a **Adjektive mit der Nachsilbe *-los*. Ergänzen Sie.**

1 ohne Kosten – ....

2 ohne Arbeit – ....

3 ohne Bargeld – ....

4 ohne Probleme – ....

5 ohne Gruß – ....

6 ohne Beispiel – ....

7 ohne Papier – ....

8 ohne Grund – ....

9 ohne Worte – ....

3b **Ergänzen Sie passende Adjektive aus 3a. Ergänzen Sie wenn nötig auch die Endung.**

1 Sie hat noch keine Stelle gefunden. Sie ist noch immer ....

2 Durch die Digitalisierung wird es leichter, Büros .... zu machen.

3 Für den Service müssen Sie nichts bezahlen. Er ist ....

4 Als er ging, sagte er nichts. Er verließ .... das Zimmer.

Sie festigen

- Wortbildung: Nomen und Adjektive
- Adjektive mit der Vorsilbe *un-* und der Nachsilbe *-los*
- Nomen, die man wie Adjektive dekliniert
- Relativsätze
- Schreibtraining: Satzzeichen korrekt setzen

4a Wie heißen die Nomen für Personen?

1 bekannt – *der/die Bekannte* 3 angestellt – .... 5 selbstständig – ....

2 jugendlich – .... 4 deutsch – .... 6 verletzt – ....

4b Ergänzen Sie die Sätze mit Nomen aus 4a. Achtung: Sie werden wie Adjektive dekliniert.

1 In der Verwaltung arbeiten 250 ....

2 Leute, die eine eigene Firma haben, nennt man auch ....

3 Herr Musil ist ein .... von mir.

4 Ein Mann mit einem deutschen Pass ist ein ...., eine Frau mit einem deutschen Pass ist eine ....

5 Bei dem Unfall gab es viele ....

Relativsätze

5a Relativsätze mit *was* und *wo*. Ergänzen Sie die Sätze.

> was mich sehr geärgert hat • wo es im Sommer sehr viele Festivals gibt • was nicht einfach war • wo die Verkehrsverbindungen schlecht sind

Memo
Der Relativsatz mit *was* bezieht sich auf einen ganzen Satz. Das Relativpronomen *wo* steht nach Ortsangaben.

1 Sie hat ihren Studienabschluss nach zehn Semestern geschafft, ...

2 In Regionen, ..., sind die Mieten oft niedriger.

3 Einige Kollegen sind nicht zu dem Treffen gekommen, ...

4 Das Konzert findet auf dem Marktplatz statt, ...

5b Worauf beziehen sich jeweils die Relativpronomen *was* und *wo*? Markieren Sie.

1 ich – finden – sehr nett: ==Meine Freunde wollen mir beim Umzug helfen==, *was ich sehr nett finde.*

2 vorbeikommen – viele Leute: Du solltest dein Geschäft dort eröffnen, ...

3 besuchen – sie – eine Messe – wollen: Sie sind nach Köln gefahren, ...

4 mich – hat – nicht überrascht: Sie hat nach dem Examen gleich Arbeit gefunden, ...

Schreibtraining

6 Satzzeichen korrekt setzen. Ergänzen Sie in der Mail die Satzzeichen: , ? . !

Liebe Luisa,

wie du weißt habe ich im Internet eine interessante Stellenanzeige gefunden Ein Pflegedienst sucht motivierte Mitarbeiter die schon Berufserfahrung haben Der Vorteil ist dass es keine Schichtarbeit und keine Wochenendarbeit gibt Natürlich habe ich mich beworben und schon nach drei Tagen eine Antwort bekommen Das Vorstellungsgespräch ist nächste Woche Montag Jetzt habe ich eine Bitte an dich Kannst du mit mir zusammen das Gespräch üben Ich denke das würde mir mehr Sicherheit geben Ich freue mich auf deine Antwort

Liebe Grüße Fabricio

43

3 Ein neuer Arbeitsplatz

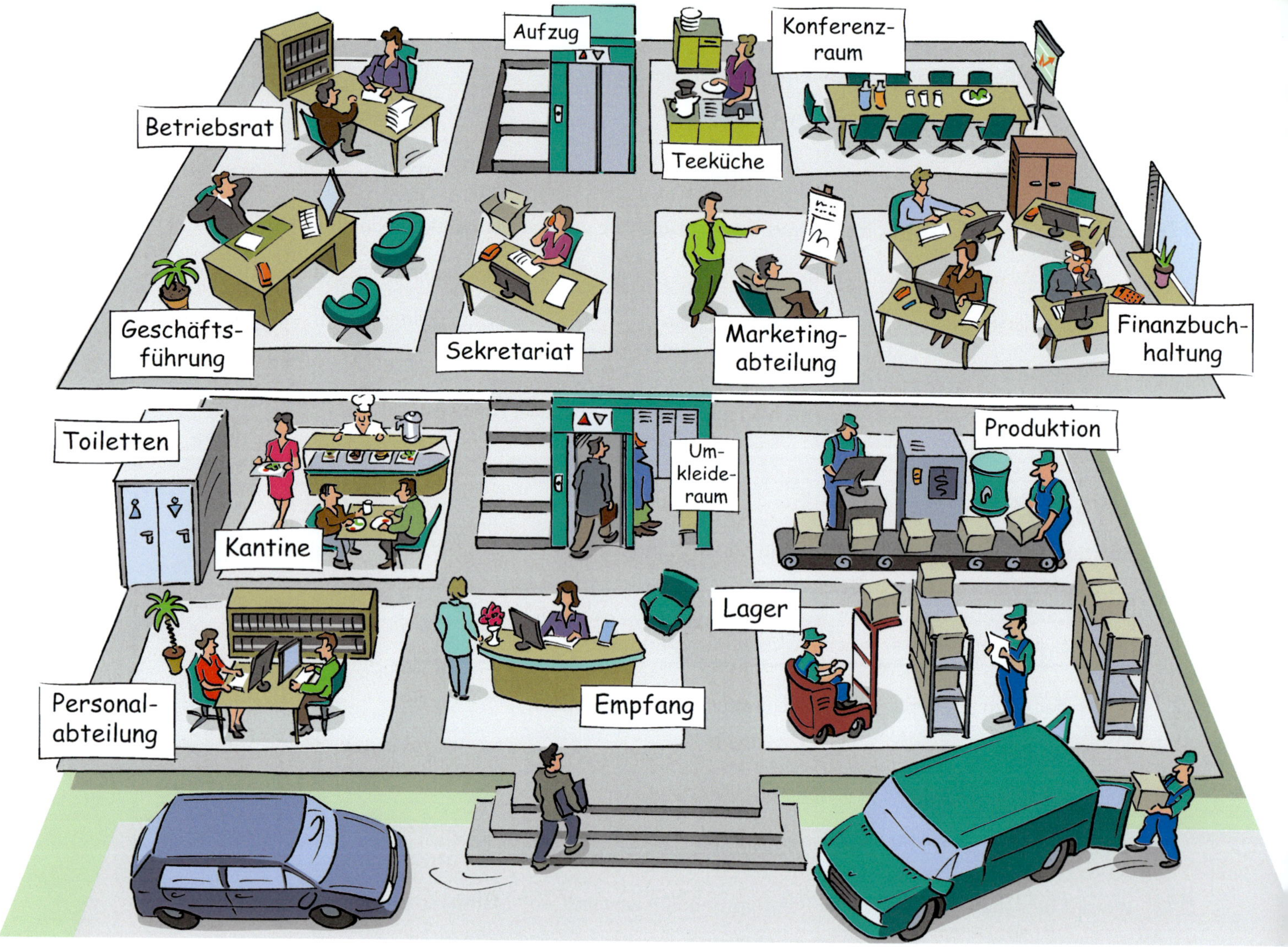

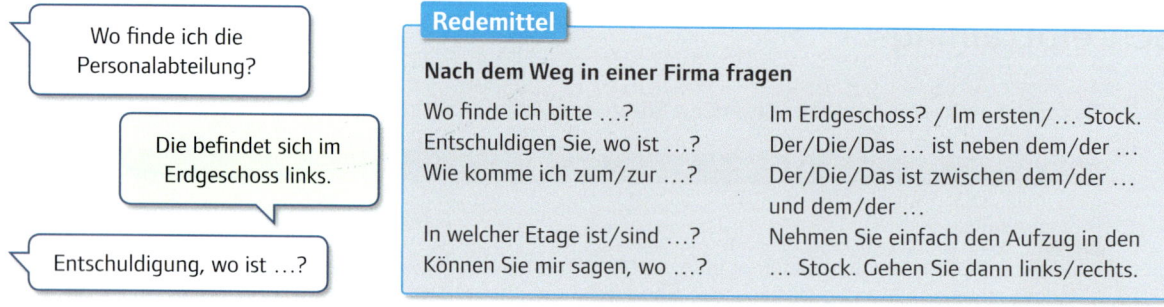

A Der erste Arbeitstag

1 **Orientierung in der Firma. Arbeiten Sie zu zweit. Sehen Sie sich das Bild an und fragen und antworten Sie.**

Wo finde ich die Personalabteilung?

Die befindet sich im Erdgeschoss links.

Entschuldigung, wo ist …?

Redemittel

Nach dem Weg in einer Firma fragen

Wo finde ich bitte …?	Im Erdgeschoss? / Im ersten/… Stock.
Entschuldigen Sie, wo ist …?	Der/Die/Das … ist neben dem/der …
Wie komme ich zum/zur …?	Der/Die/Das ist zwischen dem/der … und dem/der …
In welcher Etage ist/sind …?	Nehmen Sie einfach den Aufzug in den
Können Sie mir sagen, wo …?	… Stock. Gehen Sie dann links/rechts.

2 **Welche Abteilungen kann es noch in einer Firma geben? Sammeln Sie im Kurs.**

In größeren Firmen gibt es oft eine Abteilung für IT.

In vielen Unternehmen gibt es auch eine …

Sie lernen

- sich in einer Firma orientieren und nach dem Weg fragen
- ein Ergebnisprotokoll schreiben
- sich in einer Teambesprechung äußern
- höfliche Fragen, Bitten und Aufforderungen äußern
- Verben mit festen Präpositionen
- Fragen bei Verben mit Präposition

3 a Frau Zorinas erster Arbeitstag. Hören Sie das Gespräch. Welches Foto passt. Kreuzen Sie an.

10

A ☐

B ☐

C ☐

3 b Hören Sie noch einmal und kreuzen Sie an: richtig (R) oder falsch (F). Korrigieren Sie die falschen Aussagen.

		R	F
1	Frau Zorina arbeitet in der Finanzbuchhaltung.	☐	☐
2	Herr Mester ist Frau Zorinas neuer Kollege.	☐	☐
3	In der Personalabteilung bekommt sie ihren Firmenausweis und den Schlüssel zur Tiefgarage.	☐	☐
4	Ihr künftiges Büro ist im Erdgeschoss.	☐	☐
5	Frau Zorinas soll künftig unter anderem Rechnungen prüfen.	☐	☐
6	Während der Einarbeitung ist Herr Heidenberger Frau Zorinas Ansprechpartner.	☐	☐
7	Ihr Schreibtisch befindet sich direkt neben Herrn Heidenbergers Schreibtisch.	☐	☐
8	Frau Zorinas Arbeitsplatz ist bereits eingerichtet.	☐	☐

3 c Lesen Sie die Checkliste. Welche Punkte wurden erledigt? Kreuzen Sie an. Hören Sie noch einmal zur Kontrolle.

Checkliste für den ersten Arbeitstag von neuen Mitarbeitenden

1 Vor dem ersten Arbeitstag
- ○ den Arbeitsplatz einrichten (Telefonnummer, PC-Zugang, E-Mail-Adresse, Büroschlüssel)
- ○ einen Plan für die Einarbeitung erstellen
- ○ der neuen Mitarbeiterin / dem neuen Mitarbeiter einen festen Ansprechpartner geben, der für die Einarbeitung zuständig ist

2 Am ersten Arbeitstag
- ○ die neue Mitarbeiterin / den neuen Mitarbeiter empfangen und begrüßen
- ○ die Unterlagen der/des neuen Mitarbeitenden in der Personalabteilung abgeben
- ○ den Arbeitsplatz zeigen und die Kollegen vorstellen
- ○ über die Arbeitszeiten informieren und die Pausenregelungen erklären
- ○ allgemeine Informationen zum Unternehmen geben
- ○ Rundgang durch das Unternehmen (wichtige Abteilungen, Kantine, Teeküche)
- ○ Arbeitsaufgaben für den ersten Arbeitstag / die erste Arbeitswoche erklären
- ○ Feedback über den ersten Arbeitstag geben

---

4 Der erste Arbeitstag in einem neuen Unternehmen. Welche Erfahrungen haben Sie gemacht? Was haben Sie erlebt? Sprechen Sie im Kurs.

> Als ich vor … Jahren in der Firma … anfing, wurde ich am Empfang abgeholt und …

> Ich kann mich noch sehr gut an meinen ersten Arbeitstag in der Firma … erinnern, denn …

1 a   Wollen wir uns weiterbilden? Hören Sie das Gespräch zwischen Nadezhda Zorina und Carlos Maroto und machen Sie Notizen zu den folgenden Punkten.

1   Frau Zorinas neuer Job
2   Herr Marotos Volkshochschulkurs (Was? Wie lange? Warum?)
3   Frau Zorinas Überlegungen

1 b   Lernen an der Volkshochschule (VHS). Überfliegen Sie das Kursangebot der VHS Unterrode. Für welche Kurse interessieren Sie sich? Für welche nicht? Begründen Sie.

---

www.vhs_unterrode.de/programm

VHS UNTERRODE

| Programm | Für Teilnehmer | Für Dozenten | Kontakt |

Liebe Besucherinnen, liebe Besucher,

Sie interessieren sich für einen Kurs an der Volkshochschule? **H I E R** finden Sie Informationen über die Kurse. Wir sind gern für Sie da! Natürlich helfen wir Ihnen auch bei der Auswahl Ihres Kurses: Besuchen Sie uns oder rufen Sie uns unter 08421 6899769 an. Wir freuen uns über Ihr Interesse.

A | Gesundheit & Ernährung: Kochen und Genießen

Sie sind Hobbykoch, möchten aber Ihre Kochkünste verbessern? Dann nehmen Sie an einem Kochkurs bei uns teil. Unsere Kurse sind für Menschen unterschiedlicher Herkunft, für Vegetarier und Veganer, für Fleischliebhaber – kurz, für alle. Wir werden gemeinsam typische Gerichte aus Marokko, Italien und Bayern kochen.
Mitzubringen: Geschirrtuch, Schürze
Kurstermine: 20.6./27.6./4.7./11.7. von 18.00 bis 21.30 Uhr
Gebühr: 110,00 € (inkl. aller Lebensmittel)

B | Kultur & Kunst: Einführung in die digitale Fotografie

Sie sind Anfänger und haben kaum Erfahrung mit der Fotografie? Dann sind Sie hier richtig. Der Kurs beginnt mit einer Einführung. Sie lernen Ihre Kamera und die wichtigsten Einstellungen kennen. Danach gehen wir raus und fotografieren. Zum Schluss lernen Sie, wie Sie die Bilder auf den Computer übertragen und dort bearbeiten können. Nach dem Kurs werden Sie sich bestimmt nicht mehr über schlechte Fotos ärgern.
Mitzubringen: eigene Kamera
Kurstermine: 9./10.6. von 9.00 bis 18.00 Uhr
Gebühr: 90,00 €

C | Computer & Internet: Webseiten erstellen

In diesem Kurs geht es um die Gestaltung von privaten Webseiten. Sven Williges vermittelt Ihnen Basiswissen in den Computersprachen HTML und CSS, die man heute für die Gestaltung von Webseiten braucht. Am Ende des Kurses erstellen Sie Ihre eigene Webseite und wissen, wie man Texte formatiert und Bilder, Links und Tabellen einfügt.
Voraussetzungen: gute Kenntnisse am PC
Kurstermine: 13.–15.4., 10.00 bis 18.00 Uhr
Gebühr: 169,00 €

D | Beruf & Karriere: Smalltalk im Beruf

Smalltalk gehört zum Berufsleben. Doch viele Menschen fühlen sich nicht wohl, wenn sie Gespräche mit Kollegen, Vorgesetzten oder Kunden führen. Investieren Sie also in Ihre berufliche Zukunft und lernen Sie, wie Sie gekonnt Gespräche führen können. Die Seminarleiterin, Frau Dr. Braun, vermittelt Ihnen praktische Tipps für den Berufsalltag.
Kurstermin: 10.6. von 10.00 bis 17.30 Uhr
Gebühr: 46,00 €

---

1 c   Arbeiten Sie zu zweit. Eine/r von Ihnen stellt Fragen zu einem Kurs (A–D), die/der andere antwortet.

Wann findet der Kurs … statt?
Für wen ist der Kurs?
Was lernt man in dem Kurs?

Gibt es besondere Voraussetzungen?
Muss man etwas mitbringen?
Wie viel kostet der Kurs?

Können Sie mir sagen, wann der Kurs … stattfindet?

Ja, er findet am …

2a Verben mit festen Präpositionen. Suchen Sie in 1b Verben mit Präpositionen und ergänzen Sie im Folgenden die Präpositionen.

sich freuen *auf* .... (+ Akk.) teilnehmen .... (+ Dat.)

sich interessieren .... (+ Akk.) helfen .... (+ Dat.)

investieren .... (+ Akk.) beginnen .... (+ Dat.)

sich ärgern .... (+ Akk.) gehören .... (+ Dat.)

sich freuen .... (+ Akk.)

es geht .... (+ Akk.)

> **Strategie**
>
> Lernen Sie Verben mit festen Präpositionen mithilfe von ganzen Sätzen.
>
> *warten auf:* Ich warte auf den Bus.
>
> *telefonieren mit:* Ich telefoniere mit meinen Eltern.

2b Noch mehr Verben mit Präpositionen. Verbinden Sie die Satzteile.

1 Latif redet ständig von   a von einer Karriere als Fotografin.
2 Stefanie träumt seit einiger Zeit   b seine Geschenke.
3 Deshalb nimmt Stefanie an   c ihre Freundin.
4 Oleg freut sich jede Woche   d einem Fotografie-Kurs teil.
5 Im Kurs ging es   e seiner Frau in Syrien.
6 Am Wochenende trifft sich Larissa   f letzte Woche um Bildbearbeitung am Computer.
7 Maria wartet auf   g mit ihren Freundinnen.
8 An seinem Geburtstag freut sich Max über   h auf den Deutschkurs.

2c Was machen die Personen? Beschreiben Sie die Situationen.

1 Der Mann mit der gelben Jacke wartet an der Bushaltestelle auf den Bus und telefoniert ...

3 Kursspaziergang. Lesen Sie den kurzen Dialog und das Memo. Fragen und antworten Sie.

● Wofür interessierst du dich?
● Ich interessiere mich für Fußball.
● Für Fußball? Ich auch.

Ich ärgere mich über …

Worüber ärgerst du dich?

Worauf freust du dich?

Mit wem triffst du dich oft?

…?

Wovon träumst du?

> **Memo**
>
> **Fragen bei Verben mit Präposition**
>
> **Bei Fragen nach Sachen:** *wo(r)-* + Präposition:
> *Worauf...? Wofür...? Worüber ...? Wovor ...?*
> **Woran** arbeitet Amir? – An einem Fotoprojekt.
> **Worauf** freut er sich? – Auf den Fotokurs.
> **Wofür** interessiert er sich? – Für Fotografie.
>
> **Bei Fragen nach Personen:** Präposition + Fragewort
> **Auf wen** wartest du? – Auf Klaus.
> **Mit wem** hast du gesprochen? – Mit meiner Mutter.

1a Das Ergebnisprotokoll. Lesen Sie den Text und beantworten Sie die Fragen.

Ein Ergebnisprotokoll schreiben

Nach einer Arbeitsbesprechung oder einer Teamsitzung muss eine Mitarbeiterin oder ein Mitarbeiter oft ein Ergebnisprotokoll schreiben. Ein Ergebnisprotokoll fasst die Ergebnisse und
5 Beschlüsse einer Besprechung kurz zusammen.

Oben im Protokollkopf stehen Ort, Datum, Uhrzeit (Beginn und Ende), die Teilnehmenden und der Name der/des Protokollierenden. Dann kommen die wichtigsten Ergebnisse
10 (Entscheidungen und Vereinbarungen) in der Reihenfolge der Tagesordnungspunkte (TOP). Zum Schluss steht die Unterschrift der Protokollantin oder des Protokollanten.

Das Protokoll wird an alle Teilnehmenden der Besprechung gemailt und auch an andere 15 Mitarbeitende im Unternehmen, die über die Besprechung informiert werden sollen.

Wenn man ein Ergebnisprotokoll schreiben muss, sollte man während der Besprechung genau zuhören und nachfragen, wenn etwas 20 unklar ist oder wenn man etwas nicht verstanden hat. Man sollte während der Sitzung auch Notizen in Stichworten machen.

Ergebnisprotokolle werden meistens im Präsens geschrieben. 25

1 Was wird in einem Ergebnisprotokoll dokumentiert?
2 Wie wird ein Ergebnisprotokoll gegliedert?
3 Wer bekommt es?
4 Was sollen Protokollierende beim Protokollieren tun?
5 In welcher Zeitform werden Ergebnisprotokolle in der Regel geschrieben?

1b Hören Sie die Teambesprechung in der Finanzbuchhaltung und notieren Sie Informationen zu den Fragen. Vergleichen Sie dann mit Ihrer Partnerin / Ihrem Partner.

12

1 Wie oft finden die Teamsitzungen statt?
2 Wie lange dauert die Besprechung heute?
3 Bei wem hat Herr Mester nach der Teamsitzung einen Termin?
4 Woher kommt Frau Zorina?
5 Was für eine Ausbildung hat sie gemacht?
6 Wo hat sie nach der Ausbildung gearbeitet?
7 Warum gibt es Probleme mit der neuen Software?
8 Warum können die Rechnungen nicht pünktlich bezahlt werden?

1c Hören Sie die Teambesprechung noch einmal und ergänzen Sie das Ergebnisprotokoll.

Ort: _Raum 3/105_____   Datum: _25.04._____   Uhrzeit: 9.00 – _____ Uhr

Sitzungsleitung: _Herr Mester_____   Protokoll: _____

Teilnehmer/-innen: Frau Braun, Frau Fischer, Herr Heidenberger, Herr Mester, Frau Zorina
Entschuldigt: Frau Sokolowski

TOP Nr.	Besprechungspunkte	Beschluss / Ergebnis
TOP 1	Probleme mit der neuen Software	*Herr Mester vereinbart einen Termin für eine Schulung.*
TOP 2	Verzögerungen beim Bezahlen von Rechnungen	
TOP 3	Urlaubspläne in der Ferienzeit	

1d Hören Sie die Teambesprechung ein weiteres Mal. Welche Redemittel hören Sie? Markieren Sie.

einen Vorschlag machen	Zustimmung äußern	Ablehnung / Zweifel äußern
Ich schlage vor, dass …	Das ist eine (sehr) gute Idee.	Das geht (leider) nicht.
Was halten Sie davon, wenn …?	Einverstanden.	Das schaffe ich / schaffen wir
Wir sollten/könnten …	Ja, in Ordnung.	einfach nicht.
Vielleicht könnten Sie …	Kein Problem, das kann ich	Also, ich habe meine Zweifel, ob …
Wäre es möglich, …?	gerne (so) machen.	Bis … Uhr kann ich / können wir
Es ist wichtig, dass …	Ja, so könnte es gehen.	das nicht schaffen/…

2a Höflich fragen, bitten und auffordern. Lesen Sie die Regel. Hören Sie dann und ordnen Sie zu.

13

a nicht freundlich/höflich • b freundlich/höflich • c sehr höflich/freundlich

1 ☐ Schreiben Sie das Protokoll!
2 ☐ Schreiben Sie bitte das Protokoll.
3 ☐ Können Sie bitte das Protokoll schreiben?
4 ☐ Würden Sie bitte das Protokoll schreiben?
5 ☐ Könnten Sie vielleicht das Protokoll schreiben?
6 ☐ Dürfte ich Sie bitten, das Protokoll zu schreiben?

Regel

Höflich fragen, bitten und auffordern

Für höfliche Fragen, Bitten und Aufforderungen benutzt man den Konjunktiv II (Präsens) sowie das Wort *bitte*.
– Aufforderung im Imperativ (*Helfen Sie mir!*) sind eher unhöflich.
– Fragen mit Modalverben wirken freundlicher: Können Sie mir (bitte) helfen?
– Fragen mit dem Konjunktiv II wirken noch freundlicher/höflicher: Würden Sie mir (bitte) helfen? Könnten Sie mir (bitte) helfen? Dürfte ich Sie bitten, …
Wenn man Wörter wie *vielleicht* oder *mal* benutzt, wirken Bitten, Fragen und Aufforderungen noch höflicher: Könnten Sie mir bitte mal helfen?
Aber es kommt auch immer auf die Betonung an.

2b Arbeiten Sie zu zweit. Fragen Sie höflich und antworten Sie.

den Bericht drucken • die Rechnungen heute noch bezahlen • das neue Programm installieren • die Besucher am Empfang abholen • den Papierstau im Drucker beheben • Kaffee für alle machen

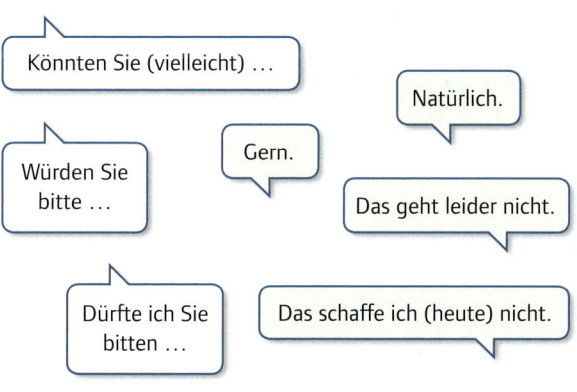

3 Haben Sie schon an Teambesprechungen oder Meetings teilgenommen? Was für Erfahrungen haben Sie gemacht? Sprechen Sie im Kurs.

– Wie lange haben Teambesprechungen gedauert?
– Hat es eine Tagesordnung gegeben?
– Wie viele Teilnehmende hat es gegeben?
– Kommunikationsstil: Wer hat gesprochen? Wie war die Atmosphäre?

Unsere Arbeitsbesprechungen fanden immer Montagfrüh statt. Sie waren kurz, nur ungefähr 30 Minuten.

Bei uns saßen wir zu sechst im Büro vom Chef. Er teilte die Arbeit für die Woche ein. Die Atmosphäre war …

1a Die Baier AG hat noch einen weiteren Finanzbuchhalter eingestellt. Wie soll er sich am ersten Arbeitstag verhalten? Arbeiten Sie in Gruppen und sammeln Sie Tipps. Vergleichen Sie anschließend im Kurs.

pünktlich kommen ..... Namen von Kolleginnen/ Kollegen merken

Tipps für den ersten Arbeitstag

....

1b Lesen Sie den Online-Ratgeber. Ordnen Sie jedem Abschnitt eine Überschrift zu.

A Smartphone
B Siezen oder Duzen
C Feierabend
D Begrüßung
E Pünktlichkeit
F Pausen

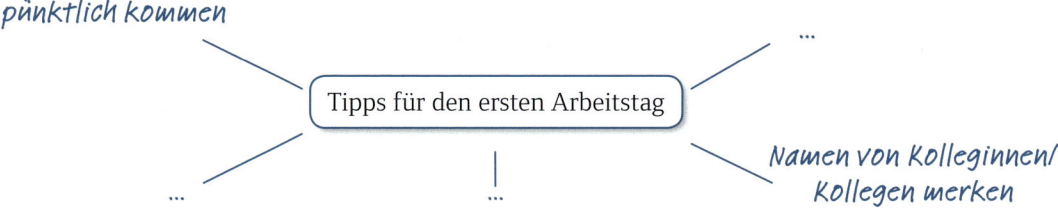

www.example.com/baier-ag

Start Karrieretipps Bewerbung Jobsuche **Der erste Tag im neuen Job** Arbeitsrecht

Tipps und Checkliste für den ersten Tag im neuen Job

Sie haben es geschafft, einen neuen Job gefunden und den Arbeitsvertrag unterschrieben. Herzlichen Glückwunsch!

Der erste Arbeitstag ist immer aufregend und viele sind dann ziemlich nervös. Damit er ein voller Erfolg für Sie wird, haben
5 wir nützliche Tipps zusammengestellt.

1 ....
Kommen Sie auf keinen Fall zu spät. Wenn Sie nicht sicher sind, wie viel Zeit Sie im Berufsverkehr zu Ihrem neuen Arbeitsplatz brauchen, sollten Sie zur Probe ein- oder
10 zweimal morgens zur neuen Arbeit fahren.

2 ....
Meistens werden Sie am Empfang abgeholt und Ihren neuen Kolleginnen und Kollegen vorgestellt. Bei der Begrüßung die Hand zu geben, ist hier nach wie vor üblich. Seien Sie
15 freundlich, lächeln Sie und beantworten Sie die Fragen Ihrer neuen Kollegen. Etwas Small Talk ist an dieser Stelle übrigens erwünscht.

3 ....
Das Du wird in vielen Unternehmen immer beliebter, aber in
20 den meisten Unternehmen wird noch immer gesiezt. Zu Beginn sollten Sie Ihre Kolleginnen und Kollegen siezen. Im Allgemeinen darf die/der Vorgesetzte Ihnen das Du anbieten, aber nicht umgekehrt. Bei Mitarbeitenden, die die gleiche Position haben, bietet die/der Ältere der/dem
25 Jüngeren das Du an. Wenn man neu in der Firma ist, sollte man darauf warten, dass die Kollegen einem das Du anbieten. Wenn man unsicher ist, kann man auch nachfragen, ob sich die Kollegen siezen oder duzen.

4 ....
Es wird nicht gern gesehen, wenn Sie gleich am ersten 30 Arbeitstag häufiger auf Ihr Handy sehen oder Nachrichten verschicken.

5 ....
Fragen Sie Ihre Kollegen, wann und wie lange man im Unternehmen Pausen macht. Machen Sie nur dann Pause, 35 wenn es Ihre Kolleginnen und Kollegen tun.

6 ....
Gehen Sie nicht zu früh nach Hause, aber bleiben Sie auch nicht gleich am ersten Tag länger am Arbeitsplatz. Verabschieden Sie sich von Ihren Kolleginnen und Kollegen. 40

2 Welche Erfahrungen haben Sie mit dem Duzen und Siezen gemacht? Erzählen Sie.

Kommunikation

sich in einem Unternehmen orientieren / nach dem Weg fragen

Wo finde ich bitte die Abteilung/…? – Die Abteilung/… befindet sich im Erdgeschoss / im … Stock.
Entschuldigen Sie, wo ist …? – … ist im 1./… Stock (gleich) neben dem Aufzug rechts/links.
Wie komme ich zum/zur …? / Können Sie mir sagen, wo … ist? / Können Sie mir sagen, wo ich … finde?

sich in einer Teambesprechung äußern

einen Vorschlag machen Ich schlage vor, dass … / Was halten Sie davon, wenn …? / Wir sollten / könnten … / Vielleicht könnten Sie …? / Wäre es möglich, …? / Es ist wichtig, dass …
Zustimmung äußern Das ist eine (sehr) gute Idee. / Einverstanden. / In Ordnung. / Ja, so könnte es gehen.
Ablehnung/Zweifel äußern Das geht (leider) nicht. / Das schaffe ich / schaffen wir nicht. / Also, ich habe meine Zweifel, ob …

höfliche Fragen, Bitten und Aufforderungen äußern

Könnten Sie (vielleicht/mal) …? / Würden Sie bitte …? / Dürfte ich Sie bitten, …?

Grammatik

Verben mit festen Präpositionen

Verben mit Präpositionen + *Akkusativ*		Verben mit Präpositionen + *Dativ*	
sich ärgern über	sich freuen über	beginnen mit	träumen von
sich interessieren für	es geht um	helfen bei	reden von
investieren in	sich freuen auf	gehören zu	sich treffen mit
warten auf		teilnehmen an	

Einige Verben haben feste Präpositionen. Manchmal ändert sich durch die Präposition die Bedeutung
der Verben:

sich freuen auf (etwas in der Zukunft):   Max freut sich auf die Geschenke.
        (= Er hat morgen Geburtstag und bekommt dann Geschenke.)

sich freuen über (etwas in der Gegen-   Max freut sich über die Geschenke.
wart oder der Vergangenheit):   (= Er hat tolle Geschenke bekommen.)

Fragewörter bei Verben mit Präpositionen

Bei Fragen nach Sachen: *wo(r)-* + Präposition; das *-r-* wird eingefügt, wenn die Präposition mit einem
Vokal beginnt. *Woran …? Worauf …? Wofür …? Worüber …? Wovon …?*
Woran arbeitet Amir? – An einem Fotoprojekt. / Wofür interessiert er sich? – Für Fotografie.

Bei Fragen nach Personen: Präposition + Fragewort: *Auf wen …? Für wen …? Bei wem …? Mit wem …? …*
Auf wen wartest du? – Auf Tim. / Über wen hast du gesprochen? – Über meinen Chef.

Höfliche Fragen, Bitten und Aufforderungen

Für höfliche Fragen, Bitten und Aufforderungen benutzt man den Konjunktiv II (Präsens) sowie das Wort
bitte: Würden Sie mir (bitte) helfen?
Fragen mit Modalverben im Konjunktiv II wirken noch freundlicher/höflicher: Könnten Sie mir (bitte) helfen?
Wenn man Wörter wie *vielleicht* oder *mal* benutzt, wirken Bitten, Fragen und Aufforderungen noch höflicher: Könnten Sie mir bitte mal helfen?

A Der erste Arbeitstag

🔊 14 **1a** Aufgaben und Zuständigkeiten in der Baier AG. Wer macht was? Hören Sie und ordnen Sie zu.

1	2	3	4
Geschäftsführung: Ulf Eck	Sekretariat: Ina Schmidt	Personalabteilung: Pia Huml	Vertrieb: Han Yi

5	6	7	8
Marketing: Ada Delgado	IT: Sonia Seddik	Forschung und Entwicklung: Dr. Jo Ross	Produktion: Jan Hofer

☐ entwickelt neue Produkte • ☐ steuert die Produktion • ☐ organisiert den Verkauf •
☐ schreibt E-Mails und Briefe • ☐ ist zuständig für die Qualität • ☐ prüft Rechnungen •
☐ bezahlt Lieferanten • ☐1 trifft wichtige Entscheidungen • ☐ leitet das Unternehmen •
☐ berät Kunden • ☐ plant und organisiert Termine und Reisen • ☐ wartet Computer und Server •
☐ schult Kollegen • ☐ ist zuständig für Werbung und Marktforschung • ☐ überweist Gehälter

1b Was passt zusammen? Verbinden Sie.

1 einen Computer   a entwickeln
2 eine Abteilung   b beraten
3 einen Werbeplan   c bezahlen
4 eine Rechnung   d warten
5 Kunden   e leiten

🔊 15 **2a** Wo finde ich …? Hören Sie und zeichnen Sie den Weg in den Plan auf S. 44 ein.

2b Den Weg beschreiben. Sie sind am Empfang. Sehen Sie das Bild auf S. 44 an und beantworten Sie die Fragen.

1 Guten Tag. Wo ist bitte die Kantine? *Die Kantine ist im ersten Stock, links neben der Treppe.*

2 Ich suche die Marketingabteilung. Wo finde ich sie?

....

3 Könnten Sie mir bitte sagen, wo der große Konferenzraum ist?

....

4 Ich habe einen Termin bei dem Geschäftsführer. Können Sie mir bitte den Weg beschreiben?

....

5 Wo finde ich die Finanzbuchhaltung? Ich habe dort einen Termin.

....

3a Wo? Wohin?
Ergänzen Sie
die Sätze.

> **Memo**
>
> **Wechselpräpositionen:** *in, an auf, über, unter, vor, hinter, neben, zwischen*
>
> *Wo? –* mit Dativ: *Sie arbeitet im 4. Stock.*   *Wohin? –* mit Akkusativ: *Sie fährt in den 4. Stock.*

Das Smartphone liegt .... Sie legt es ....

.... Rita. ....

Der Becher steht .... Rita stellt ihn ....

....

Ole setzt sich .... Er ....

.... seine Freunde. ....

Ole fährt das Auto .... Das Auto ....

....

3b Ergänzen Sie *Wo* oder *Wohin* und wenn nötig die Artikel im Dativ oder Akkusativ.

1 *Wohin* fahrt ihr? – *Ans* Meer.

2 .... wohnst du? – In .... Bachstraße.

3 .... geht ihr? – In .... Park.

4 .... ist der Tee? – In .... Küche.

5 .... steht sie? – In .... Mitte, zwischen
   .... Kollegen.

6 .... steht das Auto? – Vor .... Haus.

7 .... ist dein Büro? – Neben .... Küche.

8 .... wart ihr im Urlaub? – In .... USA.

9 .... ist das Buch? – Unter .... Akten.

10 .... hat sie das Bild gehängt? – Über
   .... Schreibtisch.

4 Fragen und Antworten am ersten Arbeitstag. Was passt zusammen? Verbinden Sie.

1 In welcher Abteilung arbeiten Sie?
2 Wo haben Sie vorher gearbeitet?
3 Was machen Sie in der Finanzbuchhaltung?
4 Wie gefällt Ihnen Ihr Büro?
5 Wie sind Ihre neuen Kollegen?

a Ich habe bei der Klute GmbH gearbeitet.
b Sehr nett. Ich fühle mich schon richtig wohl hier.
c In der Finanzbuchhaltung.
d Ich soll Rechnungen prüfen und bezahlen.
e Danke sehr gut.

5 Komposita. Wie viele Wörter finden Sie?

1 der Arbeitstag *die Arbeit, der Tag* ....
2 die Personalabteilung ....
3 der Büroschlüssel ....
4 der Firmenausweis ....

5 die Zeiterfassung ....
6 die Marketingabteilung ....
7 die Metallverarbeitung ....
8 der Konferenzraum ....

B   Sich in der Freizeit weiterbilden

🔊 16

1   Ein Gespräch in der Pause. Hören Sie das Gespräch zwischen Tim, Mai-Lin und Danylo.
Was wird gesagt? Kreuzen Sie an.

1   Tim, Mai-Lin und Danylo trinken in der Pause Tee. ☐
2   Danylo geht mit seinem Hund auch dann spazieren, wenn das Wetter schlecht ist. ☐
3   Mai-Lin besucht einmal wöchentlich einen Sprachkurs an der VHS. ☐
4   Mai-Lin lernt unterwegs, aber auch zu Hause. ☐
5   Danylo möchte ebenfalls einen Sprachkurs besuchen. ☐
6   Tim fotografiert schon seit Jahren viel in seiner Freizeit. ☐

2   Lesen Sie die FAQ-Seite der VHS Unterrode. Welche Wörter passen in die Lücken 1–10?
Wählen Sie aus und kreuzen Sie an: a, b oder c.

---

www.vhs_unterrode.de/faq

VHS UNTERRODE

Home   Kurse   Anmeldung   **Häufig gestellte Fragen**   Über uns   Kontakt

Willkommen im FAQ-Bereich, dem Bereich mit den „häufig gestellten ....**1**.... " der VHS Unterrode.

....**2**.... erscheint das neue Kursprogramm?
→ Ende Juli für das Herbst- und Wintersemester und Ende Januar für das Frühjahrs- und Sommersemester.

Wo bekomme ich das Kursprogramm?
→ Unser Kursprogramm ....**3**.... Sie in der VHS am Marktplatz 1 und in verschiedenen Einrichtungen in Unterrode, z.B. in der Stadtbibliothek und in den meisten Buchhandlungen.

Wie finde ich einen Kurs zu einem bestimmten Thema?
→ Am einfachsten geht es, ...**4**.... Sie hier auf der Webseite nach einem Stichwort suchen.

Wie kann ich mich zu einem Kurs anmelden?
→ Sie können sich online, schriftlich, persönlich oder telefonisch ....**5**.... uns anmelden.

Was mache ich, wenn der Kurs schon ausgebucht ist?
→ Wenn ein Kurs schon ausgebucht ist, ...**6**.... Sie sich trotzdem anmelden. Sie werden dann auf eine Warteliste ....**7**.... .

Welche Themen werden angeboten?
→ Unsere Kurse sind nach Programmbereichen geordnet. ....**8**.... gehören die „Fremdsprachen", „Deutsch und Integration", „Gesundheit und Ernährung", „Kunst und Kultur", „Computer und Internet", „Beruf und Karriere", „Politik und Gesellschaft" sowie „Natur und Umwelt".

Wie bezahle ich die Kursgebühr?
→ Bei schriftlichen, telefonischen und Online-Anmeldungen ....**9**.... die Bezahlung per Bankeinzugsverfahren.

Wer kann Kurse an der VHS besuchen?
→ Jede Person, die älter ....**10**.... 15 Jahre ist.

1	a ☐ Antworten	b ☐ Fragen	c ☐ Probleme	6	a ☐ können	b ☐ müssen	c ☐ sollen
2	a ☐ Wo	b ☐ Wann	c ☐ Wie	7	a ☐ gesetzt	b ☐ setzen	c ☐ gesessen
3	a ☐ erhaltet	b ☐ erhält	c ☐ erhalten	8	a ☐ Wozu	b ☐ Dafür	c ☐ Dazu
4	a ☐ dass	b ☐ weil	c ☐ wenn	9	a ☐ erreicht	b ☐ erhält	c ☐ erfolgt
5	a ☐ bei	b ☐ mit	c ☐ für	10	a ☐ als	b ☐ wie	c ☐ so wie

3 a Sätze aus dem Alltag. Ergänzen Sie die Präpositionen.

1 Oleg denkt abends oft noch .... seine Fortbildung.

2 Ich kann nach dem Deutschkurs einfach nicht .... einen Mittagsschlaf verzichten.

3 Ira rechnet .... einem Platz im Wirtschaftskurs bei der VHS.

4 Hast du unserer Dozentin schon .... ihrem Geburtstag gratuliert?

5 Wann müssen wir morgen .... der Arbeit anfangen?

6 Henk hat letztes Jahr .... dem Rauchen aufgehört.

3 b Weitere Verben mit fester Präposition. Kreuzen Sie die passende Präposition an und entscheiden Sie, ob Dativ oder Akkusativ folgt. Schreiben Sie anschließend Sätze im Perfekt wie im Beispiel.

	an	auf	für	gegen	mit	über	um	von	+ Akk.	+ Dat.
1 sich ärgern						X			X	
2 sich freuen										
3 sich entscheiden										
4 sich bewerben										
5 sich beschäftigen										
6 sich erinnern										
7 sich interessieren										
8 sich durchsetzen										
9 sich vorbereiten										
10 sich verabschieden										

1 Ich habe mich gestern über das schlechte Fußballspiel geärgert.

4 a Fragen nach Personen oder Sachen. Schreiben Sie die Fragen zu den Sätzen. Was hat Ute gemacht?

1 • *Mit wem hat Ute gesprochen?*

• Sie hat mit einer Dozentin gesprochen.

2 • ....?

• Sie hat sich über die Termine für den Kurs informiert.

3 • ....?

• Nach dem Kurs trifft sie sich mit ihrem Mann.

4 • ....?

• Sie interessiert sich für alle Office-Anwendungen.

4 b Fragewörter. Schreiben Sie Fragen und Antworten.

1 Frans – sich ärgern … / die langen Arbeitstage
2 Ada – sich streiten … / ihrer Arbeitskollegin
3 Piet – träumen … / einem Urlaub mit der ganzen Familie
4 ihr – sich freuen … / das Wochenende
5 du – sich interessieren … / einen Tanzkurs an der VHS
6 Amin – sich verabschieden … / Herrn Polt

1 Worüber ärgert sich Frans? – Er ärgert sich über die langen Arbeitstage.

1 Welches Verb passt nicht zum Nomen? Streichen Sie es durch.

1	das Protokoll	schreiben – unterschreiben – organisieren – lesen
2	die Software	bestehen – entwickeln – installieren – herunterladen
3	die Urlaubspläne	machen – verschieben – umsetzen – buchen
4	die Rechnung	bezahlen – kaufen – begleichen – stellen
5	der Termin	vereinbaren – finden – absagen – herstellen
6	der Beschluss	fassen – begrüßen – dokumentieren – verweisen
7	die Vereinbarung	reservieren – treffen – gelten – einführen
8	die Ausbildung	zeigen – abschließen – abbrechen – beenden
9	das Ergebnis	erzielen – vermeiden – verbessern – führen

2 Lesen Sie den Text und schließen Sie die Lücken 1–10. Welche Lösung (a, b oder c) ist jeweils richtig? Kreuzen Sie an.

Ein Ergebnisprotokoll richtig schreiben

In Teamsitzungen und Besprechungen ....**1**.... meistens viel geredet. Da ist es nicht leicht, den Überblick zu behalten, ...**2**.... man ein Protokoll schreiben muss. Protokolle sind wichtig, weil
5 sie die Inhalte und Beschlüsse eines Meetings dokumentieren. Auch Personen, die nicht an der Sitzung teilgenommen haben, können so über den Ablauf und die Inhalte informiert werden und beispielsweise erfahren, wer für
10 ein Thema oder eine Aufgabe zuständig ist.

....**3**.... einem Ergebnisprotokoll gehören formale Angaben wie z. B. der Protokollkopf, das Datum und die Unterschrift. Ein Protokoll ....**4**.... vor allem sachlich richtig und objektiv sein. Aber man ....**5**.... nicht alles wieder, was in ....**6**.... Sitzung gesagt wurde, sondern fasst nur die Ergebnisse, also die Beschlüsse und Aufgaben, objektiv und sachlich zusammen. Für das Schreiben eines
15 solchen Protokolls wird von Ihnen als Protokollantin oder Protokollant ....**7**...., dass Sie zwischen wichtigen und unwichtigen Informationen unterscheiden. Die Meinungen der Gesprächsteilneh-merinnen und -teilnehmer werden nicht notiert. Man sollte auch keine Adjektive verwenden, um eine Aussage zu bewerten.
Wenn Sie ein Ergebnisprotokoll schreiben müssen, ist es also ratsam, vor der Teamsitzung oder
20 Besprechung die Tagesordnung genau ....**8**.... Während der Sitzung sollten Sie sich dann Notizen machen. ....**9**.... Sie das Protokoll tippen, sollten Sie noch Ihre gesamten Notizen durchsehen. Und denken Sie auch ....**10**...., das Ergebnisprotokoll zu unterschreiben.

1	a ☐ wird	2	a ☐ dass	3	a ☐ Um	4	a ☐ muss
	b ☐ wurde		b ☐ weil		b ☐ Zu		b ☐ darf
	c ☐ werden		c ☐ wenn		c ☐ Vor		c ☐ kann

5	a ☐ gab	6	a ☐ der	7	a ☐ verlangt
	b ☐ gebt		b ☐ die		b ☐ verlangen
	c ☐ gibt		c ☐ den		c ☐ verlangte

8	a ☐ durchlesen	9	a ☐ Während	10	a ☐ darauf
	b ☐ durchzulesen		b ☐ Bevor		b ☐ damit
	c ☐ durchgelesen		c ☐ Nachdem		c ☐ daran

3 a Während einer Besprechung nachfragen. Ergänzen Sie.

> buchstabieren • verstanden • lauter • schreibt •
> erklären • wiederholen • verstanden • verstehe • bedeutet

1 Entschuldigung, das habe ich nicht .... Könnten

Sie bitte .... , was Sie eben gesagt haben?

2 Es tut mir leid, aber ich .... Sie schlecht. Könnten

Sie vielleicht etwas .... sprechen? Vielen Dank.

3 Diesen Begriff kenne ich nicht. Was .... er?

Könnten Sie ihn kurz .... ?

4 Entschuldigen Sie. Ich habe Ihren Namen nicht .... Wie .... man

ihn? Könnte Sie ihn .... ?

4 Vorschläge machen, zustimmen oder widersprechen. Ordnen Sie die Redemittel zu.

> Ganz im Gegenteil. • Na klar! • Tut mir leid, aber da bin ich etwas anderer Meinung. •
> Vielleicht könnten wir … • Das kann man so nicht sagen. • Ja, genau. •
> Das ist eine sehr gute Idee. • Das glaube ich auch. • Da bin ich ganz Ihrer Meinung. •
> Das ist auch meine Erfahrung. • Ich bin dafür, dass … • Das ist nicht richtig. •
> Ich stimme Ihnen (hier) nicht zu. • Das sehe ich (etwas) anders. • Das sehe ich ganz genauso. •
> Ich schlage vor, dass … • Dem kann ich leider nicht zustimmen. • Stimmt das wirklich? •
> Ich denke, dass … • Auf jeden Fall! • Für mich ist es wichtig, dass …

Vorschläge	Zustimmung	Widerspruch
Ich denke, dass …	Na klar! …	…

5 Modalverben im Konjunktiv II. Ergänzen Sie.

1 Ich .... (müssen) heute noch die Gehälter überweisen.

2 Die IT-Spezialistin .... (können) vielleicht morgen das neue Programm installieren.

3 Das Team .... (sollen) immer pünktlich zu den Besprechungen kommen.

4 Das .... (dürfen) kein Problem sein.

5 .... (können) du bis morgen die Rechnungen prüfen?

6 Ihr .... (müssen) euch noch in den Urlaubsplaner eintragen.

6 Höfliche Bitten, Fragen und Aufforderungen. Benutzen Sie den Konjunktiv II von *können* oder *würde* + Infinitiv sowie die Wörter *bitte, vielleicht* oder *mal* und formulieren Sie die Aufforderungen höflich.

1 Den USB-Stick! – *Könnten Sie mir bitte den USB-Stick geben?*

2 Geben Sie mir den Bericht! – ....

3 Helfen Sie mir! – ....

4 Fenster zu! – ....

5 Überweisen Sie den Rechnungsbetrag! – ....

6 Kommen Sie pünktlich zur Besprechung! – ....

D Ein neuer Kollege kommt

1 Was passt? Ordnen Sie zu.

1	die Kolleginnen und Kollegen	a	Du anbieten
2	einen Arbeitsvertrag	b	fahren
3	zur Arbeit	c	abholen
4	bei der Begrüßung	d	verschicken
5	einen neuen Job	e	siezen oder duzen
6	jemandem das	f	geben
7	Nachrichten mit dem Handy	g	unterschreiben
8	sich von den Kollegen und Kolleginnen	h	finden
9	jemandem einen Tipp	i	verabschieden
10	jemanden am Empfang	j	die Hand geben

🔊 2 Duzen und Siezen. Hören Sie und kreuzen Sie an. Wer bietet das Du an?
17

1 ☐ Vorgesetzter / ☐ Mitarbeiter

2 ☐ jüngerer Mitarbeiter / ☐ älterer Mitarbeiter

3 ☐ neuer Mitarbeiter / ☐ langjähriger Mitarbeiter

3a Der erste Arbeitstag. Lesen Sie den Text auf S. 50 noch einmal und ordnen Sie die Textabsätze 1–6 den Bildern zu.

3b Sehen Sie die Bilder noch einmal an.
Was haben die Personen falsch gemacht?
Was hätten sie besser machen können?

1 Der Mann in Bild 1 hat sich an seinem ersten Arbeitstag verspätet. Er hätte wissen müssen, wie lange es zu seiner neuen Arbeit im Berufs- verkehr dauert. Ich glaube, seine Kleidung ist unordentlich und ...

A Der erste Arbeitstag

der	Empfang, "-e	....
die	Personalabteilung, -en	....
die	Kantine, -en	....
das	Lager, –	....
die	Produktion (Sg.)	....
die	Forschung, -en	....
die	Entwicklung, -en	....
der	Betriebsrat, "-e,	....
die	Betriebsrätin, -nen	....
die	Geschäftsführung, -en	....
die	Finanzbuchhaltung, -en	....
die	Einarbeitung, -en	....
der	Ansprechpartner, –	....
die	Ansprechpartnerin, -nen	....
die	Pausenregelung, -en	....
der	Rundgang, "-e	....

B Sich in der Freizeit weiterbilden

	sich weiter{bilden	....
	sich ärgern über (+ Akk.)	....
der	Berufsalltag (Sg.)	
die	Erfahrung, -en	....
	Erfahrung haben mit (+ Dat.)	
	sich freuen auf (+ Akk.)	....
	sich freuen über (+ Akk.)	....
	gehören zu (+ Dat.)	....
	es geht um (+ Akk.)	....
	ein Gespräch führen	....
	sich interessieren für (+ Akk.)	....
	investieren in (+ Akk.)	....
	statt{finden	....
	etw. vermitteln	....
die	Voraussetzung, -en	....
die	Webseite, -n	....

C Eine Teambesprechung

das	Ergebnisprotokoll, -e	....
die	Besprechung, -en	....
die	Teamsitzung, -en	....
	etw. zusammen{fassen	
der	Beschluss, "-e	....
die	Entscheidung, -en	....
die	Vereinbarung, -en	....
die	Tagesordnung, -en	....
das	Stichwort, -e	....
	etw. dokumentieren	
	etw. protokollieren	
die	Regel, -n	....
	in der Regel	....
der	Teilnehmer, –	....
die	Teilnehmerin, -nen	....
	etw. vor{schlagen	
der	Zweifel, –	....
	etw. schaffen	....

D Ein neuer Kollege kommt

	sich etw. merken	
die	Pünktlichkeit (Sg.)	....
die	Begrüßung, -en	....
der	Feierabend, -e	....
	aufregend	....
der	Erfolg, -e	....
	nützlich	....
der	Berufsverkehr (Sg.)	....
	üblich	....
	lächeln	....
	erwünscht	....
	beliebt	....
	im Allgemeinen	....
der	Vorgesetzte, -n	....
die	Vorgesetzte, -n	....
	sich verabschieden (von) (+ Dat.)	....

Wortfeld Abteilungen und Orte im Betrieb

1 Lesen Sie die Beschreibung eines Unternehmens und ergänzen Sie sie.

> Teeküche • Empfang • Büro • Firma • Konferenzraum • Produktion •
> Vertrieb • Finanzbuchhaltung • Personalabteilung • Kantine • Stock

Das Hauptgebäude der ...., in der ich arbeite, ist ziemlich groß und hat vier Etagen.

Im Erdgeschoss befindet sich der .... Dort melden sich alle Gäste an und bekommen

einen Besucherausweis. Gleich daneben ist die .... Hier werden neue Mitarbeiter gesucht

oder Fortbildungen geplant. Ich bin Buchhalterin und arbeite in der .... in einem

großen .... mit mehreren Kollegen im dritten .... Unsere Team-

besprechungen finden in der Regel im großen .... direkt neben der Geschäftsfüh-

rung statt. In den Pausen trinke ich oft einen Kaffee in der ....

Mittags esse ich fast immer in der .... im vierten Stock. Mein Mann arbeitet

hier im .... Er fährt zu Kunden und berät sie über unsere Produkte. Die

.... befindet sich in einem Gebäude direkt hinter dem Hauptgebäude.

Adjektive mit Präpositionen

2a Ergänzen Sie die Präpositionen *auf, für, in, mit* oder *über*.

Unsere Produkte sind weltweit bekannt .... ihre hohe Qualität. Fast alle Kunden sind zufrieden

.... ihnen, weil sie so lange halten. Deshalb waren wir .... den Erfolg nicht überrascht. Die

Mitarbeiter können natürlich stolz .... ihre gute Arbeit sein. Da die Firma .... der Entwicklung

und Vermarktung von neuen Produkten sehr gut ist, glauben wir, dass unsere Arbeitsplätze sicher sind.

Es ist heute sehr wichtig, dass man offen .... neue Ideen ist. Das ist wichtig .... die Zukunft.

2b Was passt? Kreuzen Sie an. Schreiben Sie dann mit acht der Verben Sätze.

	auf	bei	für	in	mit	über	von
1 befreundet	☐	☐	☐	☐	☒	☐	☐
2 beliebt	☐	☐	☐	☐	☐	☐	☐
3 beschäftigt	☐	☐	☐	☐	☐	☐	☐
4 böse	☐	☐	☐	☐	☐	☐	☐
5 enttäuscht	☐	☐	☐	☐	☐	☐	☐
6 fertig	☐	☐	☐	☐	☐	☐	☐
7 froh	☐	☐	☐	☐	☐	☐	☐
8 müde	☐	☐	☐	☐	☐	☐	☐
9 verantwortlich	☐	☐	☐	☐	☐	☐	☐
10 verliebt	☐	☐	☐	☐	☐	☐	☐

Ich bin mit meinem Chef seit Jahren gut befreundet.

Sie festigen

- Wortfeld Abteilungen und Orte im Betrieb
- Adjektive mit Präpositionen
- temporale Präpositionen
- Schreibtraining: Klein- und Großschreibung von Personalpronomen

Temporale Präpositionen

3 a Ergänzen Sie *im, am* oder *um*. Manchmal ist auch keine Präposition nötig.

1 .... Juni	**4** .... Abend	**7** .... Montag
2 .... 8.00 Uhr	**5** .... Jahr 2020	**8** .... Mitternacht
3 .... 01.10.	**6** .... Vormittag	**9** .... Herbst

3 b Ole Hofer berichtet über seine Arbeit. Ergänzen Sie den Text. Einige Präpositionen müssen Sie mehrmals einsetzen.

> am • im • in • nach • um • vom …
> bis zum • von … bis • zwischen

Ich bin in einem großen Warenlager als Lagerist beschäftigt und arbeite in der

Frühschicht .... 6 Uhr .... 14.30 Uhr. Ich muss schon ....

4.30 Uhr aufstehen. Spätestens .... 5.15 Uhr gehe ich aus dem Haus.

.... Sommer ist es dann schon hell. Dann ist es relativ leicht, mitten

.... der Nacht aufzustehen. Aber .... Winter fällt es mir sehr schwer.

Vor Beginn der Schicht ziehe ich mich im Umkleideraum um. Meistens mache ich .... 7.30 Uhr und

8.30 Uhr mit einigen Kollegen 15 Minuten Pause. Mittagspause mache ich meistens .... 11.00 Uhr

.... 11.30 Uhr. .... der Arbeit fahre ich nach Hause. .... Dienstagnachmittag gehe ich

fast immer ins Fitnessstudio. .... dem Fitnessstudio treffe ich oft Freunde in der Stadt. ....

Abend sehe ich fern, surfe im Internet oder skype mit meinen Eltern. .... Juli mache ich meistens

drei Wochen lang Urlaub. In diesem Jahr fahre ich .... 3. Juli .... 24. Juli in die Türkei.

3 c Schreiben Sie Antworten.

1 Wann ist es kalt in Ihrem Heimatland?
2 Wann stehen Sie am Wochenende meistens auf?
3 Von wann bis wann schlafen Sie während der Woche?
4 Wie lange sind Sie schon hier?

5 Wann haben Sie Deutschunterricht?
6 Wann essen sie in der Regel zu Abend?
7 Wann machen Sie Urlaub?

1 Bei uns ist es von April bis …

Schreibtraining

4 Welche Personalpronomen schreibt man groß? Korrigieren Sie den Entwurf für eine Begrüßungsrede.

> Liebe Frau el Khalfi,
> ich heiße sie herzlich willkommen in der Baier AG. Meine Kollegen und ich freuen uns sehr, dass sie
> ab sofort unser Team im Vertrieb verstärken werden, und ich bin sicher, dass sie sich bei uns wohl-
> fühlen werden. Das ist Frau Halm – sie wird sie jetzt in der Firma herumführen und ihnen die ver-
> schiedenen Abteilungen zeigen. Für die erste Zeit wird sie auch ihre Ansprechpartnerin sein. Ich
> wünsche ihnen nun einen guten Start und viel Freude bei der Arbeit. Falls sie Fragen haben sollten,
> können sie immer in mein Büro kommen. Ich bin für meine Mitarbeiter immer da.

4 Termine und Absprachen

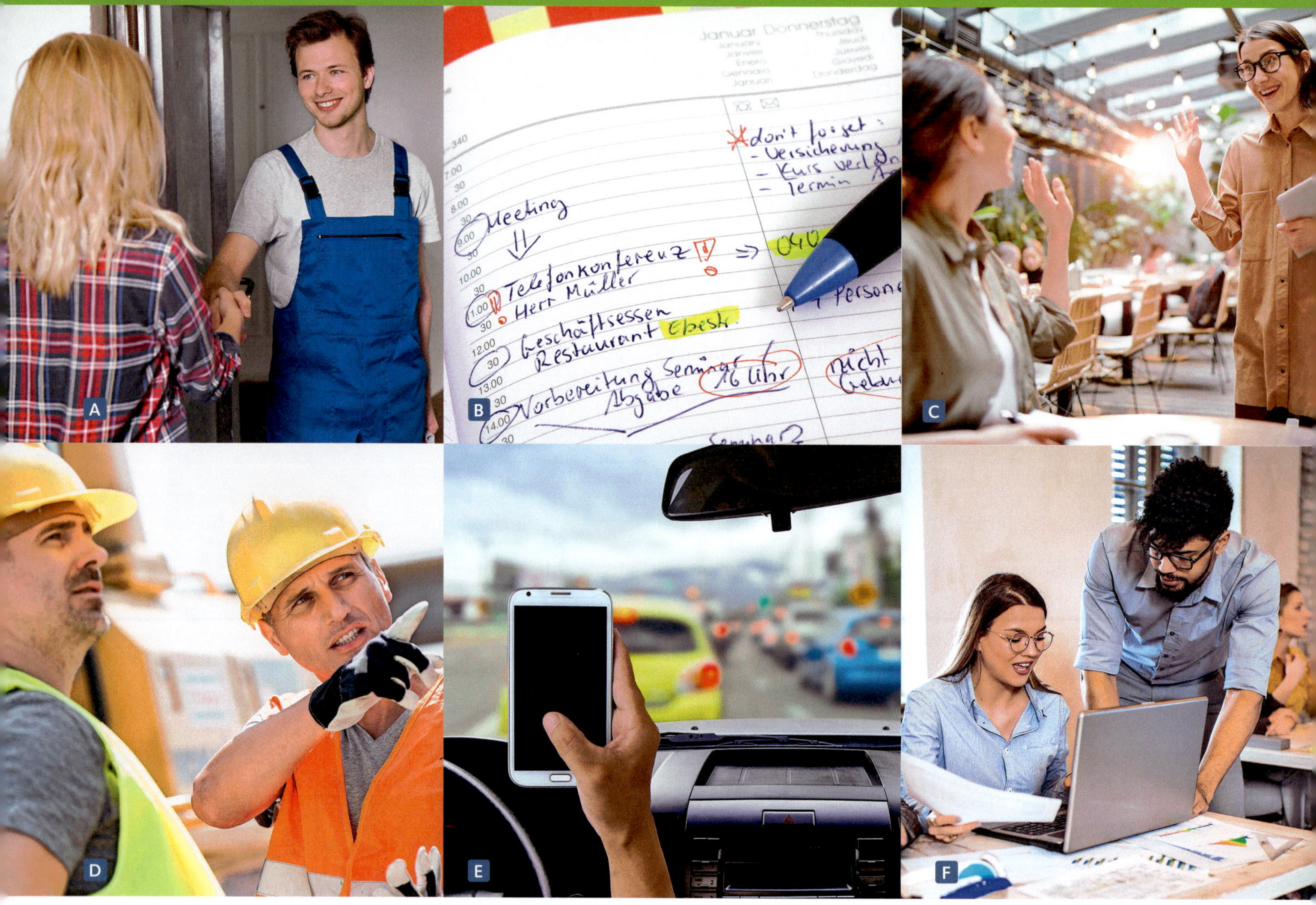

A Verabredungen und Termine

1 a Von Terminen und Pünktlichkeit. Betrachten Sie die Fotos. Welche Situationen zeigen sie?

zu einem Termin kommen • über einen Termin informieren • über Termine sprechen • sich beeilen • sich verspäten • einen Termin absagen

Ich glaube, Foto D zeigt zwei Männer auf einer Baustelle. Sie ...

Auf Foto B sehe ich ...

18 **1 b Hören Sie die Dialoge und ordnen Sie sie den Fotos zu.**

1 c Hören Sie noch einmal und beantworten Sie die Fragen.

Dialog 1: Wann ist das Treffen?
Dialog 2: Warum kommt der Handwerker früher als geplant?
Dialog 3: Warum kommt Herr Freud später?
Dialog 4: Warum kommt Susanne später?
Dialog 5: Warum wird die Mauer vielleicht nicht pünktlich fertig?
Dialog 6: Wann schaut sich Amparo den Vertrag an?

Sie lernen
- über Termin- und Zeitdruck sprechen
- Termine absprechen
- schriftlich auf einen Vorschlag reagieren
- über Pünktlichkeit diskutieren
- Reflexivpronomen im Dativ und Akkusativ
- temporale Nebensätze mit *bevor, während, nachdem*

◀)) 19 **2** Reflexivpronomen. Hören Sie die Sätze und ergänzen Sie sie. Ergänzen Sie dann die Tabelle.

1 Vergiss nicht, dass wir .... morgen mit den Leuten von der Firma ConCox treffen!

2 Ich werde .... etwas verspäten.

3 Wir haben .... kurz unterhalten.

4 Hast du Zeit, ... kurz diesen Vertrag anzuschauen?

5 Ich muss .... beeilen.

6 Ich schaue .... den Vertrag später an, wenn ich zurück bin.

Reflexivpronomen		
	Akk.	**Dat.**
ich		
du	dich	
er/es/sie/man	sich	sich
wir		uns
ihr	euch	euch
sie/Sie	sich	sich

3 Reflexive Verben üben. Würfeln Sie und bilden Sie Sätze wie in den Beispielen.

 ich  du er/es/sie/man wir ihr sie/Sie

A Reflexivpronomen im Akkusativ

 Wir unterhalten uns mit Freunden.

sich beeilen müssen • sich mit Freunden unterhalten • sich verspäten • sich über das Geschenk freuen …

B Reflexivpronomen im Dativ

 Ich wünsche mir eine gute Zukunft.

sich ein Bild anschauen • sich die Grammatikregel merken • sich eine gute Zukunft wünschen …

4a Thema Digitalisierung. Lesen Sie den Zeitungsartikel. Welche Überschrift passt am besten?

A Negative Auswirkungen durch die Digitalisierung

B Eine Folge der Digitalisierung: Der Arbeitsalltag wird schneller

C Herausforderungen für die Arbeitgeber durch Digitalisierung

Das Arbeitsleben wird immer hektischer. Doch können nicht alle Beschäftigten den immer höheren Anforderungen gerecht werden. Dieses Phänomen ist ein Problem der heutigen Gesellschaft, das vor
5 allem im Arbeitsalltag deutlich wird.

Wie sich sie Folgen des zunehmenden Zeitdrucks auswirken, haben Wissenschaftler der Universität Wien analysiert. Sie fanden im Rahmen eines fünfjährigen Projektes heraus, dass der Hauptgrund
10 für die soziale Beschleunigung in der zunehmenden Digitalisierung in der Arbeitswelt zu finden ist. In fast allen Berufssparten werden elektronische Hilfsmittel eingesetzt und die Arbeitnehmenden müssen sich an die Entwicklung anpassen. Aber vor

15 allem ältere Arbeitnehmende schaffen den Sprung in die digitale Welt häufig nicht. So nehmen der Zeitdruck und die Verdichtung der Arbeit stetig zu: Man soll immer mehr Arbeit in immer kürzerer Zeit bewältigen. Dies kann bei den Betroffenen jedoch
20 dazu führen, dass ihr Engagement nachlässt und ihr Wohlbefinden und ihre Zufriedenheit sinken.

Diese Entwicklung wird uns noch länger beschäftigen. Arbeitgeber sind gefordert, neue Strategien und Konzepte zu entwickeln, die es den Arbeitnehmen-
25 den möglich machen, einerseits produktiv zu arbeiten und andererseits eine gute Work-Life-Balance zu erhalten oder zu erreichen.

4b Lesen Sie den Artikel noch einmal und ergänzen Sie die Sätze.

1 Für die meisten Branchen sind .... eine wichtige Voraussetzung.

2 Die Beschleunigung vor allem für .... ein Problem.

3 Die Arbeitgeber sollten dafür sorgen, dass die Arbeitnehmenden weiterhin .... sind.

5 Welche Erfahrungen haben Sie mit Terminen und Termindruck gemacht?

1 a Arbeitszeitregelungen. Lesen Sie die Aussagen. Was vermuten Sie? Welche sind richtig, welche sind falsch? Markieren Sie und vergleichen Sie Ihre Ergebnisse im Kurs.

1 Der Arbeitsweg gehört nicht zur Arbeitszeit.   `r`
2 Arbeitnehmende haben das Recht auf Pausen während der Arbeitszeit. ☐
3 Die meisten Menschen arbeiten in Deutschland nur 20–25 Stunden pro Woche. ☐
4 Arbeitgeber bezahlen oft die Fortbildungen ihrer Mitarbeiter. ☐
5 Der Mindesturlaub für Arbeitnehmende beträgt in Deutschland 15 Tage pro Jahr. ☐
6 Für Sonntagsarbeit sind die Regeln strenger als die Regeln für Wochentage. ☐

1 b Lesen Sie den Online-Artikel und überprüfen Sie Ihre Vermutungen in 1a.

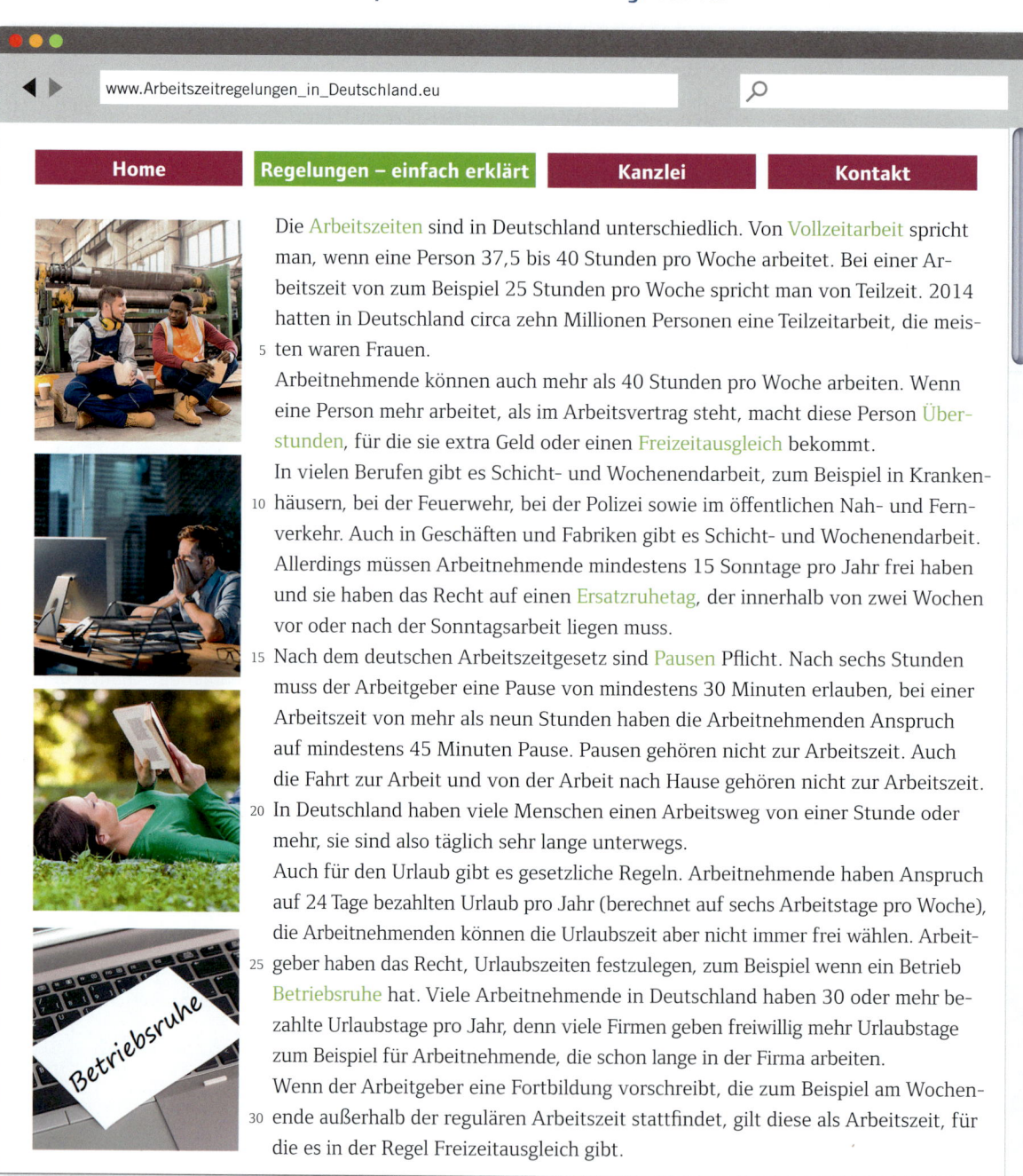

www.Arbeitszeitregelungen_in_Deutschland.eu

| Home | Regelungen – einfach erklärt | Kanzlei | Kontakt |

Die Arbeitszeiten sind in Deutschland unterschiedlich. Von Vollzeitarbeit spricht man, wenn eine Person 37,5 bis 40 Stunden pro Woche arbeitet. Bei einer Arbeitszeit von zum Beispiel 25 Stunden pro Woche spricht man von Teilzeit. 2014 hatten in Deutschland circa zehn Millionen Personen eine Teilzeitarbeit, die meis-
5 ten waren Frauen.
Arbeitnehmende können auch mehr als 40 Stunden pro Woche arbeiten. Wenn eine Person mehr arbeitet, als im Arbeitsvertrag steht, macht diese Person Überstunden, für die sie extra Geld oder einen Freizeitausgleich bekommt.
In vielen Berufen gibt es Schicht- und Wochenendarbeit, zum Beispiel in Kranken-
10 häusern, bei der Feuerwehr, bei der Polizei sowie im öffentlichen Nah- und Fernverkehr. Auch in Geschäften und Fabriken gibt es Schicht- und Wochenendarbeit. Allerdings müssen Arbeitnehmende mindestens 15 Sonntage pro Jahr frei haben und sie haben das Recht auf einen Ersatzruhetag, der innerhalb von zwei Wochen vor oder nach der Sonntagsarbeit liegen muss.
15 Nach dem deutschen Arbeitszeitgesetz sind Pausen Pflicht. Nach sechs Stunden muss der Arbeitgeber eine Pause von mindestens 30 Minuten erlauben, bei einer Arbeitszeit von mehr als neun Stunden haben die Arbeitnehmenden Anspruch auf mindestens 45 Minuten Pause. Pausen gehören nicht zur Arbeitszeit. Auch die Fahrt zur Arbeit und von der Arbeit nach Hause gehören nicht zur Arbeitszeit.
20 In Deutschland haben viele Menschen einen Arbeitsweg von einer Stunde oder mehr, sie sind also täglich sehr lange unterwegs.
Auch für den Urlaub gibt es gesetzliche Regeln. Arbeitnehmende haben Anspruch auf 24 Tage bezahlten Urlaub pro Jahr (berechnet auf sechs Arbeitstage pro Woche), die Arbeitnehmenden können die Urlaubszeit aber nicht immer frei wählen. Arbeit-
25 geber haben das Recht, Urlaubszeiten festzulegen, zum Beispiel wenn ein Betrieb Betriebsruhe hat. Viele Arbeitnehmende in Deutschland haben 30 oder mehr bezahlte Urlaubstage pro Jahr, denn viele Firmen geben freiwillig mehr Urlaubstage zum Beispiel für Arbeitnehmende, die schon lange in der Firma arbeiten.
Wenn der Arbeitgeber eine Fortbildung vorschreibt, die zum Beispiel am Wochen-
30 ende außerhalb der regulären Arbeitszeit stattfindet, gilt diese als Arbeitszeit, für die es in der Regel Freizeitausgleich gibt.

Betriebsruhe

1 c Vergleichen Sie mit Ihrem Heimatland. Welche Regelungen sind anders, welche sind ähnlich?

> Bei uns haben die Leute weniger Urlaub als in Deutschland.

> In meinem Heimatland gibt es …

2 a Eine Mitarbeiterinformation. Lesen Sie die E-Mail. Was sollen die Mitarbeitenden machen?

Liebe Kollegen und Kolleginnen,

im März führen wir in der Firma das neue EDV-System Pelvis ein. Ab diesem Zeitpunkt werden alle Dokumente in diesem System gespeichert.

Zur Einführung in das System planen wir eine Fortbildung am Freitag und Samstag, dem 28. und 29. Januar.

Aus jeder Abteilung sollen mindestens zwei Mitarbeitende an der Fortbildung teilnehmen, die dann die Kollegen und Kolleginnen in das System einweisen. Bitte sprechen Sie in den Abteilungen ab, wer an der Fortbildung teilnimmt.

Viele Grüße
Anni Müller

Assistentin der Geschäftsführung

🔊 **2 b** Hören Sie das Kollegengespräch. Welche Aussagen sind korrekt? Kreuzen Sie an.
20

1 Wenn die Kollegen mit Familie nicht an der Fortbildung teilnehmen müssen, machen sie in der Osterzeit keinen Urlaub. ☐
2 Fernando hat für das Wochenende im Januar eine Reise nach Paris gebucht. ☐
3 Lydia möchte an dem Wochenende Fußball spielen. ☐
4 Ursula würde auch allein an der Fortbildung teilnehmen. ☐
5 Die Fortbildung wird auch auf einer Abteilungskonferenz thematisiert. ☐

3 Rollenspiel. Ihre Firma plant eine Fortbildung zum Thema Sicherheit am Arbeitsplatz. Sie findet am Samstag, den 17. Juli von 9.00 bis 18.00 Uhr statt. Aus jeder Abteilung soll mindestens eine Person teilnehmen. Arbeiten Sie zu dritt und diskutieren Sie, wer von Ihnen an der Fortbildung teilnehmen kann.

Person A
Sie haben am 17. Juli ein großes Familienfest: Ihre Großmutter wird 95 Jahre alt.

Person B
Sie haben Interesse an der Fortbildung, aber der 17. Juli passt Ihnen nicht so gut, weil Sie an diesem Tag ein Fußballspiel im Stadion sehen wollen.

Person C
Sie sind neu in der Firma und haben schon vor einem Jahr in ihrer früheren Firma eine Fortbildung zu dem Thema gemacht. Aber wenn keine/-r Ihrer Kollegen/Kolleginnen an der Fortbildung teilnehmen kann, würden Sie dorthin gehen.

Redemittel

Termine absprechen

einen Wunsch äußern	sagen, was möglich oder nicht möglich ist	einen Vorschlag machen	zustimmen/ ablehnen
Ich würde gerne…	Ich kann/könnte … Ich kann auf keinen Fall, weil …	Wir sollten … Ich schlage vor …	Das finde ich gut / nicht so gut. Einverstanden. Das ist eine gute Idee. Ich weiß nicht genau.

1a Eine Werbekampagne. Wer macht was?

> a entwirft die Plakate •
> b ist für das Projekt verantwortlich •
> c schreibt das Drehbuch für den Werbefilm

☐ Yoshua Schmitz Projektleiter

☐ Viktor Gerling Illustrator

☐ Mikkaela Hykla Texterin

1b Überfliegen Sie die Mails. Worum geht es?

An: M.Hykla; V.Gerling
Betreff: Projekt Milchstraße

Liebe Kollegen vom Projekt Milchstraße,

ich möchte euch noch einmal an die Deadline für die Präsentation des Projekts am 23. Mai bei der Firma L+P erinnern. Bis zum 20. Mai solltet ihr fertig sein und mir eure Ergebnisse liefern. Ich brauche also Entwürfe für den Werbefilm, die Plakate und die Anzeigen im Internet und in den Printmedien. L+P möchte die Werbekampagne für die neue Kosmetikserie spätestens im Juli starten. Die Firma kann erst dann die Kampagne richtig planen und organisieren, nachdem sie von uns alle relevanten Informationen bekommen hat.

Viele Grüße
Yoshua Schmitz
Senior Manager

An: Y.Schmitz
CC: V.Gerling
Betreff: AW: Projekt Milchstraße

Lieber Herr Schmitz,

danke für Ihre Mail. Im Moment steht bei mir alles still. Bevor ich die Texte für die Plakate schreiben kann, muss Viktor Gerling zuerst die Entwürfe für die Plakate liefern.

Viktor, bis wann kannst du die Zeichnungen liefern?

Gruß, Mikkaela Hykla

An: Y.Schmitz; M.Hykla
Betreff: AW; AW: Projekt Milchstraße

Liebe Mikkaela, lieber Herr Schmitz,

ich würde die Entwürfe gerne schnell liefern, aber im Moment bin ich noch mit dem Projekt Galaxis für die Marzia AG beschäftigt. Bis übermorgen muss dafür alles fertig sein. Erst danach kann ich mich um das Projekt Milchstraße kümmern. D.h. die Entwürfe kommen frühestens am 20. Mai.

Mikkaela, reicht dir das, um die Texte zu schreiben?

Du könntest auch an dem Drehbuch für den Werbefilm weiterarbeiten, während ich hier noch mit dem anderen Projekt beschäftigt bin.

Grüße, Viktor Gerling

1c Lesen Sie die E-Mails noch einmal und beantworten Sie die Fragen.

1 Was braucht Herr Schmitz?

2 Worauf wartet Frau Hykla?

3 Woran arbeitet Her Gerling gerade?

4 Was schlägt er Frau Hykla vor?

2a Vorher, gleichzeitig, nachher. Lesen Sie die E-Mails in 1b noch einmal. Wie sind dort die folgenden Sätze formuliert? Notieren Sie.

1 Ich kann die Texte für die Plakate noch nicht schreiben. Viktor muss vorher die Entwürfe liefern.

....

....

2 Die Firma L+P braucht alle relevanten Informationen. Erst danach kann sie die Kampagne planen und organisieren.

....

3 Ich arbeite jetzt an dem anderen Projekt. Gleichzeitig könntest du an dem Drehbuch weiterarbeiten.

....

2b Was machen die Personen? Lesen Sie die Regel und schreiben Sie Sätze.

1 Zuerst schaut Herr Schmitz den Plakatentwurf an. Dann ruft er Frau Hykla an.

Bevor ....

2 Frau Hykla spricht mit Herrn Schmitz. Sie macht Notizen.

Während ....

3 Frau Hykla liest die Notizen noch einmal. Sie verändert den Plakattext etwas.

Nachdem ....

> **Regel**
>
> **Nebensätze mit *bevor*, *während* und *nachdem***
> **Bevor** Frau Hykla die Texte schreiben kann, muss Herr Gerling die Entwürfe liefern.
> **Während** Herr Gerling an dem anderen Projekt arbeitet, kann Frau Hykla an dem Drehbuch arbeiten.
> **Nachdem** Frau Hykla die Entwürfe bekommen hat, kann sie die Texte schreiben.
>
> Achtung: Der Nebensatz mit *nachdem* und der Hauptsatz haben verschiedene Zeiten.

3 Wie könnte Frau Hykla auf den Vorschlag von Herrn Gerling, an dem Drehbuch zu arbeiten, antworten? Wählen Sie eine Anfangsvariante (A oder B) aus und schreiben Sie eine E-Mail.

> ~~nicht nötig~~ • ~~gute Idee~~ • Drehbuch schon fast fertig • für den Rest nicht mehr viel Zeit brauchen • jetzt an einem anderen Projekt arbeiten • dann alles schneller gehen • vorher mit dir kurz sprechen wollen • morgen am Vormittag telefonieren?

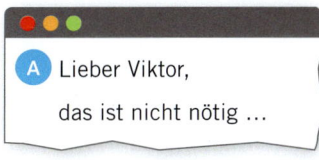

Ⓐ Lieber Viktor,
das ist nicht nötig …

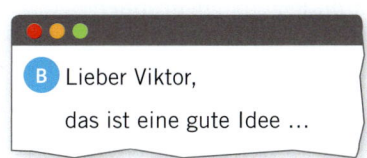

Ⓑ Lieber Viktor,
das ist eine gute Idee …

1 a Über Pünktlichkeit sprechen. Wann waren Sie das letzte Mal nicht pünktlich? Tauschen Sie sich im Kurs aus.

> Vorgestern hatte mein Zug Verspätung, deshalb …

> Ich komme nur selten zu spät, aber …

1 b Wann ist Pünktlichkeit wichtig? In welchen Situationen sollte man früher kommen, wann kann man auch später kommen? Sprechen Sie im Kurs.

1 Sie haben um 11.00 Uhr einen Vorstellungs-termin bei der Firma Schwarz.

2 Sie haben Ihrem Kollegen gesagt, dass Sie un-gefähr um 10.00 Uhr in sein Büro kommen, um ein Projekt zu besprechen.

3 Ihr Chef / Ihre Chefin hat Sie um 19.00 Uhr zum Essen eingeladen.

4 Der Unterricht beginnt jeden Morgen um 9 Uhr.

5 Ihre Firma hat eine Betriebsfeier. Auf der Ein-ladung steht: ab 19.00 Uhr.

6 Sie sind zu einem Geschäftsessen in einem Restaurant verabredet.

7 Ihre Arbeit beginnt morgens um 7.00 Uhr.

8 Sie sind Heizungstechniker und sollen um 8.00 Uhr morgens bei Herrn Solveig sein, um die jährliche Heizungswartung zu machen.

◀)) 21 **2 a** Pünktlichkeit am Arbeitsplatz. Hören Sie die Dialoge. Wie reagieren die Personen auf das Zuspätkom-men? Kreuzen Sie an.

☐ Sie sind verärgert.   ☐ Sie haben Verständnis.

◀)) **2 b** Hören Sie noch einmal und ergänzen Sie die Tabelle. Wo und warum sind die Personen zu spät gekommen?

	Was?	Warum?	Konsequenzen
Person 1			
Person 2			
Person 3			

2 c Lesen Sie den Text und markieren Sie: richtig (R) oder falsch (F)?

Zuspätkommen bei der Arbeit – mögliche rechtliche Konsequenzen

Es kann viele Gründe geben, warum ein Arbeitnehmender zu spät zur Arbeit kommt oder die Pausen überzieht. Wenn ein Arbeitnehmender allerdings sehr oft unpünktlich ist, kann er vom Arbeitgeber eine Abmahnung wegen Unpünktlichkeit bekommen. Der Arbeitgeber muss aber in der Abmahnung dokumentieren, wann und wie viele Minuten der Arbeitnehmende zu spät gekommen ist. Wenn ein Arbeitnehmender nach einer Abmahnung weiterhin regelmäßig verschläft oder unentschuldigt fehlt, kann der Arbeitgeber auch eine Kündigung aussprechen. Arbeitnehmende können gegen Abmahnungen oder Kündigungen beim Arbeitsgericht klagen oder den Betriebsrat um Hilfe bitten.

		R	F
1	Arbeitnehmer, die einmal unpünktlich sind, werden immer abgemahnt.	☐	☐
2	Der Arbeitgeber muss eine Abmahnung genau begründen.	☐	☐
3	Eine Abmahnung kann eine Kündigung für den Arbeitgeber erleichtern.	☐	☐
4	Ein Arbeitnehmer muss eine Abmahnung akzeptieren.	☐	☐

3 Wie geht man in Ihrer Heimat mit Unpünktlichkeit um? Welche Erfahrungen haben Sie in Deutschland mit dem Thema gemacht? Berichten Sie im Kurs.

Kommunikation

über Termine und Zeitdruck sprechen

Ich möchte pünktlich zu meinem Termin kommen. / Ich muss den Termin leider absagen.
Vergessen Sie nicht, dass wir uns morgen mit den Leuten von … treffen.
Ich werde mich etwas verspäten. / Ich muss mich beeilen.
Hast du Zeit, dir kurz diesen Vertrag anzuschauen? Ich schaue mir den Vertrag später an, wenn ich zurück bin.

Termine absprechen

Wünsche äußern und etwas aushandeln Ich würde gerne an der Fortbildung / … am/im … teilnehmen.
Ich kann/könnte die Fortbildung/… auch im August/… machen.
Ich habe am Samstagnachmittag/… auf keinen Fall Zeit. / Ich kann auf keinen Fall, weil …
einen Vorschlag machen Wir sollten … / Ich schlage vor …
zustimmen/ablehnen Einverstanden. / Das ist eine/keine gute Idee. / Das finde ich gut / nicht so gut. /
Ich weiß nicht genau.

auf einen Vorschlag schriftlich reagieren

Deinen Vorschlag, dass …, finde ich gut. Dann geht … sicher schneller und ich kann an einem anderen
Projekt/… arbeiten.
Kann ich vorher kurz mit dir kurz sprechen? / Können wir morgen am Vormittag telefonieren?

Grammatik

Reflexive Nebensätze und Reflexivpronomen

	Akkusativ	Dativ
ich	mich	mir
du	dich	dir
er/es/sie/man	sich	sich
wir	uns	uns
ihr	euch	euch
sie/Sie	sich	sich

Ich muss mich beeilen. Wir verspäten uns bestimmt.
Ich schaue mir den Vertrag später an. Wann kämmst du dir endlich die Haare?

Temporale Nebensätze

Nachzeitigkeit: Die Handlung im Nebensatz geschieht nach der Handlung im Hauptsatz.
Frau Hykla scheibt die Texte. Vorher liefert Herr Gerling die Entwürfe.
→ Bevor Frau Hykla die Texte schreibt, liefert Herr Gerling die Entwürfe.

Gleichzeitigkeit: Die Handlung im Nebensatz geschieht zur gleichen Zeit wie die Handlung im Hauptsatz.
Herr Gerling arbeitet an dem Projekt. Gleichzeitig arbeitet Frau Hykla an dem Drehbuch.
→ Während Herr Gerling an dem anderen Projekt arbeitet, arbeitet Frau Hykla an dem Drehbuch.

Vorzeitigkeit: Die Handlung im Nebensatz geschieht vor der Handlung im Hauptsatz.
Frau Hykla hat die Entwürfe bekommen. Danach kann sie die Texte schreiben.
→ Nachdem Frau Hykla die Entwürfe bekommen hat, kann sie die Texte schreiben.
Achtung: Der Nebensatz mit *nachdem* und der Hauptsatz haben verschiedene Zeiten.

A Verabredungen und Termine

1 Suchrätsel. Finden Sie sieben Wörter zum Thema Verabredungen und Termine. Notieren Sie die Wörter mit Artikel und Pluralform.

K	O	N	F	E	R	E	N	Z	F	A	K	K
B	A	T	K	R	T	R	E	F	F	E	N	R
N	O	G	I	F	A	P	R	V	A	G	M	Ö
O	S	Z	H	E	G	Ü	U	R	F	M	H	L
S	P	Ä	A	H	U	J	B	Z	T	E	I	J
S	I	T	Z	U	N	G	O	L	R	E	L	S
E	S	C	D	I	G	L	S	K	E	T	F	T
B	M	N	R	E	S	V	R	H	Y	I	G	I
Z	U	S	A	M	M	E	N	K	U	N	F	T
B	E	S	P	R	E	C	H	U	N	G	U	V

1 ....

2 ....

3 ....

4 ....

5 ....

6 ....

7 ....

2 Reflexivpronomen im Akkusativ. Ergänzen Sie.

1 Ich freue ...., Sie kennenzulernen.

2 Am Sonntag langweilen wir .... manchmal.

3 Ihr müsst .... beeilen, der Zug fährt in fünf Minuten.

4 Herr Abramov kümmert .... um seine Kinder.

5 Bitte stellen Sie .... vor.

6 Das Kind hat .... sehr über das Geschenk gefreut.

7 Fühlst du .... nicht gut? Du bist ganz blass im Gesicht.

8 Frau Martinez interessiert .... für einen Existenzgründerkurs.

3 Reflexivpronomen im Dativ. Ergänzen Sie.

1 Wann kaufst du .... ein neues Auto?

2 Maria wünscht .... einen interessanten Ausbildungsplatz.

3 Könnt ihr .... vorstellen, auch am Sonntag zu arbeiten?

4 Nein, das können wir .... nicht vorstellen.

5 Wasch .... vor dem Essen die Hände!

6 Ich mache .... keine Sorgen um meine Zukunft.

7 Im Winter sollte man .... warme Kleidung anziehen.

8 Viele Leute nehmen .... für ihre Zukunft viel vor und machen große Pläne.

4a Steht das Reflexivpronomen im Dativ (Dat.) oder im Akkusativ (Akk.)? Notieren Sie.

1 Er beeilt sich sehr. _Akk._

2 Sie machen sich einen schönen Abend. ....

3 Er muss sich krank melden. ....

4 Nach der Arbeit zieht er sich immer um. ....

5 Er zieht sich Freizeitkleidung an. ....

6 Sie müssen sich sehr konzentrieren. ....

7 Sie will sich diesen Text genau anschauen. ....

8 Vor der Arbeit kämmt sie sich immer. ....

4b Schreiben Sie die Sätze aus 4a mit *ich* wie im Beispiel.

● *Ich beeile mich auch sehr.*

5 Dativ oder Akkusativ? Ergänzen Sie die Reflexivpronomen.

1 Ich lasse .... die Haare immer von einem Friseur schneiden.

2 Ich fühle .... krank und lasse .... vom Arzt untersuchen.

3 Lässt du .... auch beim Friseur die Haare schneiden? – Nein, das macht meine Freundin.

4 Guten Tag, ich möchte .... vorstellen, mein Name ist Clark.

5 Für das nächste Jahr haben sie .... vorgenommen, die B2-Prüfung zu machen.

6 Ich melde .... für einen Tanzkurs an. Wollt ihr .... auch anmelden?

7 Ich finde deine Wohnung sehr klein und viel zu teuer. Du solltest .... eine neue suchen.

6 a Lesen Sie die Texte. Welche der Personen findet, dass das Arbeitsleben hektischer geworden ist?

Maria Honacher
Ich bin seit mehr als dreißig Jahren im Berufsleben. Nach meiner Ausbildung zur kaufmännischen Angestellten habe ich lange in einem Möbelgeschäft gearbeitet und später dann bei einer Import-Export-Firma. Heute bin ich dort Abteilungsleiterin. Wenn ich zurückschaue, muss ich sagen, dass das Arbeitsleben hektischer geworden ist. Früher haben wir uns für die einzelnen Arbeitsaufgaben mehr Zeit genommen, das Telefon hat seltener geklingelt und es sind nicht dauernd E-Mails oder andere Mitteilungen (z. B. per WhatsApp) gekommen, auf die man schnell reagieren muss. Auch der Zeitdruck ist stärker geworden, wenn man eine Aufgabe erledigen soll. Früher hatten die Kunden, aber auch die Vorgesetzten, mehr Geduld.

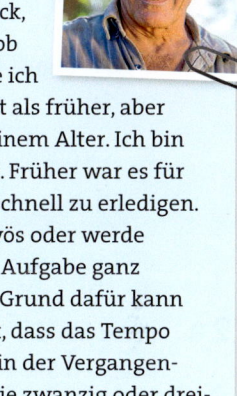

Rolf Waldau
Viele Leute sagen, dass das Arbeitsleben früher ruhiger war. Auch ich habe manchmal diesen Eindruck, aber ich bin nicht ganz sicher, ob das richtig ist. Manchmal finde ich schon, dass es mehr Hektik gibt als früher, aber vielleicht liegt das auch an meinem Alter. Ich bin jetzt 63 und gehe bald in Rente. Früher war es für mich leichter, neue Aufgaben schnell zu erledigen. Heute werde ich schneller nervös oder werde schneller müde, wenn ich eine Aufgabe ganz schnell fertig machen soll. Der Grund dafür kann auch mein Alter sein und nicht, dass das Tempo heute tatsächlich höher ist als in der Vergangenheit. Sicher ist, dass Kollegen, die zwanzig oder dreißig Jahre jünger sind als ich, weniger Probleme mit dem Arbeitstempo haben.

6 b Diese Aussagen sind falsch. Lesen Sie die Texte noch einmal und korrigieren Sie die Aussagen.

1 Maria Honacher war Abteilungsleiterin in einem Möbelgeschäft.

Maria Honacher war nicht in einem Möbelhaus Abteilungsleiterin, sondern ....

2 Sie fühlt sich nicht gestört, wenn heute viele E-Mails kommen.

....

3 Rolf Waldau hat heute weniger Probleme mit Stress im Arbeitsleben als früher.

....

4 Er findet, dass seine jüngeren Kollegen unter dem hohen Arbeitstempo leiden.

....

5 Maria Honacher hatte früher mit Kunden mehr Geduld.

....

B Von Freizeit und Arbeitszeit

1a Arbeitszeiten und freie Zeiten. Was passt? Verbinden Sie.

1	Vollzeit	**a**	Man arbeitet z. B. in einer Woche am Vormittag und in der nächsten Woche am Nachmittag.
2	Teilzeit	**b**	Dies ist die Zeit, in der man arbeitet.
3	Freizeitausgleich	**c**	Man bekommt für einen Sonntag, an dem man gearbeitet hat, einen Arbeitstag frei.
4	Schichtarbeit	**d**	Die Firma schließt für einige Zeit und alle Mitarbeiter müssen Urlaub nehmen.
5	Ersatzruhetag	**e**	Man arbeitet in einer Woche oder einem Monat mehr Stunden, als im Arbeitsvertrag steht.
6	Betriebsruhe	**f**	Man arbeitet 38 bis 40 Stunden pro Woche.
7	Urlaub	**g**	Wenn man z. B. in einer Woche mehr Stunden gearbeitet hat, als im Vertrag steht, kann man freie Tage bekommen.
8	Überstunden	**h**	Die Zeit im Jahr, die man in seinem Beruf nicht arbeiten muss.
9	Arbeitszeit	**i**	Man arbeitet 20 Stunden pro Woche.

1b Ergänzen Sie die Sätze mit den passenden Wörtern aus 1a.

1 Frau Watanabe arbeitet 38 Stunden pro Woche, also in .... Manchmal muss sie

.... machen, sodass sie bis zu 45 Stunden pro Woche arbeitet. Dafür bekommt sie

....

2 Im August hat die Firma zwei Wochen .... In dieser Zeit müssen alle Mitarbeitenden

.... nehmen, auch die Mitarbeitenden, die nur in .... arbeiten.

3 Nachdem ich in den letzten zwei Wochen auch am Wochenende gearbeitet habe, bekomme ich im

nächsten Monat zwei ....

4 In unserer Firma ist die .... regelmäßig, es gibt keine ....

2a Rund um die Uhr geöffnet. An welchen Arbeitsplätzen muss 24 Stunden am Tag gearbeitet werden? Kreuzen Sie an.

☐ Fabriken	☐ Krankenhäuser	☐ Ämter / Behörden	☐ Modegeschäfte
☐ Polizei	☐ Schulen	☐ Feuerwehr	☐ Arztpraxen
☐ Busse und Bahnen	☐ Flughäfen	☐ Autowerkstätten	☐ Kindergärten
☐ Tankstellen	☐ Supermärkte	☐ Bahnhöfe	☐ Bars / Restaurants

2b Wählen Sie zwei Arbeitsplätze aus 2a aus und begründen Sie Ihre Meinung.

Ich denke, dass …   Es ist (nicht) notwendig, dass …

Bei der Feuerwehr …, denn …   Meiner Meinung nach …

Ich denke, dass in
Krankenhäusern …, weil …

3 Urlaubsabsprachen. Was passt? Ordnen Sie zu.

1	Ich würde gerne im Juli Urlaub nehmen.	**a**	Ich weiß nicht genau. Das ist doch ziemlich früh im Sommer.
2	Ich kann auf keinen Fall im September Urlaub nehmen, da habe ich eine Fortbildung.	**b**	Ja, einverstanden, wir können das ja morgen bei der Besprechung machen.
3	Wir sollten wegen der Urlaubsplanung noch mit den Kollegen aus der Verkaufsabteilung sprechen.	**c**	Das wird schwierig. Da wollen auch viele andere Kollegen Urlaub haben.
4	Könntest du auch schon im Juni Urlaub nehmen?	**d**	Dann schlage ich vor, dass du im August frei nimmst und ich im September.

4a Wer nimmt wann Urlaub? Lesen Sie die Gesprächsteile und bringen Sie das Gespräch in die richtige Reihenfolge.

Reihenfolge: A ....

A • Alyssa, wir müssen uns noch einigen, wie wir in den Sommerferien, also von Mitte Juli bis Ende August, Urlaub machen. Wichtig ist, dass immer nur maximal drei von uns fünf Kollegen hier im Servicecenter gleichzeitig Urlaub machen können.

F • Dann wird es schwierig. Unser neues Haus wird Anfang August fertig gebaut. Danach wollen wir umziehen und dann eigentlich vom 15. bis 31. August Urlaub machen.

B • Dann schlage ich Folgendes vor: Wenn du nur die letzten zwei Wochen im August Urlaub machen kannst, mache ich wie Anahita von Mitte bis Ende Juli Urlaub. Dann kannst du ohne Probleme von Mitte bis Ende August wegfahren.

G • Das kann ich auf keinen Fall. Mein Mann ist den ganzen September beruflich in den USA.

C • Das geht aber nicht. Wenn Fabricio und Patricia vom 15. bis 20. August gleichzeitig weg sind, muss einer von uns neben Anahita hier sein.

H • Einverstanden und vielen Dank. Im nächsten Jahr darfst du dann zuerst entscheiden, wann du deinen Sommerurlaub nimmst.

D • Sie haben sich schon geeinigt. Anahita macht vom 16. Juli bis 1. August Urlaub, Fabricio vom 3. bis 22. August und Patricia vom 15. Bis 30. August.

I • Ich weiß, Martin. Die Rundmail von der Geschäftsleitung zum Urlaub habe ich auch gelesen. Was ist mit Fabricio, Anahita und Patricia? Wir hatten vereinbart, dass sie zuerst ihren Urlaub planen, weil sie Kinder haben und nur Urlaub nehmen können, wenn die Schulferien sind.

E • Nein, das geht bei mir nicht. Was ist mit dir? Kannst du vielleicht im September in Urlaub gehen?

J • Was machen wir dann? Eigentlich würde ich auch gern ab Mitte August Urlaub haben. Könntest du auch im September Urlaub machen?

4b Hören Sie den Dialog zur Kontrolle.
22

5 Absprache wegen einer Sonderkonferenz. Schreiben Sie einen Dialog.

• Sonderkonferenz am 17./18. Juli / Wer geht hin?

• Uhrzeit / Wie lange?

• Samstag: 9.00–17.00 Uhr / Mittagspause 13.00–14.00 Uhr / Sonntag: 9.00–13.00 Uhr

• nicht so gerne / will am Samstag zu einem Open-Air-Festival gehen

• habe auf gar keinen Fall Zeit / Bruder heiratet am Samstag

• können nicht die Kollegen Daniela oder Olaf gehen?

• Olaf: hat schon an der letzten Konferenz teilgenommen / Daniela: hat in der Zeit Urlaub

• also: nur es gibt keine Alternative / geht nicht gerne, macht es aber

• Dank / nimmt dann an der nächsten Sonderkonferenz teil

C Die Deadline

1 **Zeitplanung für ein Projekt. Ergänzen Sie die Wörter.**

1 Einen Termin, an dem z. B. ein Projekt beendet sein muss, nennt man

   D .... dl ..... n ..... .

2 Bei einer Pr ..... s ..... nt ..... t .... n wird ein Projekt vorgestellt.

3 Zeitungen und Zeitschriften sind Pr ..... ntm ..... d .... n.

4 Für eine gute Z .... chn ..... ng sind mehrere ..... ntw ..... rf ..... erforderlich.

5 Wenn alles vorbereitet ist, kann die W ..... rb ..... k ..... mp ..... gn ..... starten.

6 Es fehlen aber noch die Pl ..... k ..... t ..... und der W ..... rb ..... f ..... lm.

2 **Schreiben Sie Sätze mit *bevor* wie im Beispiel.**

1 den Computer starten – einen Kaffee machen

   Bevor ich den Computer starte, mache ich einen Kaffee.

2 mit einer Kundin telefonieren – auf das Telefongespräch vorbereiten

3 einen Termin vereinbaren – in den Terminkalender schauen

4 das Projekt planen – Informationen sammeln

5 in die Mittagspause gehen – die E-Mails beantworten

6 an der Konferenz teilnehmen – die wichtigen Unterlagen ordnen

3 **Was machen die Leute gleichzeitig? Schreiben Sie Sätze mit *während*.**

1 Frau Markus fährt Auto. Gleichzeitig hört sie Radio.

2 Herr Cordalis telefoniert. Gleichzeitig macht er Notizen.

3 Frau Huizinga bereitet einen Kundentermin vor. Gleichzeitig arbeitet ihre Kollegin an dem neuen Projekt.

4 Frau Huizinga fährt ins Büro. Gleichzeitig bringt ihr Mann die Kinder in den Kindergarten.

5 Frau Pauli schreibt einen Bericht. Gleichzeitig trinkt sie Kaffee.

6 Ich mache Pause. Gleichzeitig spreche ich mit den Kollegen.

4 Was passt zusammen? Ordnen Sie zu und schreiben Sie Sätze mit *nachdem* wie im Beispiel.

1 an einer Besprechung in Köln teilnehmen
2 in der Kantine sein
3 das Lager kontrollieren
4 von der Arbeit nach Hause kommen
5 eine neue Arbeit in Hamburg finden
6 die Urlaubspläne mit den Kollegen abstimmen
7 die Fortbildung machen

a die Wohnung aufräumen
b nach Hamburg umziehen
c die neue Lieferung zu den Regalen bringen
d sich bei der Arbeit sicherer fühlen
e keinen Hunger mehr haben
f eine Reise buchen
g das Team über die Ergebnisse informieren

1 Nachdem ich an einer Besprechung in Köln teilgenommen habe, informiere ich ...

5 Und Sie? Was machen Sie? Ergänzen Sie die Sätze.

1 Bevor ich das Haus verlasse, ...

2 Während ich mit den Kindern spiele, ...

3 ...., nachdem ich Pause gemacht habe.

4 Ich lese immer Zeitung, während ich ....

5 Ich spreche erst mit meinen Kollegen, nachdem ich ....

6 Ich mache einen guten Plan, bevor ich ....

6 Was passt: *bevor*, *während* oder *nachdem*?

1 .... wir die Wohnung sauber machen, kaufen wir Putzmittel.

2 .... ich eingekauft habe, räume ich die Lebensmittel in die Schränke und den Kühlschrank.

3 Viele Leute hören Radio, ... sie kochen, denn das entspannt.

4 Aber .... man kochen kann, muss man die Zutaten vorbereiten.

7 a Ergänzen Sie die passenden Verben in der richtigen Form.

anschauen • verschicken • sein • geben • arbeiten • liefern

Liebe Teamkollegen,
eigentlich soll ich bis Dienstag einen Entwurf für den Prospekt zu unserer neuen Buchreihe „Freizeittipps für deutsche Städte" an alle ...., damit ihr genug Zeit habt, es bis zu unserem Treffen am Freitagnachmittag .... Ich würde aber lieber erst am Donnerstagnachmittag ...., weil ich noch an einem anderen Projekt mit einem engen Zeitplan .... das für euch in Ordnung? Bitte .... mir Bescheid.
Grüße, Markus

7 b Wählen Sie eine Situation (A oder B) aus und schreiben Sie eine Antwortmail.

A Sie haben am Donnerstagnachmittag und Freitagvormittag nicht genug Zeit, den Entwurf anzuschauen. Sie bitten Markus, den Entwurf schon am Mittwochnachmittag zu schicken.

B Es ist für Sie kein Problem, wenn der Entwurf später kommt als geplant.

D Pünktlichkeit

1 **Sprichwörter zum Thema Zeit und Pünktlichkeit. Ordnen Sie die Erklärungen zu.**

1 ☐ Zeit ist Geld.

2 ☐ Kommt Zeit kommt Rat.

3 ☐ Zeit heilt alle Wunden.

4 ☐ auf Zeit spielen

5 ☐ Die Zeit vergeht wie im Flug.

6 ☐ Der frühe Vogel fängt den Wurm.

7 ☐ Pünktlichkeit ist die Höflichkeit der Könige.

8 ☐ Eins, zwei, drei! Im Sauseschritt läuft die Zeit; wir laufen mit. (Wilhelm Busch)

a Man hat das Gefühl, dass die Zeit sehr schnell läuft.

b Wenn man früh anfängt, notwenige Aufgaben zu erledigen, sind die Erfolgschancen besser.

c Wenn man schnell und effektiv arbeitet, bringt das finanzielle Vorteile.

d Wir sind immer von der Zeit abhängig.

e Wen man z. B. zu einer Verabredung pünktlich kommt, zeigt man Respekt für die Person bzw. die Personen, mit denen man sich verabredet hat.

f Auch wenn man über etwas traurig ist, kann man sicher sein, dass die Trauer vorübergeht.

g Eine Person vermeidet es z. B., ein Problem zu lösen, und hofft, dass das Problem ganz von alleine verschwindet.

h Manchmal kann man ein Problem nicht sofort lösen, sondern man sollte Geduld haben, um es optimal zu lösen.

2 **Eine Beschwerde beim Betriebsrat. Lesen Sie den Text und ergänzen Sie ihn.**

> Betriebsrat • Arbeitsgericht • Kündigung • Abmahnung

Einige Kunden haben sich über Frau Lehnhardt beschwert, weil sie meinten, dass Frau Lehnhardt

sehr unhöflich ist. Deshalb hat sie von der Geschäftsleitung eine .... bekommen.

Die Geschäftsleitung hat sogar mit einer .... gedroht. Frau Lehnhardt war damit

nicht einverstanden und hat den .... um Unterstützung gebeten. Dieser hat ihr

geraten, beim .... gegen die Firma zu klagen.

🔊 **3 a** **Eine Umfrage zum Thema Pünktlichkeit. Hören Sie, was die Leute sagen. Für wen ist Pünktlichkeit nicht**
23 **so wichtig? Kreuzen Sie an.**

 ☐ Frau Lutter

 ☐ Herr Landowski

 ☐ Herr Vargas

 ☐ Frau Siri

🔊 **3 b** **Hören Sie die Texte noch einmal. Diese Aussagen sind falsch. Korrigieren Sie die Aussagen.**

1 Frau Lutter kommt zu Partys nie pünktlich.

2 Bei Verabredungen in einem Café kommt sie gern fünf Minuten zu spät.

3 Herr Landowski muss immer pünktlich bei der Arbeit sein.

4 Er mag es nicht, wenn andere Leute pünktlich sind.

5 Herr Vargas findet, dass man mit dem Auto pünktlicher am Ziel ist als mit der Bahn.

6 Er wartet nicht gerne am Flughafen.

7 Frau Siri meint, dass man nie zu spät kommen sollte.

8 Wenn sie zum Essen eingeladen ist, hilft sie den Gastgebern, den Tisch zu decken.

3 c **Was ist Ihre Meinung zum Thema Pünktlichkeit? Schreiben Sie drei bis vier Sätze.**

A Verabredungen und Termine

	sich etw. an{schauen	....
der	Arbeitsalltag (Sg.)	....
die	Arbeitsdichte (Sg.)	....
das	Arbeitsleben (Sg.)	....
die	Arbeitswelt (Sg.)	....
	sich aus{wirken	....
die	Baustelle, -n	....
	sich beeilen	....
die	Berufssparte, -n	....
der	Beschäftigte, -n	....
die	Beschäftigte, -n	....
die	Beschleunigung, -en	....
	etw. bewältigen	....
die	Herausforderung, -en	....
der	Maurer, –	....
die	Maurerin, -nen	....
die	Strecke, -n	....
	auf der Strecke bleiben	....
	einen Termin ab{sagen	....
das	Treffen, –	....
	sich verspäten	....
das	Wohlbefinden (Sg.)	....
der	Zeitdruck (Sg.)	....

B Von Freizeit und Arbeitszeit

die	Abteilungskonferenz, -en	....
	sich ab{sprechen	....
der	Anspruch, "-e	....
	Anspruch haben auf (+ Akk.)	....
der	Arbeitsweg, -e	....
die	Arbeitszeit, -en	....
das	Arbeitszeitgesetz, -e	....
die	Betriebsruhe (Sg.)	....
das	EDV-System, -e	....
	ein{weisen in (+ Akk.)	....
der	Ersatzruhetag, -e	....
	etw. vor{schreiben	....
der	Fall, "-e	....
	auf keinen Fall	....
der	Freizeitausgleich (Sg.)	....
der	Mindesturlaub (Sg.)	....

die	Pflicht, -en	....
das	Recht, -e	....
das	Recht haben	....
die	(gesetzliche) Regel, -n	....
die	Schichtarbeit (Sg.)	....
die	Teilzeitarbeit (Sg.)	....
die	Überstunde, -n	....
der	Urlaubstag, -e	....
die	Urlaubszeit, -en	....
die	Vollzeitarbeit (Sg.)	....
die	Wochenendarbeit, -en	....

C Die Deadline

die	Deadline (Sg.)	....
das	Drehbuch, "-er	....
der	Entwurf, "-e	....
die	Kampagne, -n	....
die	Kosmetikserie, n	....
das	Printmedium, -medien	....
	relevant	....
der	Senior Manager, –	....
die	Senior Managerin, -nen	....
der	Werbefilm, -e	....
die	Werbekampagne, -n	....

D Pünktlichkeit

die	Abmahnung, -en	....
das	Arbeitsgericht, -e	....
der	Betriebsrat, "-e	....
die	Betriebsfeier, -n	....
	dokumentieren	....
der	Heizungstechniker, –	....
die	Heizungstechnikerin, -nen	....
die	Hilfe, -n	....
	um Hilfe bitten	....
das	Zuspätkommen (Sg.)	....
das	Verständnis (Sg.)	....
	verärgert sein über (+ Akk.)	....

Wortschatz und Grammatik

Wortbildung: Komposita

1a Welche Wörter finden Sie in den Komposita? Arbeiten Sie mit dem Wörterbuch.

1 die Baustelle *der Bau, die Stelle* ....

2 die Abteilungskonferenz ....

3 der Betriebsrat ....

4 die Geschäftsführung ....

5 der Heizungstechniker ....

6 der Urlaubstag ....

7 der Zeitdruck ....

8 der Zeitpunkt ....

1b Erklären Sie die Wörter aus 1a wie im Beispiel.

> *1 Eine Baustelle ist ein Ort, an dem z. B. ein Haus gebaut wird.*

2a Notieren Sie sieben Komposita mit dem Wort *Arbeit*. Notieren Sie auch den Artikel.

die .... Arbeits*zeit* .... Arbeit .... Arbeit ....

.... Arbeit .... Arbeit .... Arbeit ....

.... Arbeit .... Arbeit .... Arbeit ....

2b Wählen Sie aus 3a drei Wörter aus und schreiben Sie Sätze.

> *Meine Arbeitszeit beträgt 37 Stunden pro Woche.*

Personalpronomen und Possessivartikel

3 Personalpronomen im Akkusativ und Dativ. Ergänzen Sie.

1 Martin, hast du fünf Minuten Zeit? Ich muss .... etwas fragen.

2 Herr Bauer, können Sie .... bitte helfen? Ich muss den Kopierer nach rechts verschieben.

3 Mikkaela, ich habe jetzt die Zeichnungen fertig und möchte sie .... gerne zeigen.

4 Ich gehe jetzt zum Bäcker. Elvira und Lygia, soll ich .... etwas mitbringen?

5 Wo ist das Wörterbuch? – Ich habe .... auf den Tisch gelegt.

6 Frau Jahn, wann kann ich .... morgen anrufen? – Sie können .... ab 9.00 Uhr erreichen.

7 Sprechen wir laut genug? Könnt ihr .... verstehen?

8 Ist Herr Tanaka schon gekommen? – Ich glaube nicht, ich habe .... noch nicht gesehen.

9 Und ist Frau Ming schon da? – Ja. Ich habe vor zwei Stunden mit .... gesprochen.

10 Wir haben neue Nachbarn. Sie haben auch ein Kind. Unser Sohn möchte gern mit .... spielen.

4 Ergänzen Sie die Possessivartikel im Nominativ, Akkusativ und Dativ.

1 ich: Das ist *mein* .... Büro.

2 er: Herr Lüdke kommt selten mit .... Auto zur Arbeit.

3 sie (Sg.): Sie plant, ... Job zu wechseln.

Sie festigen

- Wortbildung: Komposita
- Personalpronomen
- Possessivartikel
- Nominalstil – Verbalstil
- Schreibtraining: sich schriftlich korrekt ausdrücken

4 du: Wann sprichst du mit .... Chef über .... neuen Ideen für die Firma?

5 wir: Wir wollen .... Geburtstag in diesem Jahr zusammen feiern.

6 es: Das Team hat auf .... letzten Sitzung über die Finanzsituation der Firma gesprochen.

7 ihr: Könnt ihr bitte .... Geschirr in die Küche bringen?

8 Sie: Darf ich kurz .... Kugelschreiber ausleihen?

9 sie (Sg.): Sie hat das Auto von .... Eltern bekommen.

10 ich: Heute Nachmittag fahre ich zu .... Freundin in Paderborn.

11 sie (Pl.): Das sind Maria und Josefine. .... Eltern leben in Venezuela.

Nominalstil – Verbalstil

5a **Nomen und Verben. Ordnen Sie zu.**

1 ☐ bevor die Geschenke ausgepackt werden
2 ☐ nachdem alle Fragen beantwortet wurden
3 ☐ während wir sprechen
4 ☐ während wir fahren
5 ☐ nachdem wir gegessen hatten
6 ☐ bevor das Flugzeug startet

A während der Fahrt
B vor dem Start
C vor dem Auspacken der Geschenke
D während des Gesprächs
E nach der Beantwortung aller Fragen
F nach dem Essen

5b **Wie kann man es anders sagen? Ergänzen Sie.**

1 während ich koche ....

2 nachdem er gearbeitet hat ....

3 bevor sie umziehen ....

4 bevor wir frühstücken ....

5 nachdem ich geduscht habe ....

6 während wir diskutieren ....

5c **Wählen Sie aus 5a und 5b vier Formulierungen aus und schreiben Sie Sätze wie im Beispiel.**

○ *Bevor das Flugzeug startet, kontrolliert der Pilot*
○ *die Instrumente.*
○

Schreibtraining

6 **Sich schriftlich korrekt ausdrücken. Stellen Sie die markierten Satzteile auf Position 1 im Satz und schreiben Sie den Text neu.**

Ich komme aus Südafrika.
Ich bin im Jahr 2015 nach Deutschland gekommen.
Ich habe zuerst in Offenbach gewohnt.
Ich habe dort 18 Monate lang Deutschkurse besucht.
Meine Frau habe ich in der Sprachschule kennengelernt.
2017 haben wir geheiratet.
Meine Frau hat drei Monate nach der Hochzeit in Konstanz Arbeit gefunden.
Wir sind deshalb in diese schöne Stadt umgezogen.

A [ ]

B [ ]

C [ ]

D [ ]

E [ ]

F [ ]

A   Was und wie wir einkaufen

🔊 **1 a**   Einkaufsgespräche. Hören Sie die Dialoge 1–6 und ordnen Sie sie den Fotos zu. Zwei Fotos passen nicht.
24

1 b   Einkaufsgewohnheiten. Arbeiten Sie zu zweit. Befragen Sie sich gegenseitig, wo Sie was einkaufen und warum. Worauf achten Sie beim Einkaufen?

> Wo kaufen Sie Lebensmittel?

> Lebensmittel kaufe ich meistens im Supermarkt, weil sie dort billiger sind als auf dem Markt. Ich achte sehr auf den Preis.

> Bücher kaufe ich gerne …

Redemittel

Über Einkaufsgewohnheiten sprechen

Auf dem Markt/Online/… kaufe ich regelmäßig/selten/… ein, weil …
Wenn ich … brauche, gehe ich …
… kaufe ich oft im Internet. / … bestelle ich oft im Internet.
Für mich ist eine gute Beratung am wichtigsten.
Ich achte beim Einkaufen vor allem auf die Qualität / den Preis …
Wenn ich … kaufe, ist Qualität / eine gute Beratung / der Preis/ … für mich (besonders) wichtig.

1 c   Berichten Sie im Kurs über Ihre Partnerin / Ihren Partner.

Sie lernen

* über Einkaufsgewohnheiten sprechen
* über Produktwege sprechen
* über Berufe und Berufswünsche sprechen
* über eine Statistik sprechen
* Passiv (Präsens und Präteritum)
* Konjunktiv II (Wünsche ausdrücken; Bedingungssätze mit *wenn*)

2a Das kaufen die Deutschen im Internet. Sehen Sie sich die Statistik an und sprechen Sie darüber. Die Redemittel helfen.

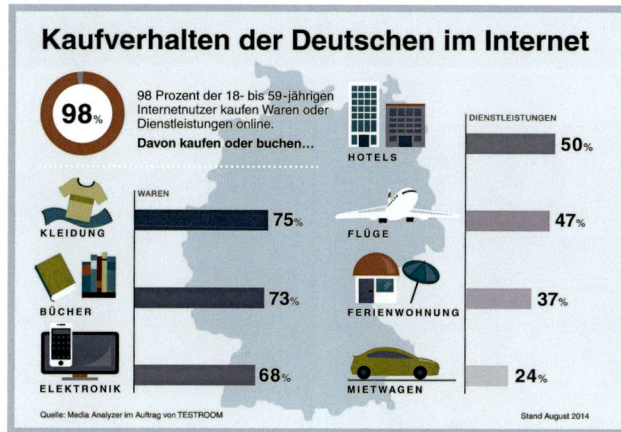

Redemittel

Über eine Statistik sprechen

Am meisten bestellen die Deutschen im Internet Kleidung. / Mit 75% steht Kleidung an erster Stelle.

An zweiter Stelle steht/stehen …, gefolgt von …

Die Deutschen geben online mehr/weniger für … aus als für …

Am wenigsten kaufen sie … / An letzter Stelle steht/stehen …

2b Eine Umfrage zum Online-Kauf. Lesen Sie die Aussagen der Leute und machen Sie Notizen zu den Vor- und Nachteilen des Online-Kaufs.

A Im Internet kaufe ich vor allem Klamotten, Bücher und Möbel. Ich finde es super, dass man nicht von Öffnungszeiten abhängig ist. Und ich kann jederzeit ganz bequem von zu Hause bestellen, die Sachen werden geliefert, man muss sie nicht nach Hause tragen. Man ist dann halt von Lieferzeiten abhängig. Aber das ist mir egal. *Lina Kuhl*

B Oft lohnt es sich, im Internet zu bestellen. Einen Fernseher kann man manchmal fast 500 Euro billiger bekommen. Aber aufgepasst: Oft soll man ja bei einer Bestellung schon im Voraus bezahlen. Da muss man vorsichtig sein. Nur bei wenigen Anbietern kann man auf Rechnung bezahlen. Wenn das nicht geht, habe ich keine Lust, online zu kaufen. Und Klamotten kaufe ich ohnehin lieber im Kaufhaus. Dann kann ich sie anprobieren und weiß sofort, ob sie mir passen. Und ich bekomme eine persönliche Beratung. *Jamie Livero*

C Im Internet buche ich in erster Linie meinen Urlaub – suche Flüge, Hotels und so. Wenn ich sowieso genau weiß, was ich will und wohin ich will, finde ich das super bequem. Oft ist es auch billiger, als die Reise im Reisebüro zu kaufen. *Vera Maaß*

D In der Vergangenheit habe ich viel online eingekauft: An erster Stelle standen Bücher, an zweiter Stelle Elektronik-Artikel und selten auch mal eine Reise. Inzwischen machen bei uns aber immer mehr kleine Geschäfte zu, weil sie mit der Konkurrenz aus dem Internet nicht mithalten können. Das finde ich schade. Bücher kaufe ich jetzt wieder hier im Buchladen, den ich damit unterstützen kann. Außerdem belastet der Online-Handel durch den Lieferverkehr die Umwelt. *Paul Wenner*

Vorteile	Nachteile
nicht von Öffnungszeiten abhängig, bequem	man ist abhängig von Lieferzeiten

2c Kaufen Sie online ein? Was kaufen Sie und warum (nicht)? 2b hilft.

Beim Kaufen im Internet bin ich vorsichtig. Ich überweise nicht gern Geld, wenn …

Ich kaufe gern online, weil ich dann immer einkaufen kann, auch spät abends oder am Sonntag.

1a Zu Besuch bei einer Möbelfirma. Hören Sie die Begrüßung des Firmenchefs. Machen Sie Notizen zu den vier Stichwörtern.

25

> Gründung der Firma:
> Transportwege:
> Mitarbeiterzahl:
> Umweltfreundlichkeit:

Öko-Möbel proNatur – der Umwelt zuliebe

1b Hören Sie, wie die Betriebsbesichtigung weitergeht. Ordnen Sie die verschiedenen Stationen (1–6) auf dem Weg, den die Waren nehmen, den Bildern zu.

26

A

Lager

B

Forschung und Entwicklung

C

Vertrieb

D

Großhandel

E

Einzelhandel

F

Produktion/Herstellung

G

Versand

H

Transport

1c Ordnen Sie die Sätze den Illus zu.

1 ☐ Hier werden die frisch produzierten Möbel aufbewahrt.
2 ☐ Hier wird eine große Menge Möbel gekauft, gelagert und an Zwischenhändler weiterverkauft.
3 ☐ In den einzelnen Möbelgeschäften wird alles an die Endkunden verkauft.
4 ☐ Hier wird der Absatz geschätzt, die Absatzwege werden geplant.
5 ☐ Hier werden die Möbel hergestellt, Holz wird zersägt.
6 ☐ Hier werden neue Produkte entwickelt.
7 ☐ Die Waren werden von der Spedition abgeholt und zu den Kunden gebracht.
8 ☐ Hier werden die Rechnungen und Lieferscheine für den Versand ausgestellt, die Spedition wird beauftragt.

2 a   Wann Aktiv und wann Passiv? Ordnen Sie die Bilder und Beispiele den Erklärungen (a, b) zu.

Aktiv: Der Schreiner zersägt das Holz.

Passiv: Das Holz wird zersägt.

a ☐   Wichtig ist der Vorgang. Was passiert?
b ☐   Wichtig ist die handelnde Person. Wer macht was?

2 b   Lesen Sie die Regel und ergänzen Sie sie.

> **Regel**
>
> Das **Passiv Präsens** bildet man mit der konjugierten Form von .... im Präsens + Partizip II.
>
> Im Passivsatz ist die aktive Person nicht wichtig. Man kann sie trotzdem angeben:
> Aktiv: Der Schreiner zersägt das Holz.   →   Passiv: Das Holz wird (vom Schreiner) zersägt.
>
>   Der Schreiner zersägt die Bretter.   →   Die Bretter werden (vom Schreiner) zersägt.

2 c   Schreiben Sie die Sätze im Passiv. Die Partizipien rechts helfen.

1   Die Mitarbeitenden entwickeln ständig neue Produkte.
2   Die Mitarbeitenden warten die technischen Anlagen.
3   Die Mitarbeitenden prüfen jede Lieferung genau.
4   Der Großhandel kauft die Möbel in großen Mengen ein.
5   Der Großhandel liefert die Möbel an die einzelnen Möbelgeschäfte.
6   Die Mitarbeitenden beobachten den Markt.
7   Ein Mitarbeiter beauftragt die Spedition.

~~entwickelt~~
beobachtet
geprüft
gewartet
beauftragt
eingekauft
geliefert

> *1 Ständig werden neue Produkte entwickelt. / Neue Produkte*
> *werden ständig entwickelt.*

3 a   Vom Lager zum Kunden – ein ganz normaler Tag. Schreiben Sie die Sätze im Passiv Präsens.

> ein Container auf den LKW verladen • die Waren im Lager abholen •
> die Waren zu den Kunden transportieren • die Einzelteile beim Kunden montieren •
> das Geld kassieren • die leere Verpackung mitnehmen und entsorgen

> *Ein Container wird auf den LKW verladen. Dann werden die …*

3 b   Letzte Woche hat nichts funktioniert. Schreiben Sie die Sätze im Passiv Präteritum.

> die Waren drei Monate zu spät liefern •
> einen Tisch mit falschen Maßen zustellen •
> einen anderen Schrank falsch aufbauen •
> die Rechnung nicht bezahlen

> **Regel**
>
> Beim **Passiv Präteritum** steht die konjugierte Form von *werden* im Präteritum.
> Der Tisch wurde bestellt. Die Möbel wurden produziert.

1 a Berufe und Branchen. Welche Berufe haben Sie erlernt? In welchen Berufen arbeiten Sie? Sammeln Sie in Gruppen und stellen Sie Ihre Liste im Kurs vor.

1 b Welcher Beruf (1–12) passt zu welcher Branche? Ordnen Sie zu.

1 Lagerist/-in
2 Tischler/-in
3 Verkäufer/-in
4 Programmierer/-in

5 Hotelkaufmann/-kauffrau
6 Ingenieur/-in
7 LKW-Fahrer/-in
8 Maurer/-in

9 Chemiker/-in
10 Koch/Köchin
11 Kaufmann/Kauffrau
12 Web-Designer/-in

IT-Branche

Wissenschaft & Forschung

Transport und Logistik

Handel

Handwerk

Gastronomie

1 c Wer macht was? Welche Tätigkeiten passen zu welchen Berufen in 1a? Arbeiten Sie zu zweit und machen Sie Minidialoge.

> Waren annehmen und kontrollieren • Gerätetechnik verbessern • den Versand planen und organisieren • Speisen zubereiten • Waren zustellen • PC-Probleme lösen • auf der Baustelle arbeiten • den Markt analysieren • Holz bearbeiten • Maschinen konstruieren • Internetseiten gestalten • Gäste betreuen • sägen • Waren bestellen • Vertriebswege planen • im Labor arbeiten • Waren befördern • Reservierungen bearbeiten • Bilder bearbeiten • Kundinnen und Kunden bedienen • Software entwickeln • mit Beton arbeiten • Stoffe analysieren • am Computer arbeiten • Speisekarten erstellen

Was macht ein Ingenieur?

Ich glaube, dass ein Ingenieur zum Beispiel die Gerätetechnik verbessert.

Ich denke, eine Web-Designerin gestaltet Internetseiten.

Ja, und sie bearbeitet Bilder.

2 Was sind typische Tätigkeiten in Ihrem (Traum-)Beruf? Suchen Sie im Wörterbuch oder gehen Sie auf die Seite www.berufe.net. Schreiben Sie einen kleinen Text über die Tätigkeiten in diesem Beruf. Hängen Sie die Texte im Kursraum auf. Die anderen raten, wer die Zettel geschrieben hat.

Ich glaube, das hat Alfonso geschrieben.

Warum?

Er ist immer so lieb zu Kindern.

◀)) **3a** Berufswünsche. Hören Sie, was die Personen über sich erzählen, und ergänzen Sie die Tabelle.
27

	Beruf	Tätigkeiten	Wünsche
Lothar Hirz			
Anna Kipp			
Paolo Reda			

3b Wie drücken die drei Personen ihre Wünsche aus? Lesen Sie die Regel und ergänzen Sie *wäre*, *hätte* und *würde*.

L. Hirz: Ich .... gern bei einem städtischen Verkehrsbetrieb arbeiten.

Ich .... gern geregelte Arbeitszeiten.

A. Kipp: Ich .... gern ein besseres Gehalt.

Ich .... gern in meinem gelernten Beruf tätig.

P. Reda: Ich .... gern meine Selbstständigkeit aufgeben.

Ich .... gern Kundenberater.

> **Regel**
>
> **Wünsche formulieren mit Konjunktiv II**
>
> Ich *wäre* gern …
> Ich *hätte* gern …
> Ich *würde* gern + Infinitiv
> (*Ich würde gern … arbeiten.*)

3c Und was wünschen Sie sich? Sprechen Sie im Kurs.

> Ich hätte gern viele Kinder.

> Ich würde gern am Flughafen arbeiten.

> Ich wäre jetzt gern …

4a Paolo Reda träumt von besseren Zeiten. Lesen Sie den Text und markieren Sie alle Konjunktive. Schreiben Sie den Text weiter.

> Ich wäre gern Kundenberater. Wenn ich Kundenberater wäre, hätte ich feste Arbeitszeiten und müsste nicht am Wochenende arbeiten. Dann könnte ich auch mal länger Urlaub machen. Wenn …

> **Regel**
>
> **Irreale Bedingungen mit *wenn* und Konjunktiv II ausdrücken**
>
> *Wenn* es nicht so teuer *wäre*, *würde* ich studieren.
> Sonderformen des Konjunktiv II:
>
> ich habe > ich *hätte*   ich kann > ich *könnte*
> ich bin > ich *wäre*   ich muss > ich *müsste*

Wenn / ich länger Urlaub machen / können – ich nach Italien fliegen und bei meiner Familie sein. Wenn / ich in Italien bei meiner Familie / sein – ich mit ihr auf den Vesuv wandern. Wenn ich in …

> *Wenn ich länger Urlaub …*

4b Was würden Sie machen, wenn? Was wäre, wenn? Arbeiten Sie in Gruppen. Fragen und antworten Sie.

> Wenn ich viele Kinder hätte, wäre ich …

> Was wäre, wenn Sie viele Kinder hätten?

> Was würdest du machen, wenn du eine feste Stelle hättest?

> Wenn ich eine feste Stelle hätte, müsste ich nicht mehr …

D Lokal liefern lassen

1a „Lokal Liefern Lassen". Was könnte sich hinter diesem Titel verbergen? Sammeln Sie Ideen.

1b Lesen Sie den Text aus einer Werbebroschüre und ordnen Sie die Überschriften zu.

A Die Einkäufe werden mit Fahrradkurieren zu dir nach Hause gebracht

C Wie alles begann

B Online lokal kaufen - nur eine Lieferung

D Die Händler packen deine Bestellung ein

E Zu lange, überflüssige Wege

Das Kiezkaufhaus – Lokal Liefern Lassen

☐ Unser Shop bietet die liebevoll handverlesenen Sortimente lokaler unabhängiger Fachgeschäfte aus Wiesbaden. Du kannst dich in allen Läden umschauen und eine gemeinsame
5 Einkaufstasche packen – egal, bei wie vielen Händlern du bei uns bestellst.

☐ Deine Bestellung leiten wir an die verschiedenen Händler weiter. Jeder, bei dem du bestellt hast, bekommt deine Einkaufsliste und packt
10 dir eine Tasche, genau so, als wärst du persönlich im Laden. Auch deine Sonderwünsche und Vorlieben bekommen die Händler übermittelt.

☐ Freundliche Rentnerinnen und Rentner auf mit Ökostrom geladenen Lasten-E-Bikes fahren
15 die einzelnen Händler ab und sammeln deine Einkäufe ein. Sie packen die Einkäufe in eine große Tasche, die sie noch am selben Tag zu dir

liefern. An der Tür bezahlst du bei der Fahrerin bzw. beim Fahrer die gesamte Summe bar oder
20 per EC-Karte.

☐ Angefangen hat es vor über einem Jahr, als wir uns wieder einmal über den ganzen Liefer-Wahnsinn geärgert hatten. Wenn man ein Buch bei Amazon in Wiesbaden bestellt, kann es sein,
25 dass dieses Buch aus Lagerhallen in Polen kommt, obwohl der Verlag unter Umständen in Frankfurt sitzt. Jeden Tag fahren deshalb Unmengen an Lieferwagen über Deutschlands Straßen. Allein 800.000 Pakete werden täglich
30 retourniert – das entspricht einem Ausstoß von 400 Tonnen CO_2.

☐ Natürlich wissen wir alle, warum das so ist: Neben dem Preis spielt die Bequemlichkeit eine große Rolle. Zwei Klicks und schon wird am
35 nächsten Tag ein Paket von Zalando, Amazon & Co geliefert. Das ist zwar sehr praktisch, aber nur, wenn man nicht zu sehr hinter die Kulissen schaut. Wir dachten, hier sollte sich was ändern. Die Idee vom Kiezkaufhaus war geboren: Im
40 Wesentlichen ist es ein lokaler Bringservice, der auf den lokalen, bestehenden Fachgeschäften basiert – vereint auf einer Online-Plattform, dem Kiezkaufhaus.

1c Lesen Sie noch einmal. Was steht im Text? Kreuzen Sie an: richtig (R) oder falsch (F)?

		R	F
1	Im Kiezkaufhaus kann man auch persönlich vorbeikommen.	☐	☐
2	Die Händler behandeln Online-Kunden genauso wie Kunden, die in ihr Geschäft kommen.	☐	☐
3	Die meisten Händler sind schon älter.	☐	☐
4	Man zahlt nach Erhalt der Ware.	☐	☐
5	Für die Betreiber des Kiezkaufhauses spielt der Umweltschutz eine große Rolle.	☐	☐
6	Das Kiezkaufhaus ist ein großes Online-Fachgeschäft.	☐	☐

1d Würden Sie Produkte bei „Lokal Liefern Lassen" bestellen? Warum (nicht)? Tauschen Sie sich aus.

Kommunikation

über Einkaufsgewohnheiten sprechen

Lebensmittel kaufe ich immer auf dem Markt. / Besonders wichtig ist für mich ein großes Angebot.
Ich kaufe immer online. Das ist schnell und bequem.
Ich kaufe lieber im Fachgeschäft, eine gute Beratung ist mir wichtig.

über Berufe und Berufswünsche sprechen

Ein Programmierer entwickelt Software. / Ein Lagerist kontrolliert die Waren.
Ich würde gern im Hotel arbeiten. / Ich wäre gern Rezeptionistin. / Ich hätte gern eine feste Stelle.

über Produktwege sprechen

Nach der Herstellung kommen die Waren ins Lager. Von dort werden sie an den Groß- und den Einzelhandel geliefert. Der Einzelhandel verkauft die Waren an den Endkunden.

über eine Statistik sprechen

Am meisten bestellen die Deutschen … / Am wenigsten kaufen sie …
… steht an erster Stelle. / An zweiter Stelle steht/stehen …, gefolgt von … / An letzter Stelle steht/stehen …
Die Deutschen geben online mehr/weniger für … aus als für …

Grammatik

Konjunktiv II

Die meisten Verben bilden den Konjunktiv II mit *würde* + Infinitiv. Für *sein*, *haben*, *können* und *müssen* gibt
es eigene Formen des Konjunktivs II.

	würde	haben	sein	können	müssen
ich	würde	hätte	wäre	könnte	müsste
du	würdest	hättest	wärst	könntest	müsstest
er/es/sie/man	würde	hätte	wäre	könnte	müsste
wir	würden	hätten	wären	könnten	müssten
ihr	würdet	hättet	wärt	könntet	müsstet
sie/Sie	würden	hätten	wären	könnten	müssten

Bedingungssätze mit *wenn* + Konjunktiv II

Wenn ich viel Geld hätte, würde ich ein eigenes Restaurant aufmachen.
Wenn ich eine Stelle als Bürokauffrau hätte, hätte ich regelmäßige Arbeitszeiten. Ich müsste nicht mehr am
Wochenende arbeiten und könnte zu Hause sein. Ich wäre sehr zufrieden.

Passiv

Das Passiv bildet man mit *werden* + Partizip II.

Präsens
Das Brett *wird* gesägt.
Die Bretter *werden* gesägt.

Präteritum
Das Brett *wurde* gesägt.
Die Bretter *wurden* gesägt.

Das Passiv benutzt man bei Beschreibungen von Arbeitsabläufen und allgemeinen Regeln. Man sagt,
was mit einer Sache oder Person gemacht wird. Die handelnde Person ist meistens nicht wichtig.
Wenn im Passivsatz die handelnde Person trotzdem genannt werden soll, benutzt man *von* + Dativ.
Die Kundin bestellt einen Schrank.   Ein Schrank wird von der Kundin bestellt.

A Was und wie wir einkaufen

1 **Was bekommt man wo? Ordnen Sie zu und schreiben Sie kurze Sätze. Es gibt mehrere Möglichkeiten.**

> Baumarkt • Wochenmarkt • Fachgeschäft • Supermarkt • Flohmarkt • Kaufhaus • Internet

> *Jeans kann man zum Bespiel in einem Kaufhaus kaufen, aber auch in ...*

2a **Einkaufsverhalten. Was passt? Verbinden Sie.**

1 Ich gehe oft ins Einkaufszentrum,
2 Meinen neuen Fernseher kaufe ich im Fachgeschäft, weil ich
3 Grundnahrungsmittel wie Nudeln kaufe ich meistens im Supermarkt,
4 Gemüse kaufe ich auf dem Markt,
5 Ich kaufe gern im Internet ein, obwohl
6 Ich achte vor allem auf Qualität,

a auch wenn sie ihren Preis hat.
b weil sie auf dem Markt oft nicht angeboten werden.
c weil dort viele Geschäfte unter einem Dach sind.
d man oft im Voraus bezahlen muss.
e obwohl es dort teurer ist als im Supermarkt.
f großen Wert auf eine gute Beratung lege.

2b **Und Sie? Schreiben Sie einen kleinen Text über Ihr Einkaufsverhalten. Die Textbausteine helfen.**

– Wo kaufen Sie am liebsten ein?
– Was kaufen Sie dort ein?
– Was ist für Sie beim Einkaufen wichtig?

> **Textbausteine**
>
> Ich kaufe am liebsten auf dem Markt / im Supermarkt …
> Brot/… kaufe ich meistens in der Bäckerei / im …
> Wenn ich … brauche, gehe ich …
> Am wichtigsten ist für mich Qualität / der Preis.
> Ich lege großen Wert auf eine gute Beratung.
> Wenn ich … kaufe, ist Qualität / der Preis / eine gute Beratung für mich besonders wichtig.

3a Verschiedene Meinungen zum Online-Kauf. Welche Überschrift passt zu welchem Text? Ordnen Sie zu.

1 ☐ Online-Shoppen – zu praktisch und bequem? **2** ☐ Sich Zeit nehmen beim Online-Shoppen

3 ☐ An die Folgen für Gesellschaft und Natur denken **4** ☐ Gut für den Geldbeutel

A
Ich glaube, im Internet kauft man viel mehr, als man wirklich braucht, einfach, weil es so bequem ist. Ich bestelle nämlich meistens nach Feierabend, also abends – oder oft auch am Sonntag, wenn alle Geschäfte geschlossen haben. Und dann wird auch noch alles nach Hause geliefert. Manchmal ist ein Artikel nicht gleich lieferbar, aber ich finde, das macht nichts.

Jasmin

B
Ich kaufe nur online ein, wenn ich genau weiß, was ich will, also die Produkte kenne, die ich kaufen möchte. Wenn das nicht der Fall ist, gehe ich ins Fachgeschäft, wo mich ein Verkäufer genau informiert. Ein großer Vorteil beim Online-Kauf ist, dass man nicht in zahlreiche Geschäfte gehen muss, um zu sehen, wo ein Produkt am billigsten ist. Im Internet findet man schnell die günstigsten Angebote.

Edgar

C
Ich finde beim Online-Kauf wichtig, nicht zu schnell auf „Kaufen" zu klicken. Vor allem, wenn die Angebote sehr günstig sind, recherchiere ich zum Beispiel vorher, ob der Anbieter seriös ist. Wie wird die Firma bewertet? Und sehr häufig soll man im Voraus bezahlen. Ich möchte aber prinzipiell erst bezahlen, wenn ich die Ware bekommen habe, bei der Lieferung. Wenn das nicht geht, denke ich genau nach, ob ich wirklich bestelle oder nicht.

Sarah

D
Was ich gar nicht verstehe, ist, wieso heute immer mehr Leute Lebensmittel online bestellen. Es muss ja alles geliefert werden, die LKWs stehen ja jetzt schon stundenlang im Stau, noch mehr Transporte gehen einfach nicht. Die Umwelt ist durch den Verkehr schon genug belastet. Außerdem überleben so die kleinen Lebensmittelläden „an der Ecke" gar nicht mehr. Sie haben ja schon mit den Supermärkten zu kämpfen ...

Pavel

3b Welches Wort passt? Lesen Sie die Meinungen in 3a noch einmal und ergänzen Sie die Sätze.

Anbieter • Beratung • Bestellung • Konkurrenz • Lieferzeiten • Öffnungszeiten • Preisvergleich

1 Jasmin kauft gern im Internet ein, weil sie dann nicht von den .... abhängig ist.

2 Sie findet es auch nicht schlimm, dass es Probleme mit den .... geben kann.

3 Edgar kauft oft im Fachgeschäft ein, weil er Wert auf eine gute .... legt.

4 Für ihn ist es auch wichtig, dass ein .... im Internet einfach ist.

5 Sarah findet es wichtig, sich bei Online-Käufen über den .... zu informieren.

6 Sie findet es nicht gut, dass man oft schon bei der .... bezahlen muss.

7 Pavel findet es schlimm, dass viele Geschäfte die .... mit Anbietern im Web nicht überleben.

B Vom Produkt zum Kunden

1 Wörter rund um Produktwege. Ergänzen Sie Verben und Nomen. Manchmal gibt es mehrere Möglichkeiten.

Nomen	Verben	Nomen	Verben
die Herstellung		der Transport	
	produzieren		forschen
die Bestellung		die Entwicklung	
	beraten		handeln
die Lieferung		die Wartung	
	versenden	*das Lager, der Lagerist, ...*	lagern
die Beobachtung		der Test	

2a Was passiert wo? Ergänzen Sie.

> Transportwegen • Endkunden • Produktion/Herstellung • ~~Spedition~~ • Lager • Großhandel •
> Forschung und Entwicklung • Vertrieb • Einzelhandel • Transport

1 In der Abteilung .... werden neue Produkte getestet.

2 Nach erfolgreichen Tests gehen diese Produkte dann in die ....

3 Im .... werden die Produkte dann aufbewahrt und für den .... an
die Kunden vorbereitet.

4 Die *Spedition* transportiert die Waren

a) an den .... Dort werden sie gelagert und dann an andere Geschäfte weiterverkauft.

b) an den .... Dort kann der Privatkunde die Waren kaufen.

c) oder direkt an den .... Auch das ist möglich.

5 Den gesamten Absatzweg plant und kontrolliert der .... Diese Abteilung beschäftigt

sich mit der Marktentwicklung, dem besten Preis für ein Produkt und den besten ....

2b Was wird im Lager gemacht? Ordnen Sie die Sätze.

1 Die Waren – angenommen – und geprüft – werden

Die Waren werden angenommen und geprüft. ....

2 in Regale – Sie – werden – einsortiert

....

3 Die Lieferungen – zusammengestellt – werden – und verpackt

....

4 in der Versand-Abteilung – Die Lieferscheine und Versandpapiere – ausgestellt – werden

....

5 die Waren – von der Spedition - befördert – werden – zum Kunden – Danach

....

3 Was geschieht hier? Schreiben Sie Sätze wie im Beispiel. Benutzen Sie das Passiv.

> 1 Das Auto wird repariert. / Das Rad wird gewechselt.

4 Die Zeiten ändern sich. Wie wurde es früher gemacht, wie heute? Schreiben Sie Sätze.

1 **früher:** einkaufen - im Geschäft / **heute:** immer mehr im Internet

Früher wurde im Geschäft eingekauft. Heute wird immer mehr im Internet eingekauft.

2 **früher:** Waren bestellen – am Telefon / **heute:** meistens online

3 **früher:** Rechnungen schreiben – mit der Schreibmaschine / **heute:** am Computer

4 **früher:** bezahlen – bar / **heute:** oft mit Kreditkarte

5 **früher:** rauchen – viel / **heute:** immer weniger

5 Formen Sie die Sätze ins Aktiv um.

Memo

Denken Sie an die Satzstellung.
Das konjugierte Verb ist auf Position 2.

1 Die Waren werden vom Kunden bestellt.

Der Kunde bestellt die Waren.

2 Die Möbel werden von der Möbelfirma an die Kunden versandt.

3 Fehlerhafte Waren werden vom Anbieter zurückgenommen.

4 Jeden Morgen werden von den Mitarbeiterinnen im Versand die Lieferscheine ausgestellt.

5 Freitags werden die großen Rollregale von den Technikern und Technikerinnen gewartet.

6 Am Samstag wird die neue Möbelkollektion von der Firma vorgestellt.

1   Berufe und Branchen. Ergänzen Sie.

> Dienstleistungen • Berufskraftfahrer/-in • Transport/Logistik •
> Friseur/-in • Gesundheitswesen • Erzieher/-in • Rettungssanitäter/-in • ~~Sozialwesen~~

1
Beruf: ....
Branche: ....
Tätigkeiten: Durchführung von Krankentransporten, Einsatz in Notfällen, Versorgung kranker oder verletzter Personen

2
Beruf: ....
Branche: ....
Tätigkeiten: Arbeit im Güterverkehr oder bei der Beförderung von Personen, Arbeit bei Speditionen, Bus- und Reiseverkehrsbetrieben

3
Beruf: ....
Branche: *Sozialwesen*
Tätigkeiten: Aufsicht, Erziehung, Betreuung und Pflege von Kindern und Jugendlichen, Zusammenarbeit mit Eltern und Lehrkräften

4
Beruf: ....
Branche: ....
Tätigkeiten: Waschen, Schneiden und Kämmen von Haaren, Kundenberatung bei der Haarpflege, Verkauf kosmetischer Artikel

2a   Tätigkeiten in der Arbeitswelt. Welches Verb passt nicht? Streichen Sie es durch.

1. Waren   bestellen – zustellen – befördern – ~~aufstehen~~
2. Werbung   arbeiten – machen – erfinden – gestalten
3. Kunden   beraten – betreuen – gewinnen – zustellen
4. Geld   ausgeben – bearbeiten – sparen – kosten
5. Holz   bearbeiten – sägen – verkaufen – planen
6. den Versand   planen – organisieren – kontrollieren – ausgeben
7. PC-Probleme   analysieren – lösen – zubereiten – vermeiden

2b   Ergänzen Sie den Dialog mit Verben aus 2a. Achten Sie auf die richtige Form.

- Guten Tag.
- Guten Tag. Was kann ich für Sie tun?

- Ich hatte bei Ihnen ein Sofa ....,
  aber es wurde mir noch immer nicht ....

- Einen Moment, ich .... mal den Versand am PC. … Ah, jetzt weiß ich, wir hatten gestern ein PC-Problem. Deshalb kam es zu Lieferverzögerungen. Das Problem wurde inzwischen

  .... und alles funktioniert wieder. Moment …, Sie bekommen das Sofa morgen Vormittag.
- Oh danke. Ach, ich habe noch eine Frage: Wie muss ich die Ware denn pflegen? Die Sachen

  .... ja viel Geld und wenn ich schon so viel Geld ...., möchte ich lange etwas davon haben.
- Ja, das verstehe ich gut. Hier, nehmen Sie dieses Mittel – als kleine Entschuldigung für die Unannehmlichkeiten.
- Vielen Dank, das ist ja nett!
- Keine Ursache. Wir legen großen Wert darauf, unsere Kunden gut zu ....

3 **Wünsche Wünsche Wünsche.**
Ergänzen Sie die Sätze.

> hätte • wären • würde • wäre • würden • hätte

1 Lothar .... gern geregelte Arbeitszeiten. Er .... am liebsten nur tagsüber arbeiten.

2 Katharina und Amelie .... gern als Gärtnerinnen arbeiten, dann .... sie viel im Freien.

3 Camelia .... gern mehr Zeit für ihre Familie. Dann .... sie glücklich.

4a **Bedingungssätze. Ordnen Sie die Sätze wie im Beispiel.**

1 ich – viel Geld – hätte – Wenn / ich – eine große Reise – würde – machen

Wenn ich viel Geld hätte, würde ich eine große Reise machen.

2 Nadja – Wenn – hätte – ein eigenes Restaurant / arbeiten – sie – könnte – dort – als Köchin

....

3 Anna – eine Arbeit – Wenn – würde – finden – als Architektin / viel Geld – sie – verdienen – würde

....

4 Wenn – Paolo – hätte – einen festen Arbeitsvertrag / er – nicht mehr – arbeiten – müsste – am Wochenende

....

4b **Was wäre, wenn? Schreiben Sie Sätze wie im Beispiel und hören Sie zur Kontrolle.**

28

1 ich bei der Stadt arbeiten – ich zufriedener sein. / dann ich geregelte Arbeitszeiten haben

Wenn ich bei der Stadt arbeiten würde, wäre ich zufriedener. Dann hätte ich geregelte
Arbeitszeiten.

2 ich als Architektin arbeiten können – ich viel besser verdienen. / dann ich kreativer sein können

Wenn ich .... , ...

Dann könnte ich ....

3 ich eine feste Anstellung haben – ich mir finanziell nicht mehr so viele Sorgen machen müssen / dann ich mehr Urlaub machen können

Wenn ich .... , ...

Dann könnte ich ....

4c **Konjunktiv II mit Modalverben. Schreiben Sie Sätze wie im Beispiel.**

1 Sie mich anrufen können

Es wäre schön, wenn Sie mich anrufen könnten.

2 sie weniger Überstunden machen müssen

Meine Kollegin wäre glücklich, wenn ....

3 ich nicht so viel Werbung gestalten müssen

Ich wäre froh, wenn ....

4 ihr uns helfen können

Wir würden uns freuen, wenn ....

D Lokal liefern lassen

1 a Innovationspreis der „Initiative Deutschland – Land der Ideen". Lesen Sie die Abschnitte und nummerieren Sie die Textteile in der richtigen Reihenfolge.

☐ Längerfristig müsste sich wahrscheinlich auch das Konsumentenverhalten ändern, hin zu einer bewussten Entscheidung für nachhaltigen, umweltfreundlichen Einkauf. Das wäre
5 auch gut für das Leben in den Stadtteilen. Dazu gehört ein großes Angebot an Geschäften und Einkaufsmöglichkeiten. Eine Berliner Initiative für ein ähnliches Projekt wie in Wiesbaden betont außerdem, dass durch einen
10 lokalen Internethandel nicht nur Stadtteilstrukturen erhalten werden können. Die Stadt wird auch höhere Steuereinnahmen haben, die wieder der lokalen Stadtteilentwicklung zugutekommen.

☐ Gelobt wurde einerseits das ökonomische
15 Konzept dieses Projekts: die Unterstützung des lokalen Einzelhandels. Denn aufgrund des zunehmenden Online-Handels haben kleinere, lokale Geschäfte immer mehr Probleme, ihr Geschäft weiter zu betreiben. Zu groß ist die
20 Konkurrenz aus dem Internet. Das Projekt Kiezkaufhaus setzt genau hier an und möchte durch seine Plattform die lokalen Geschäfte unterstützen. In seinem Sortiment werden nur Waren von Geschäften aus der Region angeboten.

25

☐1 Die Initiative „Deutschland – Land der Ideen" ist eine Initiative der Bundesregierung und der deutschen Industrie. Seit 2006 werden jährlich Innovationspreise vergeben, die Initiativen
30 prämieren sollen, die mit neuen Ideen in Erscheinung getreten sind. 2016 ging der Preis an das Projekt „Kiezkaufhaus Wiesbaden", einen lokalen Online-Marktplatz. Das Projekt

gewann einen Wettbewerb, an dem sich über 1000 Projekte beteiligten.

☐ Diese beiden Zielsetzungen haben bei
35 vielen Kundinnen und Kunden ein Interesse an diesem Projekt geweckt. Auch in mehreren anderen Städten Deutschlands gibt es inzwischen Plattformen nach dem Modell des Wiesbadener Online-Kaufhauses. Die Zukunft
40 wird zeigen, ob diese lokalen Projekte wirklich Erfolg haben können. Werden Verbraucher/-innen dann auch die lokalen Geschäfte besuchen, weil ihr Interesse an diesen Läden durch das Online-Angebot geweckt wurde? Das lo-
45 kale Angebot ist für viele Verbraucher/-innen häufig zu beschränkt.

☐ Die zweite Zielsetzung ist die Nachhaltigkeit, die Waren werden umweltfreundlich zugestellt. Die Produkte werden noch am
50 selben Tag nach Hause geliefert, sie werden mit dem Fahrrad zu den Kundinnen und Kunden befördert. Keine langen Transportwege, kein CO2-Ausstoß, die Unterstützung der Einzelhändler/-innen aus der Region bei so kurzen Transportwegen wie möglich.

1 b Lesen Sie den Text noch einmal. Was passt zusammen? Verbinden Sie.

1 Ziel der „Initiative Deutschland – Land der Ideen" ist,

2 Inzwischen versuchen in vielen Städten lokale Plattformen,

3 Es ist noch nicht sicher,

4 Viele lokale Geschäfte können nicht überleben,

5 Auch die Finanzen der Städte können profitieren,

a wie das Kiezkaufhaus den Handel am Ort zu fördern.

b weil die Kunden so viel im Internet einkaufen.

c wenn bei örtlichen Läden eingekauft wird.

d neue Geschäftsideen zu unterstützen.

e ob örtliche Online-Kaufhäuser eine Zukunft haben.

Wichtige Wörter

A Was und wie wir einkaufen

	abhängig sein von (+ Dat.)	....
die	Beratung, -en	....
	Geld ausgeben für (+ Akk.)	....
die	Lieferzeit, -en	....
die	Öffnungszeit, -en	....
der	Online-Einkauf, "-e	....
die	Qualität, -en	....
	vorsichtig	....
die	Ware, -n	....

B Vom Produkt zum Kunden

der	Absatz, "-e	....
die	(technische) Anlage, -n	....
	eine Anlage warten	....
	jdn./etw. beobachten	....
der	Einzelhandel (Sg.)	....
der	Endkunde, -n	....
die	Endkundin, -nen	....
	etw. entwickeln	....
die	Forschung und Entwicklung (Sg.)	....
der	Großhandel (Sg.)	....
der	Handel (Sg.)	....
	her⟩stellen	....
die	Herstellung (Sg.)	....
	etw. liefern	....
der	Lieferschein, -e	....
	Lieferscheine aus⟩stellen	....
die	Lieferung, -en	....
der	Markt, "-e (im kaufmänn. Sinn)	....
das	Maß, -e	....
die	Menge, -n	....
	etw. montieren	....
die	Produktion, -en	....
die	Rechnung, -en	....
die	Spedition, -en	....
der	Transport, -e	....
die	Verpackung, -en	....
der	Versand (Sg.)	....

der	Vertrieb (Sg.)	....
der	Zwischenhändler, –	....

C Berufe und Branchen

	etw. analysieren	....
	etw. bearbeiten	....
	jdn./etw. befördern	....
	jdn./etw. betreuen	....
die	Branche, -n	....
	etw. entwickeln	....
die	Gastronomie (Sg.)	....
	etw. gestalten	....
das	Handwerk (Sg.)	....
die	IT-Branche (Sg.)	....
	etw. konstruieren	....
	etw. kontrollieren	....
	Kunden bedienen	....
der	Kundenberater, –	....
die	Kundenberaterin, -nen	....
das	Labor, -e	....
der	Lagerist, -en	....
die	Lageristin, -nen	....
der	Tierpfleger, –	....
die	Tierpflegerin, -nen	....
	Transport und Logistik (Sg.)	....
der	Vertriebsweg, -e	....
	Waren bestellen	....
	Wissenschaft und Forschung (Sg.)	....
	etw. zu⟩bereiten	....
	etw. zu⟩stellen	....

D Lokal liefern lassen

die	Bequemlichkeit, -en	....
der	CO_2-Ausstoß (Sg.)	....
der	Händler, –	....
die	Händlerin, -nen	....
die	Lagerhalle, -n	....
die	Online-Plattform, -en	....
der	Sonderwunsch, "-e	....

Wortschatz und Grammatik

Trennbare Verben

1a **Welche Verben sind trennbar? Markieren Sie sie.**

entwickeln	entsorgen	aufbauen	bezahlen	zersägen
beobachten	mitnehmen	einkaufen	mithalten	zubereiten
verladen	unterstützen	beauftragen	erstellen	
abholen	zustellen	aufgeben	aufbewahren	

1b **Wählen Sie in 1a drei trennbare und drei untrennbare Verben aus und schreiben Sie Sätze.**

> • *Auf dem Hof werden die Waren verladen.*
> • *Der Koch bereitet das Essen zu.*

2 **Schreiben Sie Sätze mit den Verben in der richtigen Form. Beachten Sie die Zeiten. Achtung: Nicht alle Verben sind trennbar.**

1 an dem Projekt – weiterarbeiten – ein neues Team – jetzt (Präsens)

....

2 zusammenstellen – er – die Dokumente für das Projekt – gestern (Perfekt)

....

3 nach einem Umzug – kennenlernen – die neue Umgebung (Präsens)

Es ist wichtig, ...

4 wann – wir – absprechen – die Termine (Präsens)

....?

5 das Formular – unterschreiben – hier – Sie – bitte (Präsens)

....

6 teilnehmen – an dem Existenzgründerseminar – du (Perfekt)

....?

7 lange – wir – uns – unterhalten – über die Ferien (Perfekt)

....

8 übersetzt – ins Deutsche – dieser Text (Passiv Präsens)

....

Konjunktiv II

3 **Lesen Sie die Sätze. Was drücken sie aus? Ordnen Sie zu.**

1 Ich hätte gern mehr Freizeit.
2 Wenn dein Chef netter wäre, wäre deine Arbeit weniger stressig.
3 Du solltest gesünder essen.
4 Wir könnten am Wochenende ein Picknick machen.
5 Dürfte ich noch ein Stück Kuchen haben?
6 Wenn ich jünger wäre, würde ich eine Weltreise machen.
7 Könnten Sie mir vielleicht helfen?
8 Ich würde gern einen Spanischkurs machen.

Wunsch: ....

Bedingung: ....

Vorschlag/Ratschlag: ....

höfliche Bitte: ....

Sie festigen

- trennbare Verben
- Konjunktiv II: Wünsche, Bedingungen, Vorschläge/Ratschläge, höfliche Bitten
- Verbposition
- Schreibtraining: Vokal oder Umlaut?

4 **Schreiben Sie höfliche Fragen.**

1 Mach die Tür zu! ....

2 Gib mir das Buch! ....

3 Sprich etwas langsamer! ....

4 Antwortet auf meine Fragen! ....

5 Rufen Sie bei Frau Perez an! ....

5 **Geben Sie Ratschläge oder machen Sie Vorschläge.**

1 Ich bin immer so müde. – *Du solltest früher ins Bett gehen.*

2 Am Wochenende habe ich Gäste. Was soll ich kochen? – ....

3 Hast du eine Idee, was wir am Freitagabend machen? – ....

4 Wie kann man sich gut auf eine Prüfung vorbereiten? – ....

Verbposition

6 **Stellen Sie den Nebensatz vor den Hauptsatz.**

1 Nicht alle Arbeitssuchenden finden einen Job, obwohl die Arbeitslosigkeit niedrig ist.

Obwohl die Arbeitslosigkeit niedrig ist, finden nicht alle Arbeitssuchenden einen Job.

2 Ich bin zum Studium nach Hamburg gezogen, als ich 20 Jahre alt war.

....

3 Es gab am Sonntag zwei zusätzliche Konzerte, weil das Interesse an der Band so groß war.

....

4 Es würde weniger Staus geben, wenn weniger Leute mit dem Auto zur Arbeit fahren würden.

....

5 Maria macht immer alle Heizungen aus, bevor sie ihre Wohnung verlässt.

....

Schreibtraining

7 **Vokale oder Umlaute? Ergänzen Sie, wo Umlaute stehen müssen, die fehlenden Pünktchen (¨).**

1 Wir möchten gerne uber die Prufung sprechen.

2 Hatten Sie vielleicht funf Minuten Zeit?

3 In Reiseburos kann man Fluge und Hotels buchen.

4 Die Mobel wurden punktlich an den Zwischenhandler geliefert.

5 Online-Handler mussen innerhalb von24 Stunden liefern konnen.

6 Der offentliche Nahverkehr befordert taglich viele Millionen Menschen.

7 Wir wollen uns selbststandig machen und beantragen jetzt eine Forderung fur Existenzgrunder.

8 Ist es moglich, dass Sie morgen etwas fruher kommen? – Selbstverstandlich kann ich das.

A Bestellungen und Einkäufe

1 a Arbeiten Sie in Gruppen. Wählen Sie ein Foto aus und beschreiben Sie die Situationen (Wer? Was? Wo? Warum?). Präsentieren Sie Ihre Ergebnisse im Kurs.

> Auf Bild F sieht man einen Mann und eine Frau in einem Geschäft. Es könnte sein, dass sie sich beschweren, weil …

1 b Hören Sie die Dialoge und ordnen Sie sie den Fotos zu.

29

1 c Ordnen Sie die Fotos den Wortgruppen zu. Es gibt mehrere Möglichkeiten.

- [ ] sich über etwas beschweren
- [ ] bei einem Lieferservice etwas bestellen
- [ ] etwas online bestellen
- [ ] die Ware verschicken
- [ ] Tarife vergleichen

- [ ] sich von einem Handwerker beraten lassen
- [ ] eine Bestellung entgegennehmen
- [ ] ein Paket zustellen
- [ ] eine Bestellung bearbeiten
- [ ] einen Vertrag unterschreiben

2 Welche Erfahrungen haben Sie mit Bestellungen, Verträgen, Dienstleistungen oder Einkäufen gemacht? Berichten Sie im Kurs.

> Also, ich rufe am Wochenende manchmal bei einem Pizza-Lieferservice an. Ich muss allerdings meistens eine Stunde warten, bis das Essen kommt.

> Ich bestelle gern Kleider online. Aber manchmal gibt es Probleme mit der Paketzustellung, wenn …

> Letztes Jahr habe ich eine Waschmaschine gekauft. Die ging nach drei Monaten kaputt. Aber ich hatte noch Garantie und …

Sie lernen

- über Erfahrungen mit Dienstleistungen spre...
- über Smartphonetarife und -verträge sprec...
- über Angebote sprechen
- Mängel und Schäden beschreiben und etw...
- auf Beschwerden und Reklamationen reag...
- Plusquamperfekt

B

6

3 a Angebote eines Telefon-Dienstleisters. Lesen Sie die Internet-Seite von LunaFo...
die Fragen.

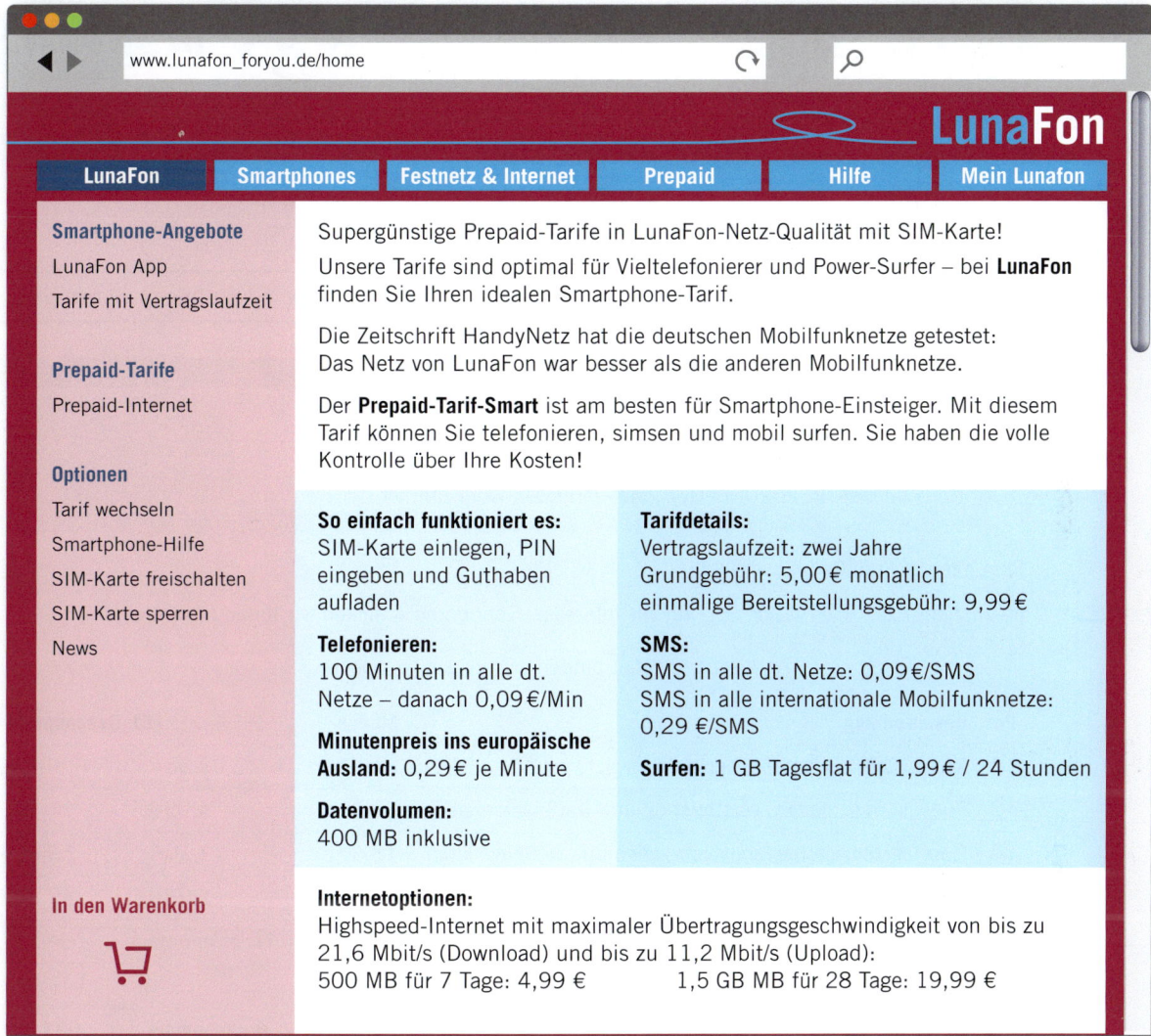

1 Wer profitiert von den LunaFon-Tarifen?

2 Für wen ist der Tarif „Smart"?

3 Wie aktiviert man den Tarif?

4 Wie lange ist der Tarif „Smart" gültig?

5 Was muss man tun, wenn man schneller surfen möchte?

3 b Ist das Angebot von LunaFon für Sie interessant? Warum (nicht)?

4 Was ist Ihnen bei einem Smartphone-Tarif besonders wichtig? Worauf achten Sie? Sprechen Sie im Kurs.

Redemittel

Die eigene Meinung äußern

Ich bin der Meinung/Ansicht, dass …

Meiner Meinung nach …

Ich finde/denke, dass …

Ich würde sagen, dass …

Für mich ist es (sehr) wichtig, dass …

Ganz wichtig ist, dass …

… ist am (un)wichtigsten für mich, weil …

> Für mich ist bei einem Handyvertrag die Laufzeit sehr wichtig.

> Meiner Meinung nach darf ein Tarif monatlich nicht mehr als 10 Euro kosten.

Ein Angebot und ein Auftrag

1 a Die Maler müssen kommen. Hören Sie den Dialog zwischen Frau und Herrn Galal und kreuzen Sie an: richtig (R) oder falsch (F)?

		R	F
1	Das Wohnzimmer muss gestrichen und tapeziert werden.	☐	☐
2	Malermeister Böhm hat Frau Galal helle Farben empfohlen.	☐	☐
3	Herr Galal möchte die Wände rot streichen lassen.	☐	☐
4	Das Streichen des Wohnzimmers soll 900 € kosten.	☐	☐
5	Die Malerarbeiten sind zu teuer.	☐	☐
6	Malermeister Böhm schickt das Angebot per E-Mail.	☐	☐

1 b Lesen und ergänzen Sie die E-Mail von Malermeister Böhm.

> Mehrwertsteuer • Auftrag • Angebot • Dank • Unterschrift • Rechnung • Einzelpreis

---

Von: klaus.böhm@idx$!.de
An: laila.galal@example.com
Betreff: Angebot-Nr: 2020-05-078, Malerarbeiten Wohnzimmer

Sehr geehrte Frau Galal,

herzlichen .... für Ihr Interesse. Sehr gerne schicken wir Ihnen folgendes

.... An dieses Angebot binden wir uns sechs Wochen.

Pos.	Beschreibung	Menge	.... [€]	Gesamtpreis [€]
1	Decke weiß u. Wandflächen gelb streichen	81,73 m²	7,35 €	600,72 €
2	Fußleisten schleifen, vorstreichen und weiß lackieren	20,80 m	3,90 €	81,12 €
3	Heizungsrohre schleifen, vorstreichen und weiß lackieren	18,92 m	3,10 €	58,65 €
4	Fußboden abdecken	22,48 m²	1,95 €	43,84 €
			Nettosumme	784,33 €
		.... 19 %		149,02 €
			Bruttosumme	**933,35 €**

Unsere .... ist innerhalb von zwei Wochen nach Erledigung der Arbeiten zahlbar.

Wir freuen uns auf Ihren .... Meine Mitarbeiter sind sehr qualifiziert und arbeiten

sorgfältig, sauber und zuverlässig.

Mit farbenfrohen Grüßen
Klaus Böhm, Malermeister

Böhm und Sohn
Malereibetrieb GmbH

Wenn Sie mit dem Angebot 2020-05-078 einverstanden sind, senden Sie uns bitte einen Ausdruck dieser E-Mail unterschrieben zurück.
Auftrag erteilt: _____

Datum/ ....

---

1 c Lesen Sie die E-Mail noch einmal und beantworten Sie die Fragen.

1 Wo steht die Angebotsnummer in der E-Mail?
2 Wie lange ist das Angebot von Malermeister Böhm gültig?
3 Wie viele Quadratmeter müssen die Maler streichen?
4 Wie hoch ist die Mehrwertsteuer?
5 Wann müssen die Galals die Rechnung spätestens bezahlen?

2 a ◀)) 31 Nach den Malerarbeiten. Hören Sie das Gespräch zwischen den Familien Galal und Kling und machen Sie Notizen zu den Stichwörtern. Vergleichen Sie im Kurs.

> ● ● ● *die Vorbereitungen: das Wohnzimmer ganz ausräumen. Das war …*

1 die Vorbereitungen, bevor die Maler gekommen sind
2 die neuen Möbel
3 Gründe, warum die Galals sich für Malermeister Böhm entschieden haben
4 Probleme mit dem Termin für die Malerarbeiten
5 das Problem, nachdem die Maler gekommen waren

> Die Galals mussten das Wohnzimmer vorher ganz ausräumen. Das war …

2 b ◀)) Hören Sie das Gespräch noch einmal und lesen Sie die Regel. Verbinden Sie dann die Sätze und unterstreichen Sie die Verben in den Sätzen.

> **Regel**
>
> **Plusquamperfekt**
>
> Das Plusquamperfekt bildet man mit der konjugierten Form von *haben* oder *sein* im Präteritum + Partizip II. Er hatte keine Zeit gehabt. Sie war schon nach Hause gefahren.
> Mit dem Plusquamperfekt zeigt man, dass ein Ereignis vor einem anderen Ereignis in der Vergangenheit passiert ist. Man benutzt es häufig in Nebensätzen mit *nachdem*.
>
> | **Das ist zuerst geschehen.** | **Das ist danach geschehen.** |
> | --- | --- |
> | (Zeitform: Plusquamperfekt) | (Zeitform: Präteritum/Perfekt) |
> | Sie hatte gestern Nacht nur fünf Stunden *geschlafen*. | Deshalb war sie heute sehr müde. |
> | *Nachdem* sie die Angebote *eingeholt* hatten, | entschieden sie sich für Malermeister Böhm. |
> | *Nachdem* die Maler *gekommen* waren, | strichen sie die Wände gelb. |

1 Als die Galals Malermeister Böhm gefunden hatten,
2 Nachdem die Galas einen Termin für die Malerarbeiten vereinbart hatten,
3 Bevor die Maler mit dem Streichen anfangen konnten,
4 Sobald die Maler alle Arbeiten erledigt hatten,

a wurden sie krank.
b hatten sie einen Unfall.
c räumten die Galals das Wohnzimmer wieder ein.
d waren sie froh.

2 c Kettenübung Plusquamperfekt. Arbeiten Sie zu viert und bilden Sie Sätze wie im Beispiel.

aufstehen • duschen • Brötchen kaufen • frühstücken • Zähne putzen • E-Mails checken • Hausaufgaben machen • mit … telefonieren • im Supermarkt einkaufen • Mittagessen kochen • mit … mittagessen • Musik hören • joggen gehen • …

> Nachdem ich aufgestanden war, ging ich duschen.

> Nachdem ich geduscht hatte, kaufte ich Brötchen beim Bäcker.

> Nachdem ich Brötchen gekauft hatte, …

3 Schreiben Sie drei Sätze über Veränderungen in Ihrem Leben. Verwenden Sie auch *nachdem, als, bevor* oder *sobald*.

> ● ● ● *Bevor ich nach Deutschland kam, …*

1a Mängel, Beschädigungen und Falschlieferungen beschreiben. Arbeiten Sie in Gruppen. Sehen Sie die Bilder an. Ordnen Sie die Verben zu und beschreiben Sie die Situationen.

> nicht aufgeräumt/geputzt • zerrissen • verdorben • zerkratzt • kaputt • dreckig •
> defekt • Artikel/Lieferung unvollständig • zerbrochen • Teile fehlen

Redemittel

Über Mängel und Falschlieferungen sprechen

Die Ware / Der Artikel hat Flecken/Kratzer/Löcher. / … hat einen Mangel.
Die Lieferung ist unvollständig. Es fehlt/fehlen …
Das Gerät / Die Maschine ist beschädigt/defekt/…
Die Kaffeemaschine / Der Drucker / … funktioniert nicht (mehr richtig) /
ging (schon) nach zwei/… Tagen/Wochen kaputt/…

> Auf Bild A sieht man einen Mann,
> der ein Hemd bestellt hat.
> Er hat es eben ausgepackt.
> Das Hemd ist aber zerrissen.

1b Welche Erfahrungen mit Mängeln und Schäden bei Einkäufen haben Sie gemacht? Berichten Sie.

2 Eine schriftliche Reklamation. Lesen Sie die E-Mail und beantworten Sie die Fragen.

Von:	einkauf-waltermoebel@beispiel.de
An:	verkauf-braunmoebelfabrik@example.com
Betreff:	Unsere Bestellung Nr. 23697-56, Ihre Lieferung vom 02.06.20

Sehr geehrter Herr Kaboglu,

leider entspricht Ihre Lieferung von heute nicht unserer Bestellung vom 15.05.2020. Sie haben uns zehn Holzbetten der Marke Dormire mit einer Liegefläche von 180 x 200 cm und zehn Matratzen der Marke Cubo in der Größe 100 x 200 cm geliefert.

Wir haben aber 15 Holzbetten der Marke Dormire und 20 Matratzen der Marke Edormire in der Größe von 90 x 200 cm bestellt. Wir möchten Sie bitten, die fünf fehlenden Holzbetten der Marke Dormire sowie die 20 Matratzen der Marke Edormire so schnell wie möglich nachzuliefern.

Die falsch gelieferten Matratzen der Marke Cubo senden wir Ihnen auf Ihre Kosten zurück.

Mit freundlichen Grüßen
Elham Sarif
(Leiterin Einkauf)

1 Warum schreibt Frau Sarif Herrn Kaboglu?

2 Was erwartet sie von Herrn Kaboglu?

3 Was macht sie mit den Matratzen der Marke Cubo?

4 Wofür ist Frau Sarif zuständig?

3 a Reklamationen. Hören Sie die Telefongespräche und ordnen Sie die Probleme zu.

a ☐ Es gibt ein Problem mit Waschmaschinen.　　c ☐ Es wurde die falsche Papiermenge geliefert.

b ☐ Die Heizung funktioniert nicht.　　d ☐ Der Fotoapparat ist kaputt.

3 b Hören Sie die Gespräche noch einmal und beantworten Sie die Fragen.

1 Wann will die Firma Enderle Wärmeservice kommen?

2 Wie lange dauert die Reparatur des Fotoapparates?

3 Welches Problem gibt es bei den Waschmaschinen?

4 Was soll Herr Adeniz machen?

4 Weitere Beschwerden. Spielen Sie Dialoge zu den Situationen 1 und 2. Berücksichtigen Sie dabei die vier Phasen von Beschwerdegesprächen.

Phase 1 Kunde und Mitarbeiter: Begrüßung

Phase 2 Kunde: den Grund für die Beschwerde/Reklamation nennen

Phase 3 Mitarbeiter: Sachverhalt bestätigen und sich entschuldigen: Sachverhalt erklären; eine Lösung suchen/vorschlagen

Phase 4 Kunde und Mitarbeiter: sich für das Verständnis bedanken und sich verabschieden

1

Partner/-in A

Sie haben vor einer Woche eine Kaffeemaschine in einem Elektromarkt gekauft. Die Kaffeemaschine funktioniert nicht mehr. Sie gehen deshalb zum Infostand in dem Elektromarkt. Die Quittung und den Garantieschein haben Sie mitgenommen.

Partner/-in B

Sie arbeiten an der Information eines Elektromarktes. Eine Kundin / Ein Kunde bringt eine Kaffeemaschine, die sie/er vor einer Woche gekauft hat. Sie ist kaputt. Sie untersuchen die Kaffeemaschine kurz, können aber keinen Fehler finden. Sie fragen nach der Quittung und bieten der Kundin / dem Kunden an, die Kaffeemaschine umzutauschen.

2

Partner/-in A

Sie sind Mitarbeiter/-in einer Baufirma. Ihre Firma hat einer Elektrofirma den Auftrag gegeben, in einem Neubau mit mehreren Wohnungen die Elektroleitungen zu verlegen. In zwei Wohnungen hat die Firma in der Küche und im Badezimmer keine Leitungen verlegt. Sie rufen deshalb bei der Elektrofirma an.

Partner/-in B

Sie sind Mitarbeiter/-in einer Elektrofirma. Ihre Firma hat vor vier Tagen Elektroleitungen in einem Mehrfamilienhaus, das neu gebaut wird, verlegt. Die Baufirma, von der Sie den Auftrag bekommen haben, ruft an, weil in zwei Wohnungen in der Küche und im Badezimmer keine Leitungen gelegt wurden.

Redemittel

Kundin/Kunde

Grund für die Beschwerde/Reklamation nennen

Guten Tag, ich habe hier … gekauft, aber …

Ich bin nicht zufrieden mit …, weil …

Es gibt ein Problem mit der Rechnung/Bestellung/Lieferung/…, denn …

Die Maschine / Der Fotoapparat / … funktioniert (leider) nicht.

… war beschädigt/kaputt/…

Forderung äußern

Ich erwarte, dass …

Ich möchte … umtauschen / mein Geld zurückbekommen.

Mitarbeiterin/Mitarbeiter

Verständnis für Problem zeigen

Ich kann Ihren Ärger sehr gut verstehen.

Ich verstehe, dass das für Sie sehr ärgerlich ist.

einen Fehler oder Mangel anerkennen

Da ist leider ein Fehler passiert.

Es ist mir sehr peinlich, dass wir …

Sie haben recht: Wir haben …

sich entschuldigen

Bitte entschuldigen Sie, dass das passiert ist.

Verzeihung. / Das tut uns leid.

eine Lösung suchen/vorschlagen

Ich schlage vor, dass wir … / Ich kann jetzt Folgendes tun: … / Was halten Sie davon, wenn …?

D Beschwerdemanagement

1a Noch mehr Reklamationen. Überfliegen Sie den Artikel. Welche Überschrift passt am besten? Tragen Sie sie ein.

A Beschwerdemanagement: Wozu ist es gut?

C Beschwerdemanagement: Ziele und Aufgaben

B Beschwerden und Reklamationen: So verhalten Sie sich richtig

In modernen Unternehmen hat das Beschwerdemanagement – oder das Reklamationsmanagement – große Bedeutung. Denn fast alle Unternehmen haben manchmal Kundinnen und Kunden, die mit
5 den Produkten und Leistungen unzufrieden sind. Unternehmen können durch Beschwerden und Reklamationen erfahren, wo es Probleme oder Fehler mit den Produkten oder Dienstleistungen gibt. Beschwerden sollten die Unternehmen also
10 als Chance verstehen, Fehler zu korrigieren und konkurrenzfähiger zu werden.

Kein Unternehmen kann es sich heute noch leisten, nicht auf die Beschwerden seiner Kunden zu reagieren.
15 Übrigens: Die meisten Kundinnen und Kunden, die sich beschweren, bleiben dem Unternehmen treu, wenn man schnell auf ihre Beschwerde reagiert.

Diese fünf Tipps helfen Ihnen, gut auf Beschwerden zu reagieren:
20 • Lassen Sie die Kundin oder den Kunden ausreden. Viele Kunden werden oft sehr wütend, wenn sie mit einem Produkt oder einer Dienstleistung unzufrieden sind. In solchen Situationen ist es wichtig, dass man ihnen ruhig zuhört
25 und sie ausreden lässt. Nehmen Sie sich Zeit für das Gespräch.

• Zeigen Sie Verständnis für das Problem. Geben Sie der Kundin oder dem Kunden das Gefühl, dass Sie ihren/seinen Ärger verstehen. Versuchen Sie nicht, sie/ihn davon zu überzeugen, 30 dass er nicht recht hat. Sagen Sie z. B.: „Ich kann gut verstehen, dass Sie verärgert sind." Oder: „Das Produkt funktioniert nicht? Das ist natürlich ärgerlich."

• Gründe bzw. Ursachen für das Problem finden. 35 Klären Sie zuerst, was Sie nicht verstanden haben. Fragen Sie, was genau schlecht gelaufen ist: „Verstehe ich richtig, dass …?" Stellen Sie dann konkrete Fragen: „Welche Lieferung ist zu spät gekommen?" Oder: „Wo genau ist das 40 Problem?"

• Versuchen Sie, zusammen mit der Kundin oder dem Kunden eine Lösung zu finden: „Sie können die defekte Ware umtauschen." Oder: „Wir können Ihnen einen Preisnachlass gewähren." 45 Wenn Sie keine Lösung sehen, fragen Sie die Kundin oder den Kunden, wie er sich eine Lösung vorstellt: „Wie stellen Sie sich eine Lösung vor?"

• Halten Sie vereinbarte Lösungen ein.

Es ist nicht immer leicht, mit Beschwerden oder 50 Reklamationen von wütenden Kundinnen und Kunden umzugehen. Aber mit einem guten Beschwerdemanagement können Sie oft erreichen, dass Ihre Kundinnen und Kunden wieder mit Ihrem Unternehmen zufrieden sind und auch in 55 Zukunft bei Ihnen Produkte oder Dienstleistungen bestellen werden.

Noch ein Hinweis zum Schluss: Wie und wo sich ein Kunde beschweren kann – telefonisch, persönlich, elektronisch per E-Mail oder über soziale 60 Medien – muss einfach für sie oder ihn sein.

1b Lesen Sie den Artikel noch einmal und beantworten Sie die Fragen.

1 Warum können Beschwerden für Unternehmen wichtig sein?
2 Was sollten Mitarbeitende zu Beginn eines Beschwerdegesprächs tun?
3 Was ist bei einem Beschwerdegespräch wichtig?
4 Was für Lösungen kann man einer Kundin oder einem Kunden bei einem Problem anbieten?
5 Was ist wichtig für Kundinnen und Kunden, wenn sie sich beschweren wollen?

2 Mit welchen Beschwerden oder Reklamationen haben Sie schon als Mitarbeiter/-in in einem Unternehmen oder als Kundin/Kunde zu tun gehabt? Berichten Sie im Kurs.

Kommunikation

über Smartphonetarife und -verträge sprechen

Für mich ist bei einem Smartphonevertrag (sehr) wichtig, dass die Laufzeit / der Preis / … stimmt.
Ganz wichtig ist, dass … / … ist am (un)wichtigsten für mich.
Ich finde/denke/meine / würde sagen, dass der Tarif (nicht) sehr günstig / (viel) zu teuer / … ist.
Ich bin der Meinung/Ansicht, dass … / Meiner Meinung nach …
Der Tarif ist ideal/optimal für Menschen, die viel/wenig telefonieren.

über Mängel, Beschädigungen und Falschlieferungen sprechen

Die Lieferung ist unvollständig. Es fehlt/fehlen …
Die Ware / … hat einen Mangel. / Der Artikel / Die Ware / … hat Flecken/Kratzer/Löcher.
Das Gerät / Die Maschine ist beschädigt/kaputt/defekt/zerkratzt/…
Die Kaffeemaschine / Der Drucker / … funktioniert nicht (mehr richtig) / (immer noch) nicht / ging (schon) nach zwei/… Tagen/Wochen kaputt/…

etwas reklamieren

Guten Tag, ich habe hier … gekauft, aber … / Ich bin nicht zufrieden mit …, weil …
Es gibt ein Problem mit der Rechnung/Bestellung/Lieferung/…, denn …
Ich erwarte, dass … / Ich bitte Sie dringend …
Ich möchte … umtauschen / mein Geld zurückbekommen.
Wir möchten Sie bitten, … so schnell wie möglich nachzuliefern.

auf eine Beschwerde reagieren

Verständnis für ein Problem zeigen Ich kann Ihren Ärger sehr gut verstehen. / Ich verstehe, dass das für Sie sehr ärgerlich ist.
einen Fehler oder Mangel anerkennen Da ist leider ein Fehler passiert. / Es ist mir sehr peinlich, dass wir … / Sie haben recht: Wir haben …
sich entschuldigen Bitte entschuldigen Sie, dass das passiert ist. / Verzeihung. / Das tut mir leid.
eine Lösung suchen/vorschlagen Ich schlage vor, dass wir … / Ich kann jetzt Folgendes tun: …
Was halten Sie davon, wenn …

Grammatik

Plusquamperfekt

Das Plusquamperfekt wird vor allem in der geschriebenen Sprache verwendet. Man bildet es mit der konjugierten Form von *haben* oder *sein* im Präteritum + Partizip II. Er hatte keine Zeit gehabt. Sie war schon nach Hause gefahren.

Mit dem Plusquamperfekt zeigt man, dass ein Ereignis vor einem anderen Ereignis in der Vergangenheit passiert ist. Man benutzt es häufig in Nebensätzen mit *nachdem*.

Das ist zuerst geschehen.	Das ist danach geschehen.
(Zeitform: Plusquamperfekt)	(Zeitform: Präteritum/Perfekt)
Sie hatte vorgestern nur fünf Stunden geschlafen.	Deshalb war sie gestern sehr müde.
Nachdem sie die Angebote eingeholt hatten,	entschieden sie sich für Malermeister Böhm.
Nachdem die Maler gekommen waren,	strichen sie die Wände gelb.
Sie hatte die Deutschprüfung bestanden,	danach begann sie eine Weiterbildung.
Er hatte noch Geschenke gekauft,	bevor er gestern nach Hause flog.

A Bestellungen und Einkäufe

🔊 **1a** 33 **Dienstleistungen. Hören Sie das Radiointerview und ergänzen Sie die Prozentzahlen in der Statistik.**

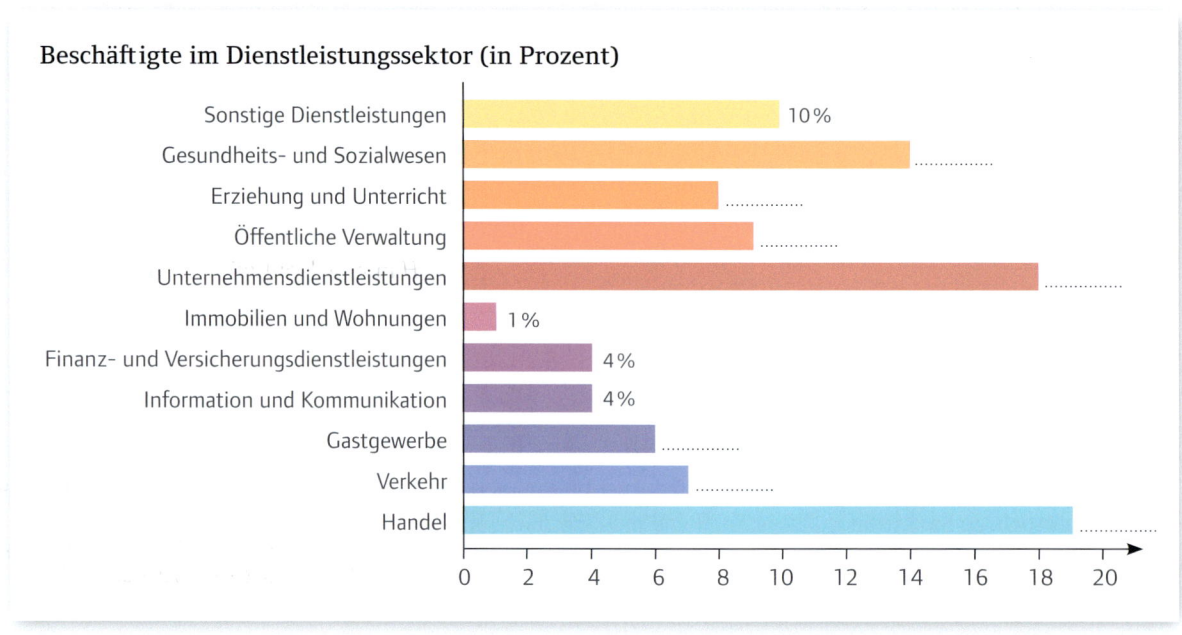

Beschäftigte im Dienstleistungssektor (in Prozent)

- Sonstige Dienstleistungen — 10%
- Gesundheits- und Sozialwesen — ....
- Erziehung und Unterricht — ....
- Öffentliche Verwaltung — ....
- Unternehmensdienstleistungen — ....
- Immobilien und Wohnungen — 1%
- Finanz- und Versicherungsdienstleistungen — 4%
- Information und Kommunikation — 4%
- Gastgewerbe — ....
- Verkehr — ....
- Handel — ....

0 2 4 6 8 10 12 14 16 18 20

🔊 **1b** **Hören Sie noch einmal. Sind die Aussagen richtig (R) oder falsch (F)? Kreuzen Sie an.**

R F

1 1970 arbeiteten mehr als 40 % der Beschäftigen im Bereich Dienstleistungen. ☐ ☐
2 Heute arbeiten fast 75 % der Beschäftigten im Dienstleistungssektor. ☐ ☐
3 Frisöre, Ärzte, Mechaniker und Musiker bieten Dienstleistungen an. ☐ ☐
4 Einzelhändler verkaufen ihre Waren an Unternehmen. ☐ ☐
5 Unternehmensdienstleistungen werden von Firmen genutzt. ☐ ☐
6 Die Anzahl der Beschäftigten im Dienstleistungssektor hat sich seit 1980 verdoppelt. ☐ ☐

2a **Prozentangaben umwandeln. Ordnen Sie zu.**

1 ☐ 100 %	7 ☐ 33 %	**a** ein Drittel	**g** zwei Drittel
2 ☐ 75 %	8 ☐ 30 %	**b** ein Fünftel	**h** etwas mehr
3 ☐ 67 %	9 ☐ 25 %	**c** drei Viertel	als die Hälfte
4 ☐ 53 %	10 ☐ 20 %	**d** fast die Hälfte	**i** ein Viertel
5 ☐ 50 %	11 ☐ 10 %	**e** etwas weniger	**j** alle / alles
6 ☐ 45 %	12 ☐ 0 %	als ein Drittel	**k** ein Zehntel
		f keiner / nichts	**l** die Hälfte

75% ist gleich drei Viertel.
50% ist gleich die Hälfte.

75% = 3/4
50% = 1/2

2b **Schreiben Sie fünf Sätze über die Statistik. Die Textbausteine helfen.**

Textbausteine

Ich finde interessant, dass …
Die meisten/wenigsten Beschäftigten arbeiten im Bereich …
Mehr als / Weniger als … Prozent / ein Fünftel / … der Beschäftigten sind im Bereich … tätig.
Es hat mich (nicht) überrascht, dass …

3 Smartphoneverträge. Ergänzen Sie die Sätze.

> wechseln • abgeschlossen • sperren • beträgt • kosten • buchen • gültig • kündigen • bezahlen

1 Ina hat einen Smartphone-Vertrag .... Er ist zwei Jahre lang ....

Sie kann ihn also erst nach zwei Jahren .... Sie muss monatlich eine Grundgebühr in

Höhe von 5.00 € ....

2 Der Tarif für Gespräche in der EU .... 0,29 € pro Minute. SMS in alle Netze in der EU

.... 0,09 € pro SMS. Man kann zusätzlich High-Speed-Internet ....

3 Man kann die Tarife auch .... Wenn das Handy geklaut wird, kann man die SIM-

Karte .... lassen.

4a **Schreiben Sie Sätze mit Vergleichen. Benutzen Sie *als* oder *wie*.**

> • *Fatiya und Fuad sprechen*
> • *fast so gut Deutsch wie ...*
> •

> **Memo**
>
> **Adjektive im Komparativ und Superlativ**
>
> Adjektiv + *-er/-sten*: fair – fairer – am fairsten
> Ausnahmen: gern – lieber – am liebsten, gut – besser – am besten, viel – mehr – am meisten
> Manchmal hat das Adjektiv im Komparativ und Superlativ einen Umlaut: alt – älter – am ältesten, groß – größer – am größten

Fatiya und Fuad sprechen fast so gut Deutsch		Basketball.
Mario spielt genauso gern Fußball		Shoppen in der Stadt.
Der Wochenmarkt in München ist so groß		der Wochenmarkt in Köln.
Daria kauft öfter Konzertkarten	als	zum Wandern.
Bei Besprechungen trinkt Wakur Kaffee viel lieber		das Spiel am letzten Wochenende.
Unser Vertriebschef geht genauso gerne zum Segeln	wie	Kinokarten.
Das Einkaufen im Internet macht mir mehr Spaß		ich.
Paul interessiert sich mehr für Politik		Tee.
Das Fußballspiel heute war nicht so gut		Arabisch.

4b **Komparativ und Superlative. Ergänzen Sie die Sätze.**

1 groß: Ich habe gehört, dass Delhi sehr groß ist und von allen Städten die Nummer eins in der Welt ist. –

Nein, das stimmt nicht. Jakarta ist noch .... und Tokio ist am ....

2 hoch: Stimmt es, dass der Turm in der Westendstraße 1 in Frankfurt das höchste Haus in Deutschland ist? –

Nein, der Messe-Turm ist noch .... und der Commerzbank-Tower ist ....

3 gut: Mir schmeckt der Käse aus Holland wirklich sehr gut. – Mir nicht! Mir schmeckt Käse aus der

Schweiz noch .... und der Käse aus Frankreich schmeckt mir ....

4 schnell: Die Marathonläuferin Ruth Chepngetich läuft wahnsinnig schnell. Sie ist die ungeschlagene

Nr. 1, oder? – Nein. Mary Keitany ist .... gelaufen und Brigid Kosgei lief ....

5 langweilig: Einkaufen auf dem Flohmarkt finde ich langweilig. – Das finde ich nicht. Da find ich Shoppen

in der City viel .... Aber .... finde ich das Einkaufen im Internet.

1 **Fünf E-Mails. In den E-Mails fehlt jeweils der Betreff. Lesen Sie die E-Mails und entscheiden Sie, welcher Betreff am besten zu welcher Betreffzeile passt.**

Mülltermine • Terminbestätigung • Angebot • Anfrage •
Terminverschiebung • Mülltrennung • Einladung zum Elternabend • Terminabsage •
Terminvorschlag • Einladung zum Informationsabend

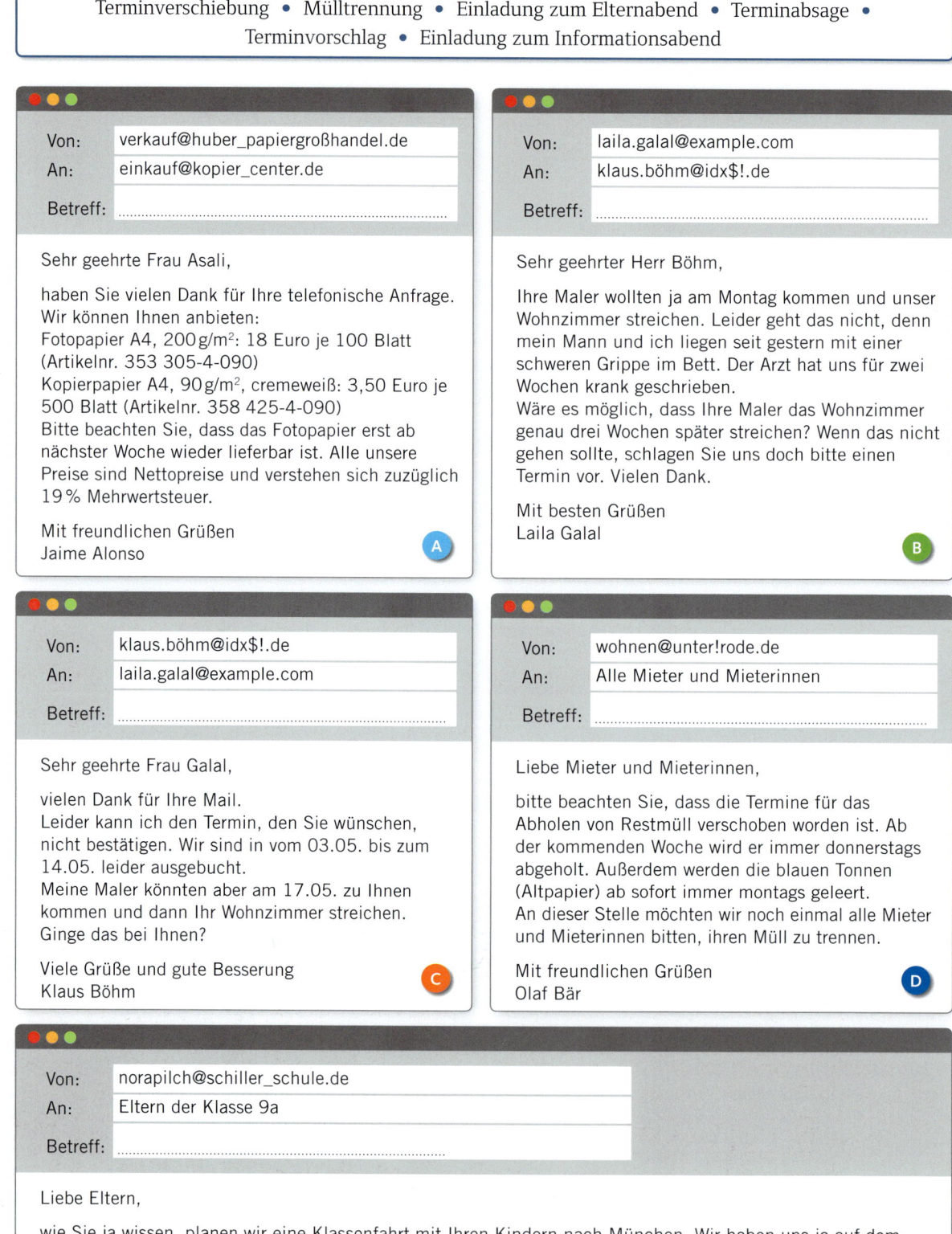

Von:	verkauf@huber_papiergroßhandel.de
An:	einkauf@kopier_center.de
Betreff:	

Sehr geehrte Frau Asali,

haben Sie vielen Dank für Ihre telefonische Anfrage.
Wir können Ihnen anbieten:
Fotopapier A4, 200 g/m²: 18 Euro je 100 Blatt
(Artikelnr. 353 305-4-090)
Kopierpapier A4, 90 g/m², cremeweiß: 3,50 Euro je
500 Blatt (Artikelnr. 358 425-4-090)
Bitte beachten Sie, dass das Fotopapier erst ab
nächster Woche wieder lieferbar ist. Alle unsere
Preise sind Nettopreise und verstehen sich zuzüglich
19 % Mehrwertsteuer.

Mit freundlichen Grüßen
Jaime Alonso

A

Von:	laila.galal@example.com
An:	klaus.böhm@idx$!.de
Betreff:	

Sehr geehrter Herr Böhm,

Ihre Maler wollten ja am Montag kommen und unser
Wohnzimmer streichen. Leider geht das nicht, denn
mein Mann und ich liegen seit gestern mit einer
schweren Grippe im Bett. Der Arzt hat uns für zwei
Wochen krank geschrieben.
Wäre es möglich, dass Ihre Maler das Wohnzimmer
genau drei Wochen später streichen? Wenn das nicht
gehen sollte, schlagen Sie uns doch bitte einen
Termin vor. Vielen Dank.

Mit besten Grüßen
Laila Galal

B

Von:	klaus.böhm@idx$!.de
An:	laila.galal@example.com
Betreff:	

Sehr geehrte Frau Galal,

vielen Dank für Ihre Mail.
Leider kann ich den Termin, den Sie wünschen,
nicht bestätigen. Wir sind in vom 03.05. bis zum
14.05. leider ausgebucht.
Meine Maler könnten aber am 17.05. zu Ihnen
kommen und dann Ihr Wohnzimmer streichen.
Ginge das bei Ihnen?

Viele Grüße und gute Besserung
Klaus Böhm

C

Von:	wohnen@unter!rode.de
An:	Alle Mieter und Mieterinnen
Betreff:	

Liebe Mieter und Mieterinnen,

bitte beachten Sie, dass die Termine für das
Abholen von Restmüll verschoben worden ist. Ab
der kommenden Woche wird er immer donnerstags
abgeholt. Außerdem werden die blauen Tonnen
(Altpapier) ab sofort immer montags geleert.
An dieser Stelle möchten wir noch einmal alle Mieter
und Mieterinnen bitten, ihren Müll zu trennen.

Mit freundlichen Grüßen
Olaf Bär

D

Von:	norapilch@schiller_schule.de
An:	Eltern der Klasse 9a
Betreff:	

Liebe Eltern,

wie Sie ja wissen, planen wir eine Klassenfahrt mit Ihren Kindern nach München. Wir haben uns ja auf dem
letzten Elternabend über den Ort, die Dauer und den Termin unterhalten. Es gibt aber noch wichtige Fragen, die
ich mit Ihnen besprechen möchte – und zwar am 23.02. um 18.30 in Raum 201.

Mit freundlichen Grüßen
Nora Pilch

E

2 a Plusquamperfekt. Bilden Sie die richtigen Formen.

1 du – im Mai in Urlaub fahren: *Du warst im Mai in Urlaub gefahren.*

2 Herr und Frau Otto – Freunde besuchen: ....

3 ihr – auf der Party bleiben: ....

4 sie (Sg.) – einen Kaffee trinken: ....

5 es – regnet: ....

6 wir – hier arbeiten: ....

7 er – in München sein: ....

8 ich – ein Brot essen: ....

2 b Was geschah zuerst (Plusquamperfekt), was danach (Präteritum oder Perfekt)? Schreiben Sie Sätze wie im Beispiel.

1 Elham: letzten Monat bei der Beratung im BiZ sein / sie: danach an einer Weiterbildung teilnehmen
2 Natalya: vor ein paar Wochen Stellenanzeigen lesen / sie: wenig später sich darauf bewerben
3 IT-Abteilung: vorgestern die Probleme mit dem Drucker lösen / wir: deshalb gestern Morgen wieder drucken können
4 Fjodor: gestern einen Computer kaufen / er: danach wieder im Web surfen können

> *1 Letzte Woche war Elham bei der Beratung im BiZ gewesen.*
> *Danach hat sie an einer Weiterbildungsmaßnahme teilgenommen.*

2 c Verbinden Sie die Sätze aus 2b. Benutzen Sie den Konnektor *nachdem*.

> *1 Nachdem Elham letzte Woche bei der Beratung im BiZ gewesen war,*
> *hat sie an einer Weiterbildungsmaßnahme teilgenommen.*

3 Ein ganz normaler Arbeitstag. Sehen Sie sich die Bilder an und beschreiben Sie, wie Pieters Arbeitstag abgelaufen ist. Benutzen Sie *nachdem*.

> *Nachdem Pieter in der Autowerkstatt angekommen war, zog er sich um.*
> *Nachdem er sich umgezogen ...*

C Beschwerden und Reklamationen

1 Ergänzen Sie die Verben im Infinitiv und Präteritum.

Infinitiv	Präteritum	Partizip II
zerreißen		hat zerrissen
		hat zerbrochen
		hat zerkratzt
		hat beschädigt
		hat sich beschwert

2 Nomen-Verb-Verbindungen. Was passt zusammen? Ordnen Sie zu. Es gibt mehrere Möglichkeiten.

1 einen Auftrag ....
2 eine Rechnung ....
3 ein Angebot ....
4 eine Ware ....
5 eine Lieferung ....
6 eine Bestellung ....
7 einen Schaden ....

stellen • erteilen • annehmen •
verursachen bekommen •
aufgeben • ausführen •
bestellen • verkaufen •
entgegennehmen • beheben •
begleichen • feststellen •
ablehnen • bezahlen • machen •
reklamieren • stornieren •
liefern • stoppen

3 Was passt zusammen? Verbinden Sie.

1 Sind das Netto-
2 Das sind Nettopreise – also ohne
3 Ihre Lieferung entspricht leider nicht
4 Wir möchten Sie bitten,
5 Die Maschine ist leider
6 Das Gerät ist kaputt. Ich möchte
7 Es tut mir sehr leid. Ich kann
8 Bitte entschuldigen Sie,
9 Was halten Sie

a von folgendem Vorschlag?
b unserer Bestellung.
c es umtauschen.
d Ihren Ärger sehr gut verstehen.
e defekt.
f die Mehrwertsteuer in Höhe von 19 %.
g die fehlende Ware nachzuliefern.
h oder Bruttopreise?
i dass das passiert ist.

4 Lesen Sie die E-Mail und ergänzen Sie sie.

zuschicken • Rücksendung • übernehmen • Bestellung • entschuldigen • Kosten

Von: einkauf-waltermoebel@beispiel.de
An: verkauf-braunmoebelfabrik@example.com
Betreff: Fehlerhafte Lieferung

Sehr geehrte Frau Sarif,

bitte .... Sie, dass wir einen Fehler bei Ihrer .... gemacht

haben. Wir werden Ihnen noch heute die fehlenden Betten und Matratzen .... Die

.... für die .... der Möbel .... selbstverständlich wir.

Mit freundlichen Grüßen
Mesut Kaboglu

5 Lesen Sie die Erfahrungsberichte und ergänzen Sie die Tabelle.

Karel Plaga

Ich habe in Prag eine Ausbildung zum Hotelfachmann gemacht und arbeite jetzt seit mehreren Jahren an der Rezeption eines großen Hotels direkt an der Messe in Köln. Unsere Gäste sind meistens sehr
5 zufrieden und wir bekommen fast immer gute Bewertungen in Online-Portalen. Aber natürlich gibt es auch immer wieder mal Kritik am Service oder an der Ausstattung der Zimmer. Manche Gäste finden zum Beispiel, dass ihre Zimmer zu klein oder zu laut
10 sind oder dass das Bett unbequem ist. Manchmal beschweren sich Gäste auch darüber, dass sie von ihrem Hotelzimmer keine schöne Aussicht haben. Einige Gäste beschweren sich auch darüber, dass das Essen in unseren Restaurants zu teuer ist.
15 Allerdings beschweren sich die wenigsten Gäste über die Sauberkeit in den Zimmern. Wenn sich ein Kunde bei mir an der Rezeption beschwert, versu-
20 che ich ruhig zu bleiben und genau zuzuhören. Ich möchte ihm das Gefühl geben, dass ich für ihn da bin und seine Pro-
25 bleme ernst nehme. Ich bedanke mich dann bei ihm für die Informationen und gebe die Beschwerde an das Hotelmanagement weiter. Je freundlicher ich reagiere, desto zufriedener sind die Gäste.

Wanda Smith

Ich habe in Deutschland eine dreijährige Ausbildung zur Installateurin gemacht und bin seit vier Jahren in einem kleinen Betrieb im Bereich
5 Heizungs- und Sanitärtechnik in Frankfurt beschäftigt. Wir bekommen Aufträge sowohl im Neubau als auch im Bereich Modernisierung. Wir versuchen immer, sehr sorgfältig zu
10 arbeiten. Trotzdem kann es Probleme geben, wenn wir bei den Kunden etwas reparieren oder in Neubauten die Wasser- und Abwasserleitungen verlegen. So hatten wir zum Beispiel vor einigen Tagen eine
15 Beschwerde, weil bei einem Kunden die Wasserhähne im Badezimmer nicht dicht waren, nachdem wir neue Armaturen installiert hatten. Wir haben die Sache sofort in Ordnung
20 gebracht. Das ist wichtig. Der Kunde soll zufrieden sein und uns neue Aufträge geben und uns weiterempfehlen. Aber auch wir müssen uns manchmal beschwe-
25 ren, wenn zum Beispiel unsere Lieferanten für Rohre, Waschbecken, Wasserhähne und so weiter etwas falsch oder zu spät geliefert haben. Dann erwarten wir auch, dass die Probleme so
30 schnell wie möglich gelöst werden.

	Karel Plaga	Wanda Smith
Beruf (Wo? Was? Seit wann?)		
Beschwerden (Was für welche? Warum?)		
Verhalten bei Beschwerden		

6 Beschwerden von Kunden. Wählen Sie eine Situation aus und schreiben Sie einen Dialog. Die Redemittel auf S. 103 helfen.

1

Ein Gast in einem Hotel spricht mit einem Hotelmitarbeiter / einer Hotelmitarbeiterin.
Das Problem: Am Frühstücksbuffet gab es kein frisches Obst.

2

Sie haben bei einem Kunden ein neues Waschbecken eingebaut.
Das Problem: Der Wasserhahn tropft.

1 Ein Radiointerview zum Thema Mitarbeiter in Callcentern. Hören Sie das Interview und beantworten Sie die Fragen.

1 Wie viele Menschen arbeiten in Callcentern?
2 Was machen die Mitarbeitenden in Callcentern?
3 Welche Voraussetzungen gibt es für den Job?
4 Welche Kompetenzen braucht man?
5 Wie viel verdienen die Mitarbeitenden in Callcentern durchschnittlich?
6 Wovon kann die Höhe des Gehalts noch abhängen?

2 Ein Bewerbungsschreiben. Lesen Sie den Text und ergänzen Sie die Lücken. Benutzen Sie die Wörter a–o. Jedes Wort passt nur einmal. Fünf Wörter bleiben übrig.

Callcenter KG Gruppe
Herrn Alfons Huber
Postfach 005
71111 Unterrode

Bewerbung als Mitarbeiter Kundenservice

Sehr geehrter Herr Huber,

vielen Dank für das interessante ....**1**.... gestern. Wie besprochen sende ich Ihnen anbei meine vollständige ....**2**.... für die Stelle als Mitarbeiter im Kundenservice in Ihrem Callcenter.

Ich habe eine zweijährige Weiterbildung zum Fachwirt Callcenter. mit einem IHK-Abschluss in Mainz ....**3**..... Während meiner Weiterbildung konnte ich in einem dreimonatigen Praktikum im Callcenter. eines Medienmarktes ....**4**.... Erfahrung im Umgang mit Kunden sammeln. Dort habe ich nicht nur technische ....**5**.... von Kunden telefonisch oder in Live-Chats beantwortet, sondern auch ....**6**.... und Warenrücksendungen bearbeitet. Auch wenn Kunden manchmal ....**7**.... waren, blieb ich immer freundlich und ....**8**.....

Ich arbeite sehr gern im Team. Für die ....**9**.... bei Ihnen bringe ich Kommunikationsfähigkeit und Kontaktbereitschaft sowie Verhandlungsgeschick und psychische Belastbarkeit mit. Ich habe auch sehr gute Computerkenntnisse. Darüber hinaus bin ich lernbereit und kann mich schnell in neue Arbeitsbereiche einarbeiten.

Bei Interesse an meiner Bewerbung freue ich mich auf eine Einladung zu einem ....**10**.....

Mit freundlichen Grüßen

Saad Zanetti

Anlagen

a ☐ PRAKTISCHE	**f** ☐ STELLE	**k** ☐ VERÄRGERT
b ☐ REKLAMATIONEN	**g** ☐ UNKOMPLIZIERT	**l** ☐ TELEFONGESPRÄCH
c ☐ ABSOLVIERT	**h** ☐ FRAGEN	**m** ☐ STELLENANZEIGE
d ☐ BEGONNEN	**i** ☐ LEBENSLAUF	**n** ☐ HÖFLICH
e ☐ VORSTELLUNGSGESPRÄCH	**j** ☐ THEORETISCHE	**o** ☐ BEWERBUNG

A Bestellungen und Einkäufe

etw. aktivieren ....

der Anbieter, – ....

die Anbieterin, -nen ....

etw. auf}laden ....

sich beraten lassen ....

sich beschweren ....

die Bestellung, -en ....

das Datenvolumen, – ....

etw. ein}geben ....

etw. ein}legen ....

einmalig ....

der Einsteiger, - ....

die Einsteigerin, -nen ....

etw. entgegen}nehmen ....

das Festnetz (Sg.) ....

etw. frei}schalten ....

die Grundgebühr, -en ....

gültig ....

günstig ....

das Guthaben, – ....

der Handwerker, – ....

die Handwerkerin, -nen ....

inklusive ....

die Kontrolle, -n ....

der Lieferservice, -s ....

das Netz, -e ....

optimal ....

profitieren von *(+ Dat.)* ....

etw. sperren ....

der Tarif, -e ....

etw. verschicken ....

der Vertrag, "-e ....

die Vertragslaufzeit, -en ....

etw. zu}stellen ....

B Ein Angebot und ein Auftrag

das Angebot, -e ....

der Auftrag, "-e ....

der Ausdruck, -e ....

sich binden an *(+ Akk.)* ....

brutto ....

einverstanden ....

etw. empfehlen ....

die Erledigung, -en ....

etw. erteilen ....

der Grund, "-e ....

die Mehrwertsteuer (Sg.) ....

netto ....

sorgfältig ....

die Summe, -n ....

die Unterschrift, -en ....

zahlbar ....

zuverlässig ....

C Beschwerden und Reklamationen

der Ärger (Sg.) ....

der Artikel, – ....

beschädigt ....

die Beschwerde, -n ....

defekt ....

dreckig ....

der Fleck, -en ....

der Mangel, – ....

peinlich ....

die Reklamation, -en ....

unvollständig ....

der Vorschlag, "-e ....

etw. zerbrechen ....

etw. zerkratzen ....

etw. zerreißen ....

D Beschwerdemanagement

jdn. ausreden lassen ....

die Bedeutung, -en ....

die Erwartung, -en ....

etw. klären ....

konkurrenzfähig ....

sich etw. leisten können ....

einen Preisnachlass gewähren ....

treu bleiben ....

unzufrieden ....

vereinbart ....

sich etw. vorstellen ....

Wortfeld Wirtschaft

1a Was ist was? Ordnen Sie die Definitionen den Fotos zu.

 1 die Dienstleistung  2 das Handwerk  3 die Industrie  4 der Einzelhandel

A Das sind Unternehmen, die Waren von verschiedenen Herstellern an einzelne Kunden verkaufen.

B Das sind Unternehmen, in denen Waren in großen Mengen mit Maschinen hergestellt werden.

C In diesem Bereich werden Services von Firmen oder Einzelpersonen gegen Bezahlung angeboten.

D Das sind Betriebe, in denen Dinge hergestellt, gebaut, repariert oder bearbeitet werden.

1b Zu welchen Bereichen gehören die Beispiele? Ordnen Sie aus 1a zu.

☐ Pizza-Lieferservice ☐ Metzgerei ☐ Automobilhersteller ☐ Tischlerei
☐ Umzugsunternehmen ☐ Schuhgeschäft ☐ Steuerberater ☐ Baumarkt
☐ Stahlproduzent ☐ Bäcker ☐ Kühlschrankhersteller ☐ Boutique

1c Nomen und Verben. Welches Verb passt nicht zu dem Nomen? Streichen Sie es durch.

1 eine Dienstleistung   anbieten – bringen – bezahlen – verbessern
2 eine Ware   arbeiten – liefern – kaufen – bestellen
3 einen Vertrag   unterschreiben – kündigen – haben – pflegen
4 eine Firma   gründen – ausmachen – verkaufen – präsentieren
5 einen Auftrag   produzieren – bekommen – erhalten – geben

Präpositionen mit Dativ oder Akkusativ

2 Lesen Sie die zwei Regelsätze. Was trifft zu? Kreuzen Sie an.

1 Auf die Präpositionen *aus, bei, mit, nach, seit, von* und *zu* folgt immer der ☐ Dativ / ☐ Akkusativ.
2 Auf die Präpositionen *für, um, durch, ohne* und *gegen* folgt immer der ☐ Dativ / ☐ Akkusativ.

3 Was ist richtig? Streichen Sie die falschen Präpositionen durch.

1 Sie arbeitet für / gegen ein großes Unternehmen im Bereich Logistik.
2 Er hat sich wehgetan. Er ist mit dem Kopf durch / gegen die Wand gestoßen.
3 Man darf ohne / für einen Busführerschein keinen Bus fahren.
4 Wir sind gestern fünf Kilometer gegen / durch den Wald gejoggt.
5 Wir sind im Urlaub eine Woche lang durch / um den Bodensee geradelt.
6 Ich habe eine Tablette gegen / für meine Kopfschmerzen genommen.

4 Ergänzen Sie in den Minidialogen die Fragewörter (*Wo…?*) und die Präpositionen mit Artikel.

1 + *Wohin* bist du gegangen? – Ich bin *zum* Betriebsrat gegangen.

2 + ... bist du gewesen? – .... Betriebsrat.

3 + ... kommst du? – Ich komme .... Betriebsrat.

Sie festigen

- Wortfeld Wirtschaft
- Präpositionen mit Akkusativ
- Präpositionen mit Dativ
- Schreibtraining: Fehler erkennen (Grammatik, Rechtschreibung, Zeichensetzung)

5   Eine E-Mail. Ergänzen Sie die Präpositionen. Einige Präpositionen müssen Sie mehrfach verwenden.

nach • bei • um • aus • mit • von • zur • zum • für • ohne • gegen • seit • durch

---

Hallo Elke,

wie du ja weißt, bin ich .... den Rat meiner Eltern vor einem Monat .... Berlin

gezogen, weil ich dort eine Stelle .... einer Zeitung bekommen habe. Ich arbeite jetzt ....

zwei Wochen dort und soll Kunden .... unsere neuen digitalen Produkte gewinnen und sie

.... allen Fragen telefonisch beraten. Ich gehe meistens um 7.30 Uhr .... dem Haus

und fahre .... der S-Bahn .... Arbeit. Das geht ganz gut. Weil wir so viel zu tun haben,

arbeite ich meistens den ganzen Vormittag .... eine Pause. Wenn ich .... der Arbeit

.... Hause komme, gehe ich gern joggen. Ich fahre oft .... Schlachtensee und laufe

eine Runde .... den See oder ich laufe dort einfach 30 Minuten .... den Wald.

Liebe Grüße, Anke

Schreibtraining

6   Fehler erkennen. In den E-Mails gibt es pro Zeile einen Fehler in Grammatik (Wortstellung, Wortwahl), Rechtschreibung (Groß- oder Kleinschreibung, Umlaute) oder Zeichensetzung (Komma, Fragezeichen). Korrigieren Sie sie.

Sehr geehrte frau Schwarz,

wir hatten fur den 10.09. einen Termin vereinbart. Ich wollte Ihnen unsere neue

Software für Lagerlogistik vorstellen. Da ich habe eine Grippe bekommen, muss ich

den Termin leider verschieben. Wurde ihnen ein Treffen zwei Wochen später passen?

Ich müsste Sie mit meinen beiden Kollegen am 25. besuchen. Bitte geben Sie mir

eine kurze Rückmeldung, dass Ihnen der Termin passt.

Sehr geehrter Herr hofer,

haben Sie vielen Dank für Ihre E-Mail. Leider der Termin am 25.09. geht bei mir

nicht weil ich in der Woche nicht im Büro bin. Ich mache eine Woche Urlaub mit

meiner Familie. Hätten Sie vielleicht eine Woche später Zeit. Am besten wäre es,

wenn wir kurz telefonieren konnten.

1 ....
2 ....
3 ....
4 ....
5 ....
6 ....
7 ....
8 ....
9 ....
10 ....
11 ....

7 Zukunftsperspektiven

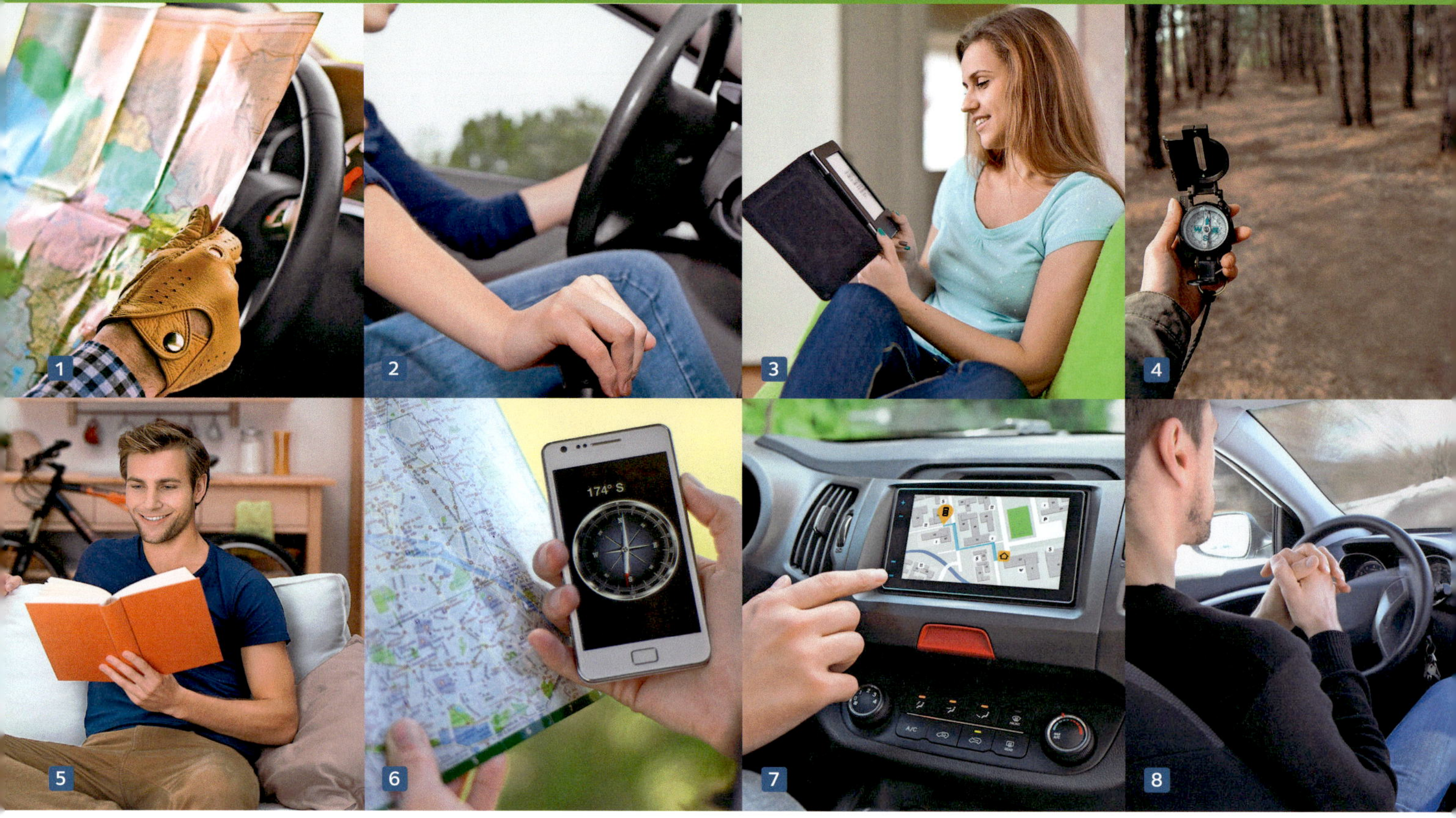

A Der technische Wandel

1 a **Betrachten Sie die Fotos. Welche Fotos passen zusammen?**

1 b **Was machen die Personen? Was ist die Situation?**

Auf Foto 2 sehe ich …

Auf Foto 1 sucht jemand eine Straße auf einer Landkarte.

Und auf Foto 7 benutzt jemand ein Navi. Ich glaube, Foto 1 und Foto 7 passen zusammen.

Die Person auf Foto 6 …

35 **2 a** **Eine Umfrage in der Fußgängerzone. Was benutzen die Personen? Hören Sie und notieren Sie.**

Wuxi Ni: ....

Stella Adhiambo: ....

Alvaro Ango: ....

2 b **Hören Sie noch einmal und beantworten Sie die Fragen.**

1 Warum muss Wuxi Ni die Kunden nicht mehr anrufen, um nach dem Weg zu fragen?
2 Was ist seine Meinung zu Navis?
3 Was muss Stella Adhiambo oft am Computer machen?
4 Was denkt sie über E-Books?
5 Welche Anwendungsmöglichkeiten nennt Alvaro Ango für sein Smartphone?
6 Warum kann man mit einem Smartphone nach seiner Meinung Geld sparen?

Sie lernen

- Vermutungen über künftige Entwicklungen anstellen
- über Soft Skills sprechen
- künftige Anforderungen im Beruf beschreiben
- Satzverbindungen mit *weil* und *deshalb*
- Satzverbindungen mit *obwohl* und *trotzdem*
- Futur I (Zukunft, Vermutungen, Prognosen)

3 a Lesen Sie den Sachtext. Was ist das Thema? Tragen Sie es als Überschrift ein.

A Risiken der modernen Kommunikationsmittel seit den Fünfzigerjahren

B Veränderungen in der Kommunikation in den letzten Jahrzehnten

C Kommunikation einmal anders

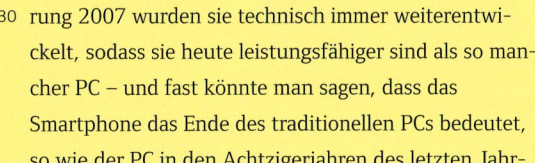

....

Schon seit den Fünfzigerjahren des letzten Jahrhunderts gibt es in Deutschland Mobilfunk, aber erst seit Beginn der Neunzigerjahre steigt in Deutschland die Zahl der

5 Mobilfunkteilnehmer rasant und nicht wenige Menschen haben heute sogar mehr als einen Mobilfunkanschluss. 2017 gab es in Deutschland 135 Millionen Mobilfunkanschlüsse – der Mobilfunk prägt unseren Alltag.

Auf der anderen Seite ist die Zahl der Festnetzanschlüsse

10 in Deutschland in den letzten Jahren kontinuierlich gesunken. Waren es z. B. 2008 noch 38,6 Millionen Anschlüsse, so lag die Zahl 2017 nur noch bei 37,04 Millionen. Viele Leute verzichten heute auf ein Festnetztelefon, ihnen reicht ein Mobilfunkanschluss. Das

15 Festnetz bleibt aber auch in Zukunft wichtig, zum Beispiel für Behörden oder Firmen. Es wirkt zum Beispiel nicht sehr seriös, wenn ein Handwerksbetrieb nur unter einer Mobilfunknummer erreichbar ist. Allerdings gibt es auch beim herkömmlichen Festnetz bald Veränderun-

20 gen, denn die Telekom stellt ihre Festnetzanschlüsse seit 2018 auf die digitale Internet-Telefonie um.

Mit den ersten Handys konnte man noch nicht fotografieren und auch nicht im Internet surfen. Das ist mit den heutigen Smartphones mit ihren großen Displays

25 anders. Sie sind nicht nur Geräte zum Telefonieren, sondern auch Fernseher, Fotoapparate, Taschenrechner und vieles mehr – sie sind multifunktionale Geräte. Seit ihrer Einfüh-

30 rung 2007 wurden sie technisch immer weiterentwickelt, sodass sie heute leistungsfähiger sind als so mancher PC – und fast könnte man sagen, dass das Smartphone das Ende des traditionellen PCs bedeutet, so wie der PC in den Achtzigerjahren des letzten Jahr-

35 hunderts das Ende der Schreibmaschine bedeutet hat. So kommt heute auf fünf verkaufte Smartphones nur ein verkaufter PC.

Besonders beliebt sind die Apps für Smartphones oder Tablets. Das sind kleine Computerprogramme, die oft

40 gratis sind oder sehr wenig kosten und nach dem Herunterladen schnell und problemlos installiert werden können. Es gibt viele Anwendungsmöglichkeiten: Spiele, Apps zur Bearbeitung von Fotos oder für Informationen z. B. über Sehenswürdigkeiten und Tourismusangebote.

45 Die Liste ist unendlich lang. Vor allem sind sie stets und schnell verfügbar. Wenn man sie braucht, muss man nur das Smartphone aus der Tasche holen – und schon sind sie innerhalb weniger Sekunden einsatzbereit.

3 b Lesen Sie noch einmal. Wo steht was im Text? Notieren Sie die Zeilen.

1 Festnetznummern wirken manchmal seriöser.   Zeile(n): ....

2 Seit den Neunzigerjahren spielt der Mobilfunk eine wichtige Rolle.   Zeile(n): ....

3 Smartphones bieten heute mehr als viele PCs.   Zeile(n): ....

4 Apps sind nicht teuer.   Zeile(n): ....

5 Viele Menschen brauchen keinen Festnetzanschluss mehr.   Zeile(n): ....

4 Vergleichen Sie: Wie war es früher? Wie ist es heute? Wie ist es (vielleicht) in der Zukunft? Sprechen Sie in Gruppen.

> Ich könnte mir vorstellen, dass in Zukunft auch Waschmaschinen mit dem Internet verbunden sind.

> Mein erstes Handy hatte noch eine Tastatur und ein winziges Display. Heute …

> Vielleicht gibt es bald auch…

> Ich bin sicher, dass ….

1 a Meinungsäußerungen. Lesen Sie die Forumsbeiträge. Über welche Themen sprechen die Personen? Tragen Sie die Textnummern ein.

☐ Arbeit ☐ Verkehr ☐ Studium
☐ Einkauf ☐ Freizeit ☐ Berufswahl

www.beispiel.de/vernetzung-und-risiken/forum

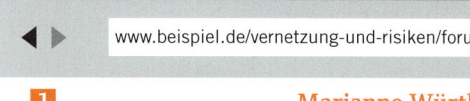

1 **Marianne Würth**

Die technische Entwicklung war in den letzten Jahrzehnten rasant und hat unser ganzes Leben verändert – privat und beruflich. Während meines Studiums zum Beispiel gab es noch kein Internet und auch noch keine Computer. Ich war oft in der Bibliothek, weil ich Informationen für Hausarbeiten oder meine Examensarbeit brauchte. Heute genügt oft ein Klick auf einen Link, und schon haben die Studierenden ein großes Informationsangebot. Dabei muss man auch aufpassen, denn oft gibt es zu viele Informationen und es wird z. B. schwer, wichtige Informationen von Unwichtigem zu unterscheiden. Obwohl man im Internet so schnell an Informationen kommt, dauert die Recherche nicht automatisch kürzer als in der Bibliothek.

2 **Sandra di Lorenzo**

Ich bin Sachbearbeiterin in einer Versicherung und bei uns gibt es einen klaren Trend zum papierlosen Büro. Terminkalender sind bei uns schon seit längerer Zeit digital und wir verzichten zunehmend auf Aktenordner, was Platz spart. PDF-Dokumente werden oft gar nicht mehr ausgedruckt, sie sind nun in einem Cloud-System gespeichert. Durch den E-Mail-Verkehr muss die Firma nicht so viel Porto für Briefpost ausgeben. Das papierlose Büro kann also unseren Arbeitsalltag erleichtern. Trotzdem führt die Firma es nur langsam ein. Dafür gibt es mehrere Gründe, zum Beispiel müssen sich Mitarbeitende, die oft sehr lange mit Papierdokumenten gearbeitet haben, an die neue Arbeitsweise mit Online-Dokumenten gewöhnen. Die digitalen Systeme sind halt oft sehr komplex. Deshalb müssen sie getestet werden, bevor wir sie einsetzen können.

3 **Rezan Barzani**

Das Internet macht das Leben wirklich leichter. Ich spare viele Wege. Zum Beispiel kaufe ich online ein, und es ist auch praktisch, dass man mit einer App auch per Handy bezahlen kann. Trotzdem denke ich, dass diese digitale Welt auch Probleme schafft, weil die Menschen oft zu viele persönliche Informationen preisgeben und man elektronische Spuren hinterlässt. Es ist nicht schwer, Leute, die immer online sind, in den sozialen Netzwerken über sehr persönliche Dinge berichten und das Handy ständig eingeschaltet haben, zu kontrollieren und zu überwachen. Außerdem können die Daten missbraucht werden. Deshalb sollte man genau überlegen, welche Möglichkeiten man im Internet nutzen möchte und welche nicht.

1 b Lesen Sie den Text noch einmal. Welche Aussagen stimmen? Kreuzen Sie an.

		richtig	falsch
1	Marianne Würth musste während ihres Studiums oft in die Bibliothek gehen.	☐	☐
2	Sie findet, dass man bei der Informationssuche per Internet viel Zeit sparen kann.	☐	☐
3	Durch das papierlose Büro kann die Versicherungsfirma Kosten sparen.	☐	☐
4	Die Mitarbeitenden haben kein Problem, mit dem papierlosen Büro zu arbeiten.	☐	☐
5	Es ist leicht, in sozialen Netzwerken über sich selbst zu berichten.	☐	☐
6	Rezan denkt, dass die Digitalisierung auch Risiken mit sich bringt.	☐	☐

2a Satzverbindungen mit *weil, deshalb, obwohl* und *trotzdem*. Suchen Sie im Text in 1a Sätze mit diesen Konnektoren und notieren Sie sie.

1 Ich war oft in der Bibliothek, weil ich Informationen für Hausarbeiten oder meine Examensarbeit brauchte.
2 Obwohl man im Internet schnell an Informationen kommt, dauert ...

2b Lesen Sie die Regel und formulieren Sie die Sätze in 2a um wie im Beispiel.

1 Ich brauchte Informationen für Hausarbeiten oder meine Examensarbeit. Deshalb war ich oft in der Bibliothek.
2 Man kommt im Internet schnell an Informationen. Trotzdem dauert ...

> **Regel**
>
> **Satzverbindungen**
>
> Sätze mit *weil* und *obwohl* sind Nebensätze. Das Verb steht am Satzende.
>
> Sätze mit *deshalb* und *trotzdem* sind Hauptsätze. Das Verb steht in Position 2.

3 Schreiben Sie die Sätze mit *obwohl* und *trotzdem* oder mit *weil* und *deshalb*.

1 Sie arbeitet beruflich viel am Computer. In ihrer Freizeit macht sie viel Sport. (weil – deshalb)
2 Ich habe ein Smartphone. Ich benutze es nur für Telefongespräche. (obwohl – trotzdem)
3 Heute kann man Filme aus dem Internet herunterladen. Die Videotheken sind verschwunden. (weil – deshalb)
4 Man kann im Internet Zeitung lesen. Zeitungen aus Papier bleiben wichtig. (obwohl – trotzdem)
5 Im Internet gibt es kostenlose Online-Wörterbücher. Viele Leute kaufen keine Wörterbücher mehr. (weil – deshalb)
6 Man kann Bankgeschäfte online erledigen. Für viele Leute bleibt die persönliche Beratung wichtig. (obwohl – trotzdem)

1 Weil sie beruflich viel am Computer arbeitet, macht sie... / Sie arbeitet beruflich viel am Computer. Deshalb macht sie ...
2 Obwohl ich ...

4 Welche Vorteile hat das Internet? Welche Nachteile gibt es? Denken Sie auch an Online-Banking, soziale Netzwerke und andere Anwendungen. Diskutieren Sie im Kurs. Die Redemittel von S. 29 helfen.

Gut am Online-Banking ist, dass man jederzeit Überweisungen machen kann.

Für soziale Netzwerke spricht, dass man so Freunde finden kann.

Aber durch Online-Banking gehen in Banken auch Arbeitsplätze verloren. Das finde ich nicht so gut.

Aber man muss auch aufpassen, was man über sich selbst erzählen will.

C Veränderungen im Berufsleben

1a Hören Sie die Radiosendung zum Thema „Arbeitswelt von
36 morgen". In welcher Reihenfolge kommen diese Themen vor?

☐ neue Berufe ☐ E-Learning ☐ traditionelle Berufe

1b Hören Sie das Interview noch einmal. Welche Aussagen sind richtig? Kreuzen Sie an. Korrigieren Sie
anschließend die falschen Aussagen.

1 Der Beruf des Webdesigners wird sich noch weiter verändern. ☐
2 Die Ausbildung zum IT-Systemelektroniker dauert zwei Jahre. ☐
3 In Banken werden weniger Menschen arbeiten. ☐
4 In traditionellen Berufen werden sich fast alle weiterbilden müssen. ☐
5 Die Konkurrenz wird ihre Probleme mithilfe von E-Learning lösen. ☐

1c Lesen Sie die Regel und schreiben Sie die folgenden Sätze mit Futur I.

> **Regel**
>
> **Futur I (Zukunft, Vermutungen, Prognosen)**
> Das Futur I bildet man mit *werden* + Infinitiv. Man verwendet es für Pläne in der Zukunft, aber auch für Prognosen
> und Vermutungen. Vermutungen lassen sich durch Wörter wie *vielleicht, wahrscheinlich, bestimmt* betonen.
> Online-Banking wird in den nächsten Jahren noch zunehmen. Arbeitnehmer werden sich *vermutlich* öfter weiterbil-
> den. Immer mehr Menschen werden mobil sein müssen.
> Wenn man über die Zukunft spricht, kann man auch das Präsens verwenden (Präsensfutur). Dann muss der Satz
> eine Zeitangabe enthalten: Die Bedeutung von E-Learning nimmt in den nächsten Jahren ab.

1 Morgen bewerbe ich mich auf eine Stelle bei einer Möbelfirma.
2 Nächstes Jahr fliegen wir zu einem Kongress nach Kanada.
3 Wahrscheinlich bekomme ich bald mehr Urlaubstage.
4 Bald mache ich eine Ausbildung zur Systemkauffrau.
5 Vielleicht regnet es am nächsten Wochenende.

> ● *1 Morgen werde ich …*

2a Noch mehr Sätze mit Futur I. Ergänzen Sie die folgenden Sätze.

> arbeiten • bleiben • müssen • beeinflussen

1 Auch traditionelle Berufe .... wichtig ....
2 In der Landwirtschaft .... bald noch weniger Menschen .... als heute.
3 Die Digitalisierung .... das Berufsleben wahrscheinlich immer stärker .... ,
4 Vielleicht .... wir alle weniger Stunden pro Tag arbeiten ....

2b Arbeiten Sie zu zweit und bilden Sie Sätze im Futur.

| Bald
In zehn Jahren
In der Zukunft
Nach dem Deutschkurs
Morgen
Nach der Ausbildung
… | werde
wird
werden | ich
es
meine Kinder
viele Unternehmen
die Arbeitnehmenden
mein Sohn | viele neue Berufe geben.
eine Bewerbung schreiben.
gute Berufsaussichten haben.
viel/mehr Mitarbeitende haben.
besser als heute qualifiziert sein.
besser arbeiten können.
für den Beruf noch viel lernen müssen. |

3 a Lesen Sie den Text und beantworten Sie die Fragen.

Neue Anforderungen im Beruf

Das Institut Demar hat unter Führungskräften von 300 Unternehmen mit mehr als 100 Mitarbeitenden eine Umfrage gemacht, wie sich die beruflichen Anforderungen in den nächsten Jahren verändern werden. Bei
5 den sogenannten Hard Skills, also den fachlichen Kompetenzen und Qualifikationen, die man durch eine Ausbildung oder ein Studium lernt, wird es immer wichtiger sein, dass Arbeitskräfte Daten analysieren und interpretieren können. Außerdem wird das Thema
10 Wissensmanagement vermutlich eine zunehmend wichtige Rolle spielen. Das ist die Fähigkeit, mit Wissen richtig umzugehen und es richtig zu nutzen.

Auch bei den Soft Skills wird es Veränderungen geben.
15 Soft Skills lernt man nicht durch eine Ausbildung oder einen Beruf. Sie haben eher etwas mit den persönlichen Eigenschaften der Mitarbeitenden zu tun.

Experten gehen davon aus, dass Unternehmen in Zukunft immer mehr Wert auf fächerübergreifende Kom-
20 petenzen legen werden. Unter fächerübergreifenden Kompetenzen versteht man zum Beispiel, dass ein Ingenieur bei einer Neuentwicklung nicht nur an die technischen Möglichkeiten denken sollte. Er sollte auch überlegen, wie man technische Neuerungen ein

25 setzen kann und ob die Kundinnen und Kunden sie wirklich brauchen. An zweiter Stelle der Soft Skills liegen Gesprächs- und Verhandlungsführung, das heißt die Fähigkeit der Mitarbeitenden, zum Beispiel so zu kommunizieren, dass sie andere überzeugen oder bei
30 Konflikten nach Lösungen suchen können.

Die Arbeitswelt wird immer internationaler werden. In fast allen Unternehmen arbeiten heute Menschen aus vielen verschiedenen Ländern. Deshalb werden internationale Kontakte für den Erfolg von Unternehmen
35 eine immer größere Bedeutung bekommen. Daher ist auch interkulturelle Kompetenz eine wichtige Eigenschaft. Damit ist die Fähigkeit gemeint, unterschiedliche Kulturen zu verstehen und in einer fremden Kultur so zu handeln, dass man Erfolg hat.

1 Wie war die Fragestellung bei der Umfrage des Instituts Demar?
2 Welche fachlichen Kompetenzen werden an Bedeutung gewinnen?
3 Was sind Soft Skills?
4 Warum wird interkulturelle Kompetenz immer wichtiger werden?

3 b Welche weiteren Soft Skills kennen Sie? Sammeln Sie im Kurs.

> In vielen Berufen ist Teamfähigkeit eine wichtige Eigenschaft.

> Man sollte bei der Arbeit auch zuverlässig sein.

4 Wie haben sich die Anforderungen in Ihrem Beruf oder in dem Beruf, den Sie lernen möchten, verändert? Wie wird Ihr Beruf in Zukunft aussehen? Was meinen Sie? Schreiben Sie drei bis vier Sätze. Die Textbausteine helfen.

Textbausteine

In meinem Beruf war/ist Teamfähigkeit/Zuverlässigkeit … wichtig.
Ich denke/meine, das wird auch so bleiben. / Ich denke, dass es viele Änderungen geben wird.
Ich glaube (nicht), dass sich viel/etwas verändern wird.
Vielleicht werden Computerkenntnisse/… immer wichtiger werden.
Ich werde sicher mehr/weniger mit … arbeiten.

1a Lesen Sie den Text und ordnen Sie die Überschriften zu.

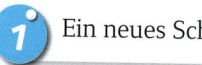 **1** Ein neues Schlüsselwort

2 Digitalisierung in der Industrie

 **3** Intelligente Geräte im Haushalt

4 Industrie 1.0 bis Industrie 3.0

☐ ....

Eines der wichtigsten Wörter der Gegenwart ist das Wort *smart*. Man spricht vom Smartphone, der *smart factory* und vom *smart home*. Das Wort *smart* kommt aus dem Englischen und bedeutet intelligent, klug oder clever. Damit werden heute elektronische Geräte beschrieben, die selbst lernen können, vielfältige und sehr unterschiedliche Aufgaben ausführen können und so miteinander verbunden werden können, dass sie auch komplexe Prozessabläufe steuern.

A

☐ ....

Für die Industrie war die zunehmende Automatisierung schon immer ein Kennzeichen. Die industrielle Revolution begann mit der Erfindung der Dampfmaschine und der Einführung der Eisenbahn. Ab der zweiten Phase Ende des 19. Jahrhunderts wurden Elektrizität genutzt und das Fließband eingeführt, ab den Siebzigerjahren des 20. Jahrhunderts wurden die Industrieproduktion, aber auch die Arbeitsabläufe in den Büros durch Computer und Informationstechnologie weiter automatisiert. Dies waren die sogenannten drei ersten industriellen Revolutionen.

B

☐ ....

Der nächste Schritt war die Einführung des Internets und die Digitalisierung, was auch vierte industrielle Revolution genannt wird. Diese Revolution ist bis heute nicht abgeschlossen. Durch die digitale Vernetzung von Maschinen in den Fabriken wird die Produktion von Waren zeitlich optimiert, die Ressourcen werden optimal genutzt und individuelle Kundenwünsche können besser berücksichtigt werden. Durch diese Vernetzung entstehen intelligente Fabriken, die *smart factories*, in denen Waren und Maschinen miteinander kommunizieren. Dies wird auch „Internet der Dinge" genannt.

C

☐ ....

Auch im privaten Raum wirkt sich diese digitale Revolution aus, wofür *smart home* das Stichwort ist. Der Staubsaugerroboter ist nur ein Beispiel für ein intelligentes Haushaltsgerät, das nicht nur automatisch saugt, sondern auch lernt, sich in der Wohnung zu orientieren. Zudem können Haushaltsgeräte auch selbstständig agieren. So kann etwa der Kühlschrank melden, wenn Milch fehlt, und diese eventuell sogar im Supermarkt bestellen. Eine interessante Neuerung sind Sprachassistenten, also Geräte, die mit den Menschen kommunizieren. Sie können vielfältige Aufgaben übernehmen. Auf Zuruf spielen sie z. B. die gewünschte Musik ab, lösen Rechenaufgaben, sagen, wie das Wetter wird, oder bestellen Pizza beim Pizzaservice.

D

1b Lesen Sie noch einmal und beantworten Sie die Fragen.

1 Warum ist das Wort *smart* heute ein Schlüsselwort?
2 Was ist typisch für die Entwicklung der Industrie?
3 Was wird durch die Einführung des Internets und die Digitalisierung in der Industrie möglich?
4 Was bedeutet „Internet der Dinge"?
5 Was bedeutet die Digitalisierung in Privathaushalten?
6 Welche Möglichkeiten bieten Sprachassistenten?

1c Wie hat sich Ihr privates Leben durch intelligente Geräte verändert?

> Ich habe jetzt ein Smart-TV. Damit kann ich nicht nur fernsehen, sondern auch im Internet surfen.

Kommunikation

Vermutungen über künftige Entwicklungen anstellen

Ich könnte mir vorstellen, dass in Zukunft …
Vielleicht gibt es bald auch … / Ich bin sicher, dass …

über Soft Skills sprechen

Man sollte bei der Arbeit zuverlässig sein.
In vielen Berufen ist Teamfähigkeit eine wichtige Eigenschaft.
Interkulturelle Kompetenz wird eine immer größere Bedeutung bekommen.

über künftige Anforderungen im Beruf sprechen

In meinem Beruf war/ist Teamfähigkeit/Zuverlässigkeit … wichtig. / Ich denke/meine, das wird auch so bleiben.
Ich denke, dass es viele Änderungen geben wird.
Ich glaube (nicht), dass sich viel/etwas verändern wird.
Vielleicht werden Computerkenntnisse/… immer wichtiger werden.
Ich werde sicher mehr/weniger mit … arbeiten.

Grammatik

Satzverbindungen mit *weil* und *deshalb* sowie mit *obwohl* und *trotzdem*

Ich war oft in der Bibliothek. Ich brauchte Informationen für Hausarbeiten.
    Ich war oft in der Bibliothek, weil ich Informationen für Hausarbeiten *brauchte*.
    Ich brauchte Informationen. Deshalb *war* ich oft in der Bibliothek.

Das papierlose Büro kann unsere Arbeit erleichtern. Die Firma führt es nur langsam ein.
    Das papierlose Büro kann die Arbeit erleichtern. Trotzdem *führt* die Firma es nur langsam ein.
    Obwohl das papierlose Büro die Arbeit erleichtern *kann*, führt die Firma es nur langsam ein.

Sätze mit *weil* und *obwohl* sind Nebensätze. Das Verb steht am Satzende.
Sätze mit *deshalb* und *trotzdem* sind Hauptsätze. Das Verb steht in Position 2.

Futur I

Das Futur I bildet man mit *werden* + Infinitiv. Man verwendet es für Pläne in der Zukunft, aber auch für Prognosen und Vermutungen.
Online-Banking wird noch zunehmen. / Arbeitnehmer werden sich öfter weiterbilden. / Immer mehr Menschen werden mobil sein müssen.

Vermutungen lassen sich durch Wörter wie *vielleicht*, *wahrscheinlich*, *bestimmt* betonen. Wahrscheinlich wird das Online-Banking noch zunehmen. Bestimmt werden immer mehr Menschen mobil sein müssen.

Wenn man über die Zukunft spricht, kann man auch das Präsens verwenden (Präsensfutur). Dann muss der Satz eine Zeitangabe enthalten: Die Bedeutung von E-Learning nimmt in den nächsten Jahren ab.

A Der technische Wandel

1a Computerwortschatz. Ordnen Sie die Nomen den Fotos zu. Ergänzen Sie jeweils Artikel und Pluralform.

Tablet • Drucker • Rechner • Display • Tastatur • Ladekabel • Maus • Scanner • Bildschirm

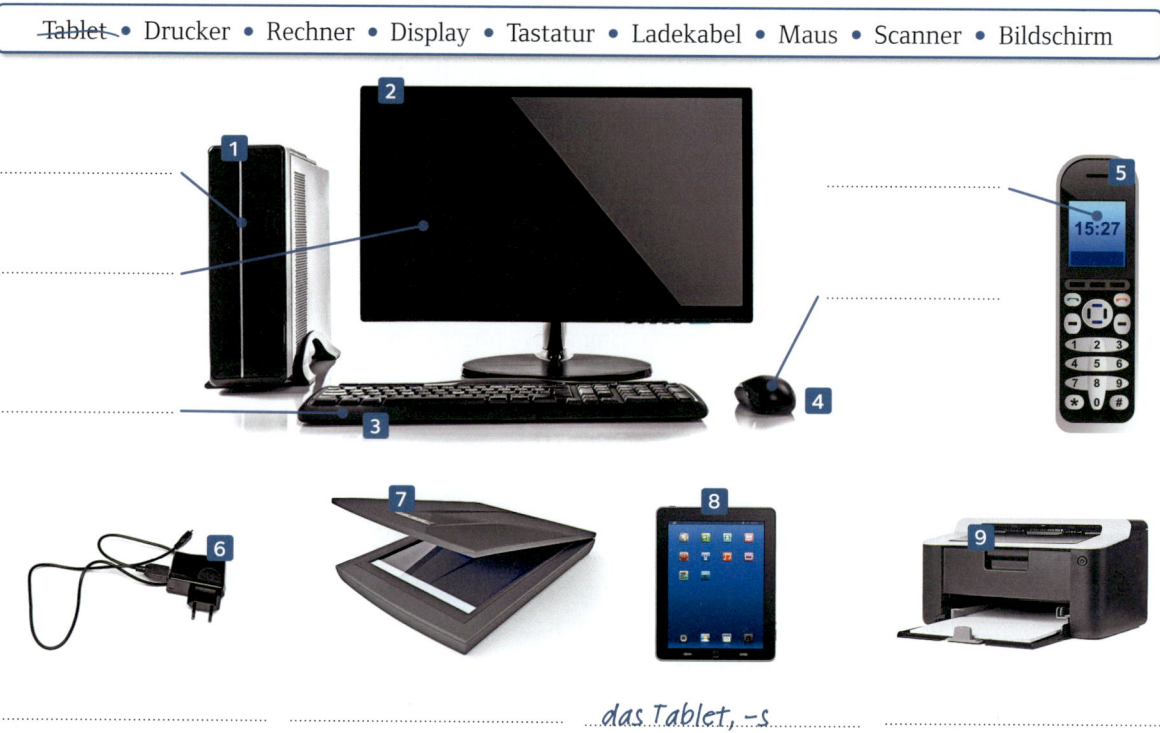

....   *das Tablet, –s*   ....

1b Wozu brauchen Sie das? Schreiben Sie drei Sätze mit den Wörtern aus 1a.

Mein Tablet brauche ich, um Filme zu sehen. Mit der Tastatur tippe ich ...

2 Komposita. Ergänzen Sie die Wörter.

möglichkeiten • apparat • rechner • betrieb • anschluss

1 Ein Smartphone kann man auch als Taschen.................................... benutzen.

2 Ich habe einen Handwerks.................................... und für mich bleibt ein Festnetz.................................... wichtig

3 Für moderne digitale Geräte gib es viele Anwendungs....................................

4 Ich habe einen Foto...................................., den ich mit dem Internet verbinden kann.

3 Verbinden Sie die Sätze mit *denn* und *aber*.

1 Er benutzt oft Schreibprogramme am Computer, aber ....
(arbeiten – er – mit der Schreibmaschine – manchmal)

2 Ich habe eine App für die Suche nach Restaurants, denn ....
(ich – oft – unterwegs – in anderen Städten – sein)

B Möglichkeiten des Internets (1)

1 a Nomen und Verben. Welches Verb passt nicht?

1	Informationen	~~sparen~~ – suchen – brauchen – bekommen
2	eine Examensarbeit	lesen – schreiben – arbeiten – korrigieren
3	Dokumente	brauchen – speichern – ausdrucken – einschalten
4	Daten	speichern – kontrollieren – ausschalten – verändern
5	Bankgeschäfte	schreiben – machen – erledigen – kontrollieren
6	Kosten	sparen – erledigen – kontrollieren – haben
7	Filme	erledigen – herunterladen – sehen – machen

1 b Wählen Sie vier Nomen und Verben aus und schreiben Sie Sätze.

> *1 Im Internet kann man gut Informationen suchen.*

2 a Lesen Sie noch einmal die Forumsbeiträge auf Seite 56 und ergänzen Sie die Sätze wie im Beispiel.

1 Marianne Würth findet, dass die technische Entwicklung in den letzten Jahren *rasant war* .

2 Sie sagt, dass sie während ihres Studiums zum Beispiel oft ....

3 Sandra di Lorenzo findet, dass die digitalen Systeme ....

4 Rezan Barin denkt, dass das Internet ....

5 Er ist der Meinung, dass man ...., was man im Internet nutzen möchte und was nicht.

2 b Was denken Sie über die Möglichkeiten des Internets? Schreiben Sie drei Sätze und benutzen Sie dabei die folgenden Satzanfänge.

Ich finde, dass …	Ich meine, dass …
Ich denke, dass …	Ich finde es gut/schlecht, dass …

> *Ich finde es gut, dass man im Internet mit vielen Leuten in Kontakt kommen kann.*

3 a Ergänzen Sie die Nebensätze mit *weil*.

1 Frau Mali schreibt mit der Schreibmaschine, weil *ihr Computer nicht funktioniert.* ....
(Ihr Computer funktioniert nicht.)

2 Viele Leute nutzen das Internet, ...
(Dort kann man gut Preise vergleichen.)

3 Herr Jonas sieht mit seinem Tablet Filme, ...
(Er findet das bequem.)

4 Man sollte in der digitalen Welt aufpassen, ...
(Es gibt viele Risiken.)

3 b Schreiben Sie die Sätze aus 3a mit *deshalb*.

> *1 Der Computer von Frau Mali funktioniert nicht. Deshalb schreibt sie mit der Schreibmaschine.*

4a **Nebensätze mit *obwohl*. Schreiben Sie Sätze wie im Beispiel. Beachten Sie die Verbposition.**

1 Herr Mbebe benutzt nur selten den Computer. Er arbeitet schnell.

Obwohl Herr Mbebe nur selten den Computer benutzt, arbeitet er schnell.

2 Wir haben ein Navi. Wir finden den Weg oft nicht.

....

3 Der Zug hat keinen Fahrer. Die Passagiere fühlen sich sicher.

....

4 Ich arbeite oft nachts. Ich bin am Tag nie müde.

....

5 Frau da Silva reist gerne. Sie möchte nicht beruflich unterwegs sein.

....

6 Pia Pilaski hat nur drei Jahre Berufserfahrung. Sie ist Direktorin geworden.

....

4b **Formulieren Sie die Sätze aus 4a mit *trotzdem* um.**

> *Herr Mbebe benutzt nur selten den Computer. Trotzdem arbeitet er schnell.*

5a ***Obwohl* oder *weil*? Ergänzen Sie.**

1 Eva besucht das Gymnasium, ... sie das Abitur machen will.

.... ihre Noten in der Grundschule nicht so gut waren.

2 Die Firma hat viel Erfolg, ... am Anfang nur wenig Kunden kamen.

.... sie den Markt gut analysiert hat.

3 Ali Issa hat sich über Berufsmöglichkeiten informiert, ... er eine feste Arbeit hat.

.... mit seiner Ausbildung fertig ist.

4 Rahel Sto arbeitet nicht in ihrem gelernten Beruf, ... die Bezahlung zu schlecht ist.

.... er viele Möglichkeiten bietet.

5 Udo Späth kann zu Hause arbeiten, ... er in der Firma ein eigenes Büro hat.

.... sein Arbeitgeber das erlaubt.

5b **Schreiben Sie die Sätze zu Ende.**

1 Die Suche nach einer Arbeit ist schwierig. Trotzdem ....

2 Ich gehe oft in ein Internetcafé, obwohl ....

3 Obwohl sie ihr Hobby zum Beruf gemacht hat, ...

4 Er verdient jetzt mehr als früher. Trotzdem ....

5 ...., obwohl sie beruflich viel unterwegs ist.

6a Lesen Sie die Texte. Was machen die Personen jetzt, was möchten sie in Zukunft machen?

Ilja Kasan

In meiner Heimat war ich Elektroingenieur von Beruf und ich habe viele Jahre Berufserfahrung. Seit zwei Jahren lebe ich in Deutschland. Hier ist es sehr schwer für mich, eine Arbeit zu finden, die meiner Ausbildung entspricht. Deshalb arbeite ich im Moment als Helfer bei einer Elektrofirma. Seit einiger Zeit besuche ich aber Abendkurse und habe mich für eine Fortbildung angemeldet, denn es ist mein Ziel, dass mein russischer Studienabschluss hier in Deutschland anerkannt wird.

Melania Park

Ich besuche die zehnte Klasse der Realschule und möchte später einen IT-Beruf lernen, also eine Arbeit im Bereich Informationstechnik ergreifen. Aber ich bin nicht ganz sicher, ob ich in der Schule wirklich genug für den Beruf lerne. Deshalb mache ich am Abend einen Englischkurs und beschäftige mich nachmittags viel mit digitaler Technik, Computern und so weiter. Dann kann ich bei einem Vorstellungsgespräch zeigen, dass ich viel über das Thema weiß, und habe hoffentlich gute Chancen, eine Stelle zu bekommen.

Henk Kroos

Ich bin zurzeit angestellter Architekt, aber im Herbst mache ich mich selbstständig. Ich habe schon bei der Stadtverwaltung das Gewerbe angemeldet, obwohl das für Architekten, die freiberuflich arbeiten, nicht unbedingt notwendig ist. Ich freue mich schon auf die Selbstständigkeit. Das Klima in dem Architekturbüro, in dem ich jetzt arbeite, ist nicht schlecht, aber ich denke, dass ich als selbstständiger Architekt freier arbeiten kann und unabhängiger bin.

6b Lesen Sie die Texte noch einmal. Was passt zusammen? Ordnen Sie zu.

1 Architekten müssen kein Gewerbe anmelden,
2 Herr Kasan besucht Abendkurse,
3 Melania Park hat gute Chancen auf eine Stelle,
4 Herr Kasan kann in seinem Beruf keine Arbeit finden,
5 Melania ist nicht ganz sicher,
6 Herr Kroos will ein eigenes Architekturbüro eröffnen

a damit er eine Anerkennung für seinen Studienabschluss bekommt.
b obwohl er viel Berufserfahrung hat.
c ob der Unterricht in der Schule für ihren Berufswunsch ausreicht.
d wenn sie sich gut auf den Beruf vorbereitet.
e weil sie Freiberufler sind.
f weil er meint, dann bei der Arbeit mehr Freiheiten zu haben.

7 Satzverbindungen. Ergänzen Sie den passenden Konnektor.

> obwohl • trotzdem • deshalb • aber • weil • wenn • damit • ob

1 Sie macht einen Englischkurs,......................... diese Sprache für ihren Beruf wichtig ist.

2 Sie würde ihr Hobby gern zum Beruf machen, ... dann verdient sie weniger als jetzt.

3 Man sollte ein Vorstellungsgespräch mit einer anderen Person üben, ... man sicherer wirkt.

4 .... U-Bahnen ohne Fahrer fahren, können die öffentlichen Verkehrsbetriebe Kosten sparen.

5 In sozialen Netzwerken kann man nette Leute kennenlernen. .... sollte man nicht zu viele persönliche Informationen posten.

6 Viele Berufstätige wissen heute nicht,......................... ihre Kenntnisse auch in Zukunft ausreichen.

7 .... sein Berufsabschluss hier nicht anerkannt ist, hat Herr Al-Harithi schnell eine gute Arbeit gefunden.

8 Ich will immer erreichbar sein. .... schalte ich mein Smartphone auch am Wochenende nicht aus.

Veränderungen im Berufsleben

Wie die Digitalisierung die Arbeitswelt veränderte. Ergänzen Sie den Text. Hören Sie das Interview mit Frau Müntefering noch einmal zur Kontrolle.

> Bedürfnissen • E-Learning • Webdesigner • Arbeitsalltag • Arbeitswelt •
> Informationstechnologie • Weiterbildung • Digitalisierung • Kundenservice • Online-Banking

Die .... verändert die .... stark. Es sind viele neue

Berufe entstanden, wie zum Beispiel der Beruf .... Allgemein kann man sagen,

dass es in der digitalen .... wahrscheinlich immer neue Berufe gibt. Andere Berufe,

zum Beispiel im .... der Banken, werden verschwinden, weil die Kunden immer

mehr .... machen werden. Für den Beruf wird ....

immer wichtiger und besonders das ...., das man gut in den

.... integrieren kann. Damit können die Mitarbeiter so lernen, wie es zu ihren

individuellen .... passt.

2 a Prognosen. Was wird sich in Zukunft ändern? Schreiben Sie Sätze mit Futur I.

1 Immer weniger Menschen *....werden in der Landwirtschaft arbeiten......*
(arbeiten – in der Landwirtschaft)

2 Es ....
(in 30 Jahren – viele – geben – papierlose Büros)

3 Frauen und Männer ....
(verdienen – gleich viel)

4 In 20 Jahren ....
(sein – weniger wichtig – PCs – als heute)

5 Bald ....
(lernen – wir – mehr zu Hause – mit dem Internet)

6 Wir ....
(mehr frei – haben – in der Zukunft)

7 Man ....
(noch – Bücher und Zeitungen auf Papier – lesen - auch in zehn Jahren)

8 Auch traditionelle Berufe ....
(bleiben – wichtig)

2 b Was denken Sie? Wählen Sie sechs Sätze aus 2a und ergänzen Sie damit die Satzanfänge 1–6.

1 Ich denke, dass ....

2 Ich bin sicher, dass ....

3 Ich hoffe, dass ....

4 Ich glaube nicht, dass ....

5 Es kann sein, dass ....

6 Vielleicht ....

3 Schreiben Sie Vermutungen mit Futur I. Benutzen Sie die folgenden Signalwörter.

bestimmt • sicher • wahrscheinlich • vielleicht • vermutlich • möglicherweise

1 Morgen regnet es. *Morgen wird es vermutlich regnen.*

2 Die Kollegen sprechen über den Urlaubsplan.

3 Meine Chefin macht heute Überstunden.

4 Dimitri kann die Aufgabe nicht lösen.

5 Morgen gibt es mehr Verkehr auf den Straßen.

6 Der Betriebsrat kann dem Mitarbeiter nicht helfen.

4 Dreimal *werden*. Lesen Sie die Sätze und ordnen Sie sie A, B oder C zu.

1 ⏎A Durch die digitalen Medien wird das Leben interessanter.

2 ☐ Schon seit vielen Jahren wird das Internet für Bankgeschäfte genutzt.

3 ☐ Mein Deutsch wird immer besser.

4 ☐ Meine berufliche Situation wird sich nicht mehr verändern.

5 ☐ Er wird bald in Rente gehen.

6 ☐ In dieser Fabrik werden Möbel hergestellt.

A *werden* + Adjektiv (Veränderung)
B *werden* + Partizip (Passiv)
C *werden* + Infinitiv (Futur I)

5 Lesen Sie noch einmal den Text auf Seite 59. Wo finden Sie diese Informationen? Notieren Sie die Zeile(n).

1 Soft Skills gehören nicht direkt zur Berufsausbildung. Zeile(n)

2 Wissensmanagement wird in der Zukunft wichtiger werden. Zeile(n)

3 Die Unternehmen haben immer mehr Mitarbeitende aus unterschiedlichen Kulturen. Zeile(n)

4 Es ist wichtig, dass Mitarbeitende gut kommunizieren und verhandeln können. Zeile(n)

5 Personen mit interkultureller Kompetenz können fremde Kulturen besser verstehen. Zeile(n)

6 Hard Skills beschreiben die Fähigkeiten, die man in der Berufsausbildung lernt. Zeile(n)

6 Soft Skills. Finden Sie in dem Suchrätsel sechs wichtige Eigenschaften fürs Berufsleben.

Z	U	V	E	R	L	Ä	S	S	I	G
A	K	T	R	E	V	W	P	L	G	V
C	R	P	O	I	E	D	Ü	A	R	O
K	R	E	A	T	I	V	N	W	E	S
W	E	J	U	L	L	O	K	K	I	S
A	I	P	S	I	E	R	T	O	B	F
S	F	R	E	U	N	D	L	I	C	H
T	E	A	M	F	Ä	H	I	G	H	E
O	D	C	I	A	H	Ö	C	A	U	I
B	E	H	R	L	I	C	H	K	R	T

1
2
3
4
5
6

1 Technische Entwicklungen im Wandel. Ordnen Sie die Fotos den Bezeichnungen zu.

Industrie 1.0: .... Industrie 2.0: ....

Industrie 3.0: .... Industrie 4.0: ....

2 a Ergänzen Sie das passende Nomen oder Verb.

Nomen	Verb	Nomen	Verb
Automatisierung	*automatisieren*		optimieren
Einführung	*einführen*		kommunizieren
Digitalisierung			orientieren
Vernetzung			steuern
Erfindung			agieren
Beeinflussung			nutzen

2 b Ergänzen Sie passende Wörter aus 2a. Manchmal gibt es mehrere Möglichkeiten.

1 Die Dampfmaschine war eine revolutionäre ....

2 Durch .... und Automatisierung kann man Arbeitsläufe

....

3 Das Internet .... Computer, Smartphones und andere Geräte auf

der ganzen Welt. Die Geräte können miteinander ....

4 In einer intelligenten Fabrik werden die Prozesse automatisch ....

5 Die .... der Menschen in aller Welt ist heute viel schneller als früher.

6 Soziale Netzwerke .... das Leben der Menschen heute stark.

7 Mit Suchmaschinen kann man sich im Internet besser ....

2 c Wählen Sie drei weitere Wörter aus 2a und schreiben Sie Sätze.

🔊 3 Digitalisierung und künstliche Intelligenz. Hören Sie das Interview und beantworten Sie die Fragen.
38

1 Welches Thema hat die Sendung?
2 Was sind Sie von Beruf?
3 Warum finden Herr und Frau Marzahn den Roboterstaubsauger praktisch?
4 Welches Risiko sehen sie bei Sprachassistenten?

5 Warum haben sie keinen Fernseher?
6 Wer bezahlt die Smartphones von Frau Marzahn?
7 Welche Aufgabe hat Herr Marzahn in seiner Firma?
8 Warum geht die Vernetzung in seiner Firma nicht so schnell?

A Der technische Wandel

der   Alltag (Sg.) ....

der   Anschluss, "-e ....

die   Anwendungsmöglich-
keit, -en ....

das   Display, -s ....

einsatzbereit ....

das   Festnetz (Sg.) ....

das   Gerät, -e ....

herunter}laden ....

etw. installieren ....

das   Kommunikationsmittel, – ....

leistungsfähig ....

der   Mobilfunk (Sg.) ....

multifunktional ....

das   Navi, -s ....

das   Navigationsgerät, -e ....

problemlos ....

das   Risiko, Risiken ....

sinken ....

die   Tastatur, -en ....

verfügbar ....

etw. weiterentwickeln ....

die   Zukunft (Sg.) ....

in Zukunft ....

B Möglichkeiten des Internets

die Arbeit erleichtern ....

die   Daten (Pl.) ....

Daten missbrauchen ....

nachteilig ....

papierlos ....

die   sozialen Netzwerke ....

speichern ....

verzichten auf (+ Akk.) ....

C Veränderungen im Berufsleben

die   Anforderung, -en ....

der   Ausbildungsberuf, -e ....

beeinflussen ....

die   Berufsaussicht, -en ....

die   Digitalisierung (Sg.) ....

die   Eigenschaft, -en ....

der   Erfolg, -e ....

Erfolg haben ....

fächerübergreifend ....

die   Gesprächs- und Verhandlungsführung (Sg.) ....

interkulturell ....

die   IT-Systemkauffrau
(Pl. IT-Kaufleute) ....

der   IT-Systemkaufmann
(Pl. IT-Kaufleute) ....

die   Soft Skills (Pl.) ....

teamfähig ....

die   Teamfähigkeit (Sg.) ....

die   Umfrage, -n ....

wahrscheinlich ....

Wert legen auf (+ Akk.) ....

das   Wissensmanagement (Sg.) ....

zuverlässig ....

die   Zuverlässigkeit (Pl.) ....

D Industrielle Revolutionen

der   Arbeitsablauf, "-e ....

die   Automatisierung (Sg.) ....

etw. ein}führen ....

die   Einführung, -en ....

etw. fern}steuern ....

das   Fließband, "-er ....

die   Informationstechno-
logie, -n ....

das   Internet der Dinge (Sg.) ....

der   Sprachassistent, -en ....

die   Vernetzung, -en ....

vielfältig ....

Nebensatzkonnektoren

1 **Welcher Konnektor passt? Markieren Sie.**

1 Wenn/Als ich fünf Jahre alt war, habe ich Radfahren gelernt.
2 Obwohl/Weil er in der Firma sehr beliebt ist, reden die Kollegen gern mit ihm.
3 Ich weiß nicht genau, dass/ob ich pünktlich zu Hause sein kann.
4 Ich lerne Englisch, damit/weil ich es für meinen Beruf brauche.
5 Als/Wenn ich früher Geburtstag hatte, hat meine Mutter immer einen Kuchen gebacken.
6 Carsten will einen Erste-Hilfe-Kurs machen, damit/weil er als LKW-Fahrer arbeiten kann.
7 Ich bin sicher, dass/ob wir bald eine Wohnung finden.

2 **Schreiben Sie Sätze mit *bevor, während, nachdem* und *seit/seitdem*.**

1 Ich schreibe eine E-Mail. Vorher muss ich das E-Mail-Programm öffnen.

Bevor ich eine E-Mail schreibe, muss ich das E-Mail-Programm öffnen.

2 Herr Sibelius sucht wichtige Dokumente. Gleichzeitig rufen viele Kunden an.

3 Wir haben Pause gemacht. Vorher haben wir den Vertrag ausgedruckt.

4 Die Schüler machen eine Grammatikübung. Gleichzeitig scheibt der Lehrer eine Tabelle an die Tafel.

5 Ben hat einen Studienplatz in Paris bekommen. Seitdem liest er nur noch französische Bücher.

6 Frau Zorn hat von ihrem Arzt ein Rezept bekommen. Danach holt sie das Medikament in der Apotheke.

7 Ich esse nur Bio-Lebensmittel. Seitdem fühle ich mich gesünder.

8 Zuerst notiere ich mir wichtige Fragen. Danach rufe ich die Ausländerbehörde an.

3 **Schreiben Sie mit *um ... zu* und *damit*.**

1 Herr Knaup bereitet sich sorgfältig vor. Er will einen guten Eindruck machen.

Er bereitet sich gut vor, damit

Er bereitet sich gut vor, um

2 Olivia liest Stellenanzeigen. Sie will eine Stelle finden.

Sie liest Stellenanzeigen, damit

Sie liest Stellenanzeigen, um

3 Herr Hornung studiert den Fahrplan. Er will nicht zu spät zu dem Treffen kommen.

Herr Hornung notiert den Fahrplan, damit

Herr Hornung notiert den Fahrplan, um

Sie festigen

- Nebensatzkonnektoren
- indirekte Fragen
- Nominalstil – Verbalstil
- die Zeiten
- Schreibtraining: Satzverbindungen

Indirekte Fragen

4   Schreiben Sie indirekte Fragen. Benutzen Sie die Einleitungssätze in dem Kasten.

> Können Sie mir sagen, … • Ich würde gerne wissen, … • Weißt du, … • Mich interessiert … •
> Alle sollten wissen, … • Es ist noch nicht klar, … • Wir können nicht sagen, … • Sie hat gefragt, …

1   Wann kommt der neue Kunde? – ....

2   Bekommen wir bald einen neuen Praktikanten? – ....

3   Haben wir genug Zeit für das Projekt? – ....

4   Wie lange brauchst für diese Arbeit? – ....

5   Mit wem hat Frau Hambacher telefoniert? – ....

Nominalstil – Verbalstil

5 a   Die Konnektoren *trotz, wegen, weil, obwohl*. Welche Formulierungen bedeuten dasselbe? Ordnen Sie zu.

1 ☐ trotz der Verspätung des Zuges   **a** weil der Verkehr umgeleitet wurde

2 ☐ wegen vieler Fragen   **b** obwohl es schneite

3 ☐ trotz des Schnees   **c** obwohl der Zug verspätet war

4 ☐ wegen der Umleitung des Verkehrs   **d** weil viel gefragt wurde

5 b   Wählen Sie aus 5a drei Formulierungen aus und schreiben Sie Sätze.

> *Trotz des Schnees gab es*
> *kaum Verkehrsbehinderungen.*

Die Zeiten

6   Was ist gemeint: die Zukunft (Z), die Gegenwart (G) oder die Vergangenheit (V)? Tragen Sie die entsprechenden Buchstaben ein.

1 ☐ Morgen wird mein Auto repariert.   **4** ☐ Gestern wurde das neue Fußballstadion eröffnet.

2 ☐ Ich werde sicher zu der Party gehen.   **5** ☐ Am nächsten Wochenende wird nicht gearbeitet.

3 ☐ Der LKW wird gerade entladen.   **6** ☐ Kinder, jetzt wird geschlafen!

Schreibtraining

7   Satzverbindungen. Verbinden Sie die Sätze wie im Beispiel und schreiben Sie den Text in Ihr Heft.

Herr Lohr hat einen neuen Arbeitsplatz. (und)
Gestern war sein erster Arbeitstag. (deshalb)
Er ging früh aus dem Haus und zur Bushaltestelle. (denn)
Er sollte um acht Uhr bei der Firma sein.
In der Firma hat er zuerst die neuen Kollegen begrüßt. (danach)
Sein Chef hat ihm seinen Arbeitsplatz gezeigt. (aber)
Herr Lohr konnte nicht sofort mit der Arbeit beginnen. (weil)
Die Kollegen sollten ihn zuerst einarbeiten.

> *Herr Lohr hat einen*
> *neuen Arbeitsplatz*
> *und gestern war*
> *sein erster …*

1 Ankommen

A 2a – Track 2

Personalerin: Guten Tag, Herr Suwaid. Ich bin Frau Kofler, ich bin hier die Personalchefin. Und das ist Herr Bothmann. Er ist der Teamleiter Logistik.

Herr Suwaid: Guten Tag. Vielen Dank für die Einladung zum Vorstellungsgespräch.

Personalerin: Nehmen Sie doch bitte Platz.

Herr Suwaid: Danke.

Personalerin: Möchten Sie etwas trinken? Einen Kaffee oder ein Wasser?

Herr Suwaid: Ja, gern. Bitte eine Tasse Kaffee. Vielen Dank.

Personalerin: Also, Herr Suwaid, Sie haben sich um die Stelle als Fachkraft für Lagerlogistik bei uns beworben. Erzählen Sie uns doch bitte etwas über sich. Wo und wie lange sind Sie zur Schule gegangen?

Herr Suwaid: Wie Sie ja wissen, komme ich aus Syrien, aus Aleppo. Dort bin ich sechs Jahre lang in die Grundschule gegangen und dann habe ich drei Jahre lang eine Mittlere Schule besucht.

Personalerin: Was waren Ihre Lieblingsfächer?

Herr Suwaid: Englisch und Mathe. Ich hatte sehr gute Lehrer.

Personalerin: Haben Sie in Aleppo auch Ihren Schulabschluss gemacht?

Herr Suwaid: Ja, ich habe ein Diplom von meiner Schule bekommen. Bald nach meinem Schulabschluss bin ich nach Deutschland geflüchtet. Nachdem mein Asylantrag anerkannt wurde, habe ich eineinhalb Jahre lang an der Volkshochschule Deutsch gelernt und die B1-Prüfung bestanden.

Herr Bothmann: Ich sehe, Sie haben eine zweijährige Weiterbildung als Fachkraft für Lagerwirtschaft gemacht …?

Herr Suwaid: Ja, genau. Und während der Weiterbildung habe ich auch noch den Staplerführerschein gemacht.

Herr Bothmann: Ja, sehr gut. Haben Sie auch …

C 2a – Track 3

Moderator: Liebe Hörerinnen und Hörer, ich begrüße Sie zu unserer Sendung zum Thema „Zuwanderung und Integration". Ich habe heute drei Gäste im Studio, die unterschiedliche Wege in die Arbeitswelt gegangen sind. Vielleicht stellen Sie sich erst einmal vor. Wollen Sie anfangen, Frau Sarasin?

Ihra Sarasin: Ja, gerne. Mein Name ist Ihra Sarasin. Ich bin vor sieben Jahren aus Thailand nach Deutschland gekommen. Ich bin Krankenschwester und seit einem Jahr selbstständig. Ich habe vor einem Jahr die Tagespflege in der Neustadt gegründet.

Moderator: Danke – und Sie??

Abdi Ibrow: Und ich heiße Abdi Ibrow. Ich komme aus Somalia. Ich arbeite seit eineinhalb Jahren bei einem großen Automobilhersteller in der Produktion.

Sevil Bodog: Ich mach dann mal weiter … Ich bin Sevil Bodog und komme aus Bukarest in Rumänien. Ich bin Hotelkauffrau und arbeite in einem Vier-Sterne-Hotel.

Moderator: Wunderbar – vielen Dank Ihnen allen. Frau Sarasin, wie haben Sie es geschafft, sich selbstständig zu machen?

Ihra Sarasin: Ich hatte in Thailand schon als Krankenschwester gearbeitet, aber in Deutschland wurde meine Ausbildung zunächst nicht anerkannt. Deshalb habe ich zuerst als Pflegehelferin in einem Altenheim gearbeitet. Nach der Arbeit musste ich auch noch einen B2-Deutschkurs besuchen, weil man als Krankenschwester Deutschkenntnisse auf dem Niveau B2 braucht. Nach dem Deutschkurs wurde auch meine Ausbildung anerkannt und ich habe in einer Arztpraxis eine Stelle als Krankenschwester gefunden. Da war ich sehr froh.

Moderator: Und wie war es bei Ihnen, Herr Ibrow?

Abdi Ibrow: Ich hatte leider in Somalia keine Ausbildung gemacht. Als ich nach Deutschland gekommen bin, habe ich natürlich erst Deutsch gelernt. Nach meinem Deutschkurs habe ich dann bei einer Zeitarbeitsfirma als Paketfahrer einen Job bekommen. Aber die Bezahlung war nicht sehr gut. Deshalb bin ich ins BIZ – also ins Berufsinformationszentrum – gegangen und habe mich über Berufsmöglichkeiten und Fortbildungen beraten lassen. Ich habe dann eine einjährige Fortbildung zum Metallbauer gemacht. Nach der Fortbildung habe ich dann schnell eine Stelle im Fahrzeugbau gefunden.

Moderator: Und Sie Frau Bodog?

Sevil Bodog: Ich habe in Bukarest Abitur gemacht und danach in einem Hotel fünf Jahre lang gearbeitet. Dort habe ich auch meinen späteren Mann kennengelernt. Ich bin also wegen der Liebe nach Deutschland gekommen. Als dann meine Schulabschlüsse und meine Berufserfahrung anerkannt wurden, habe ich eine gute Stelle in einem Hotel gefunden. Neben der Arbeit habe ich noch eine Fortbildung zur Hotelfachfrau in Teilzeit gemacht.

Moderator: Liebe Hörerinnen und Hörer, das sind nur drei Beispiele, wie Migrantinnen und Migranten den Weg in die Arbeitswelt hier finden. Gleichzeitig sind es drei Beispiele für eine gelungene Integration. Nach den Kurznachrichten setzen wir das Gespräch mit unseren Gästen fort. Bleiben Sie dran.

C 2c – Track 4

Moderator: Liebe Hörerinnen und Hörer, wie Sie wissen, liegt es uns am Herzen, dass Migranten so schnell wie möglich integriert werden. Im Studio spreche ich in unserer Sendung heute mit Frau Sarasin, Herrn Ibrow und Frau Bodog. Sie sind aus Thailand, Somalia und Rumänien nach Deutschland gekommen und mussten hier mit unterschiedlichen Problemen fertig werden. (…) Herr Ibrow, welche Probleme hatten Sie in den ersten Jahren in Deutschland?

Abdi Ibrow: Nach der Bewilligung meines Asylantrags habe ich versucht, eine Wohnung zu finden. Das war aber fast unmöglich.

Moderator: Ja, in vielen Städten gibt es nur sehr wenige freie Wohnungen und die Mieten sind sehr hoch. Immer wieder hört man, welche Probleme Menschen mit Migrationshintergrund haben und dass es sehr lange dauert, bis sie eine Wohnung finden.

Abdi Ibrow: Ja, ich habe mehr als sechs Monate gesucht, bis ich endlich eine Wohnung gefunden habe. Mein zweites Problem war der Sprachkurs. Es fiel mir nicht leicht, Deutsch zu lernen. Beim ersten Mal habe ich die Prüfung nicht bestanden …, aber beim zweiten Mal habe ich es endlich geschafft. Weil ich keine abgeschlossene Berufsausbildung hatte, war es schwer für mich, eine Arbeit zu finden. Darum habe ich dann eine Weiterbildung zum Metallbauer gemacht.

Moderator: War es für Sie leicht, eine passende Weiterbildung zu finden?

Abdi Ibrow: Nein, eigentlich nicht, aber die Mitarbeiter im BIZ haben mir geholfen.

Moderator: Danke für Ihre Geschichte, Herr Ibrow! Und Sie Frau Bodog, mit welchen Problemen hatten Sie zu kämpfen?

Sevil Bodog: Für mich war Deutsch kein so großes Problem, denn ich hatte bereits in Rumänien in der Schule Deutsch gelernt. Und eine Wohnung musste ich auch nicht suchen. Ich bin ja bei meinem Mann eingezogen. Aber ich wollte meine Berufschancen verbessern und hatte deshalb beschlossen, eine Fortbildung zur Hotelfachfrau zu machen. Die Fortbildung habe ich in Teilzeit neben der Arbeit gemacht, allerdings hatte ich oft keine Lust, am Wochenende zu lernen. In dieser Zeit habe ich meinen Mann nur selten gesehen.

Moderator: Dann ist es ja gut, dass diese Zeit nun hinter Ihnen liegt … Und Sie, Frau Sarasin?

Ihra Sarasin: Nach meiner Ankunft in Deutschland habe ich gleich versucht, in meinem Beruf zu arbeiten. Aber ohne Anerkennung meiner Ausbildung in Thailand war das leider nicht möglich. Es war gar nicht einfach, alle wichtigen Dokumente und Zeugnisse zusammenzustellen. Nach einigen Jahren als Krankenschwester hatte ich keine Lust mehr, als Angestellte zu arbeiten. Deshalb habe ich mich selbstständig gemacht.

Moderator: Brauchten Sie dazu keinen Kredit von der Bank?

Ihra Sarasin: Doch, natürlich. Aber …

❶ Übungen

A 1c – Track 5

Tanya Danow: Guten Tag, mein Name ist Tanya Danow. Ich habe einen Termin bei Herrn Fischer.

Empfangsdame: Guten Tag, einen Moment. Ich rufe Herrn Fischer an.
(…)
Herr Fischer, Tanya Danow ist da.
(…)
Noch einen Augenblick, Herr Fischer kommt gleich.

Tanya Danow: Danke.
(…)

Herr Fischer: Hallo, Frau Danow. Ich bin Herr Fischer. Kommen Sie bitte mit?
(…)
Setzen Sie sich doch.

Tanya Danow: Vielen Dank.

Herr Fischer: Möchten Sie ein Glas Wasser oder einen Kaffee trinken?

Tanya Danow: Ein Glas Wasser, bitte. Vielen Dank.

Herr Fischer: Also, Sie möchten bei uns eine Ausbildung als Zahntechnikerin machen.

Tanya Danow: Ja, richtig.

Herr Fischer: Erzählen Sie doch bitte etwas über sich.

Tanya Danow: Ich bin 19 Jahre alt und komme aus Bulgarien. Ich bin mit meinen Eltern vor fünf Jahren nach Deutschland gekommen und gehe jetzt an der Willy-Brandt-Schule in die 12. Klasse. Im Juni werde ich Abitur machen.

Herr Fischer: Ich sehe, Sie haben in fast allen Fächern gute Noten. Was sind Ihre Lieblingsfächer?

Tanya Danow: Ich mag vor allem Englisch und Chemie. Deutsch macht mir nicht so viel Spaß.

Herr Fischer: Chemie? Toll. Und was machen Sie in Ihrer Freizeit?

Tanya Danow: Ich lese sehr gern und treibe viel Sport. Ich spiele Volleyball in einem Verein.

Herr Fischer: Warum möchten Sie bei uns eine Ausbildung machen?

Tanya Danow: Weil ich mich für den Beruf Zahntechniker interessiere. Meine Lehrer haben mir gesagt, dass man Zahntechniker braucht. Ich arbeite gern mit meinen Händen und ich bin sehr genau.

Herr Fischer: Wir suchen vor allem Auszubildende, die zuverlässig sind und auch mit Stress umgehen können. Ist Stress bei der Arbeit ein Problem für Sie?

Tanya Danow: Nein, bestimmt nicht.

Herr Fischer: Sehr gut. Sie wissen ja, die Ausbildung beginnt am 1.9. und dauert drei Jahre.

Tanya Danow: Ja, das weiß ich.

Herr Fischer: Das klingt ja prima. Dann sollten wir noch über die Ausbildungsvergütung sprechen. Im ersten Jahr …

C 3 – Track 6

Moderator: Hallo liebe Zuhörerinnen und Zuhörer, hier sind wir wieder bei der Sendung „Bunt ist schön". Heute haben wir drei Migranten zu Gast, die uns von ihrem Weg in den Arbeitsmarkt berichten. Herr Al-Sabty, wollen Sie anfangen?

M. Al-Sabty: Ja, gern. Mein Name ist Mohammed Al-Sabty. Ich komme aus dem Irak. Ich bin 29 Jahre alt. In meiner Heimat gibt es noch immer instabile Verhältnisse und Krieg. Deshalb habe ich 2015 einen Asylantrag gestellt und dann auch einen Aufenthaltstitel bekommen. In meiner Heimat habe ich vier Jahre lang Jura studiert. Ich möchte hier als Jurist arbeiten, aber mein Studienabschluss wurde nicht anerkannt. Darum arbeite ich zurzeit als Hilfsarbeiter bei einer Baufirma in Berlin. Ich möchte jetzt eine Umschulung zum Altenpfleger machen und hoffe, dass die Agentur für Arbeit die Umschulung bezahlt.

Moderator: Das klingt ja schon sehr erfreulich. Vielen Dank für Ihren Bericht.
Und wie ist es Ihnen ergangen, Frau Nowak?

Yulia Nowak: Nicht so gut. …
Ich heiße Yulia Nowak. Ich bin 39 Jahre alt und bin 2014 aus Russland nach Augsburg gekommen. In meiner Heimat habe ich von 2004 bis 2013 als Ärztin gearbeitet. Ich habe versucht, meinen Abschluss in Russland hier anerkennen zu lassen. Aber mein Antrag wurde abgelehnt, weil ich die B2-Sprachprüfung noch nicht bestanden hatte. Ich mache jetzt einen B2-Kurs. Mein Weg in Deutschland war bisher nicht leicht.

Moderator: Da wünschen wir Ihnen zunächst viel Erfolg bei der B2-Prüfung!
Und wie sieht es bei Ihnen aus, Frau Nguyen?

Nguyen Thi Phuong: Mein Name ist Nguyen Thi Phuong und ich komme aus Vietnam. Ich bin jetzt 32 Jahre alt. Ich bin vor drei Jahren nach Deutschland gekommen, weil ich mich in einen deutschen Geschäftsmann verliebt hatte, der in Vietnam gearbeitet hat. In meiner Heimat hatte ich eine Lehre zur Einzelhandelskauffrau absolviert und habe auch zwei Jahre lang in meinem Beruf in Hanoi gearbeitet. In Deutschland habe ich erst einmal Sprachkurse absolviert. Nach den Sprachkursen habe ich ein Seminar für Existenzgründer besucht und anschließend ein vietnamesisches Restaurant in Schwerin eröffnet. Am Anfang hatte ich Angst, dass nicht genug Gäste kommen würden, aber inzwischen ist mein Restaurant immer gut besucht.

Moderator: Das freut uns zu hören! Ihnen Dreien vielen Dank, dass Sie sich nicht gescheut haben, uns Ihre Geschichte auf dem Weg zu einer Arbeit zu erzählen. Diese Reihe, liebe Zuhörerinnen und Zuhörer werden wir bald …

② Eine Arbeit suchen

A 2a – Track 7

Frau Smirnova: Mein Name ist Natalia Smirnova. Ich habe in meiner Heimat Russisch studiert und war einige Jahre Russischlehrerin an einer staatlichen Schule. Als ich dann nach Deutschland gekommen bin, war es für mich schwer, wieder so eine Arbeit zu finden – und eigentlich wollte ich beruflich auch gern etwas anderes machen.
Über eine Freundin habe ich dann eine Praktikumsstelle bei einer großen Konzertagentur gefunden. Das war für mich ein großes Glück, denn ich interessiere mich sehr für Musik und Kultur allgemein. Und am besten war dann, dass die Agentur mir nach dem dreimonatigen Praktikum eine feste Stelle angeboten hat. Heute kümmere ich mich um Terminplanungen für Konzerte, ich reserviere Räume für Veranstaltungen und darf sogar bei der Programmplanung mitreden.
Durch meine Arbeit habe ich sehr viel über Organisation gelernt und es war toll, dass die Chefs und meine Kollegen immer genug Zeit hatten, mich einzuarbeiten und mir alles genau zu erklären, was ich am Anfang noch nicht verstanden habe.

Herr Park: Hallo, Mirko Park mein Name. Ich hatte über viele Jahre eine feste Anstellung als Elektriker in einer Handwerksfirma, aber dann hat diese Pleite gemacht und ich habe meine Arbeit verloren. Ich war dann einige Zeit arbeitslos und habe viele Bewerbungen geschrieben, aber leider habe ich keine andere Elektrofirma gefunden, die mich fest einstellen wollte. Dann habe ich mich bei einer Zeitarbeitsfirma beworben. Die hat mich an eine größere Firma vermittelt, wo ich jetzt arbeite.
Ich verdiene jetzt zwar weniger als früher und auch weniger als die fest angestellten Mitarbeiter der Firma, aber ich bin froh, dass ich wieder Arbeit habe. Ich bleibe noch zwei Monate in dieser Firma. Ich hoffe, dass die Zeitarbeitsfirma mich danach wieder an eine andere Firma vermitteln kann.

Frau Özil: Mein Mann Mustafa und ich, Naida Özil, haben eine Installateur- und Heizungsfirma. Wir statten in Neubauten die Badezimmer mit Sanitäranlagen aus, verlegen Wasserleitungen und installieren, reparieren und warten Heizungen. Unser Betrieb ist nicht sehr groß, aber für einen Handwerksbetrieb auch nicht sehr klein. Wir haben 35 feste Mitarbeiter, die aber manchmal nicht ausreichen, wenn wir viele Aufträge gleichzeitig haben.
Wir arbeiten mit einer Leiharbeitsfirma zusammen, von der wir dann für einige Wochen oder Monate Arbeitskräfte bekommen, bis alle Aufträge erledigt sind. Auf Großbaustellen kann das manchmal ziemlich lange dauern. Das ist für uns sehr praktisch, denn so können wir flexibel auf die Auftragssituation reagieren – und für unser Stammpersonal ist garantiert, dass ihre Arbeitsplätze sicher sind.

Herr Pauli: Ich, Frank Pauli, habe mehrere Restaurants in Hamburg, Kiel und Lübeck. Um Personal zu finden, nutze ich verschiedene Möglichkeiten. Fachpersonal – wie zum Beispiel ausgebildete Köche – suche ich meistens mithilfe von Anzeigen in Zeitungen oder im Internet. Es kommt aber auch vor, dass meine Mitarbeiter Freunde oder Bekannte empfehlen, wenn in einem Restaurant Personal fehlt. Und oft fragen auch Leute ganz direkt in einem Restaurant, ob es für sie eine Arbeitsmöglichkeit gibt. Und wenn wir zum Beispiel gerade eine Bedienung suchen und die Person passt, stellen wir sie gerne ein. Für die Restaurants hat das viele Vorteile, denn so habe ich keinen großen Aufwand, Personal zu finden.

D 1a – Track 8

Herr Petrov: Guten Tag, Frau Grube. Sie wollten mich sprechen?

Frau Grube: Guten Tag, Herr Petrov, wir haben ab Mai eine neue Beschäftigung für Sie und die Firma Kahner IT-Lösungen, bei der Sie arbeiten sollen, hat uns einen Fragebogen geschickt, um sich über das Personal, das wir schicken, zu informieren. Diesen Fragebogen möchte ich gerne gemeinsam mit Ihnen ausfüllen.

Herr Petrov: Ok. Was möchte die Firma wissen?

Frau Grube: Zunächst einmal Ihr Geburtsdatum. Das habe ich schon eingetragen. Es ist der 18.6.1994, richtig? Ihre Adresse Buchenweg 12 in 73178 Sulz stimmt auch noch?

Herr Petrov: Ja, da hat sich nichts geändert.

Frau Grube: Dann möchte die Firma Kahner gerne wissen, welchen Schulabschluss Sie haben.

Herr Petrov: Ich habe den Realschulabschluss. Danach habe ich bei der Firma Stoll in Stuttgart drei Jahre den Beruf des IT-Systemkaufmanns gelernt, aber ich kenne mich auch gut im Bereich Informatik aus.

Frau Grube: Gut, dann trage ich das hier ein. Ich sehe gerade, ich habe auch noch nicht eingetragen, seit wann Sie bei uns beschäftigt sind. Haben Sie am 1. Juni oder 1. Juli 2018 bei uns angefangen?

Herr Petrov: Am 1. Juni war das.

Frau Grube: Die Firma Kahner wünscht auch Informationen über Ihre beiden letzten Einsätze in unserem Auftrag.

Herr Petrov: Der vorletzte Auftrag war für die Firma Attila. Ich habe zwei Monate, also von Mai bis Juni, in diesem Jahr dort mitgearbeitet, weil die Firma ein neues IT-System für die Stadtverwaltung aufgebaut hat.

Frau Grube: Zuletzt waren Sie bei der Firma Schmolke in Böblingen eingesetzt. Ist das richtig? Die Daten von Ihrem letzten Einsatz sind noch nicht in unser System eingetragen.

Herr Petrov: Ja, bei der Firma Schmolke war ich drei Monate, von August bis Oktober. Ich habe einen Mitarbeiter vertreten, der sehr lange krank war.

Frau Grube: Welche Aufgaben hatten Sie?

Herr Petrov: Ich habe Kunden beraten, die IT-Systeme installieren wollten.

Frau Grube: Würden Sie auch am Wochenende arbeiten?

Herr Petrov: Lieber nicht. Kreuzen Sie dort bitte „Nein" an.

Frau Grube: Noch eine letzte Frage: Haben Sie ein Auto?

Herr Petrov: Ja, ich habe eins.

Frau Grube: Außerdem brauche ich Ihre Einverständniserklärung, dass wir Ihre Daten weitergeben dürfen.

Herr Petrov: Ja, gerne. Das Papier unterschreibe ich auch.

Frau Grube: Vielen Dank, dann kann ich ja das Informationsformular an die Firma schicken.

② Übungen

B 4a – Track 9

EINE UMFRAGE ZUM THEMA ZEITARBEIT

DAS MEINT LYGIA FREITAS DAZU:

Lygia Freitas: Bis vor drei Jahren war ich Mitarbeiterin in einer Leiharbeitsfirma, die mich in viele verschiedene Unternehmen geschickt hat. Ich hatte in den zweieinhalb Jahren, in denen ich für die Firma gearbeitet habe, insgesamt neun verschiedene Einsatzorte. Dann hat mir schließlich die letzte Firma, in der ich als Leiharbeiterin gearbeitet habe, eine feste Stelle angeboten – darüber bin ich jetzt sehr froh. Ich verdiene mehr und habe mehr Sicherheit, denn sehr oft war nicht sicher, wie es weitergeht, wenn ein Einsatz für die Leiharbeitsfirma beendet war.

Für mich war ein großer Nachteil der Leiharbeit, dass ich weniger verdient habe als die festen Mitarbeiter, obwohl ich dieselbe Arbeit gemacht habe. Ich denke, eigentlich haben nur Arbeitgeber Vorteile von der Leiharbeit, weil sie in ihrer Personalplanung flexibler sind.

UND DAS SAGT ELENA MONZ:

Elena Monz: Ich habe noch nie für eine Leiharbeitsfirma gearbeitet, aber ich habe einige Bekannte, die schon Leiharbeitsverträge hatten. Sie sind oder waren alle Berufsanfänger und die Zeitarbeit war für sie eine gute Chance, ins Arbeitsleben zu kommen und Berufserfahrung zu sammeln, was ich bei der Zeitarbeit vorteilhaft finde. Aber sie haben auch von weniger positiven Dingen berichtet. So gab es zum Beispiel manchmal Konflikte mit den festen Mitarbeitern eines Unternehmens, die die Leiharbeiter als Konkurrenz betrachtet haben oder sie nicht richtig respektiert haben.

Wenn ich – was hoffentlich nicht passiert – einmal meine Arbeit verliere, will ich ganz bestimmt nicht bei einer Leiharbeitsfirma arbeiten, sondern ich würde mich selbstständig machen.

ZUM SCHLUSS NOCH DIE MEINUNG VON YURI IBRAMOV:

Yuri Ibramov: Zurzeit arbeite ich bei der Leiharbeitsfirma Spieß in Unterrode. Ich bin jetzt seit acht Monaten dort angestellt und schon an meinem dritten Einsatzort. Das ist manchmal etwas stressig, man muss sich immer an eine neue Umgebung gewöhnen und der Weg zur Arbeit ist immer anders. Aber für mich ist ein Vorteil, dass ich verschiedene Betriebe und Unternehmenskulturen kennenlerne. Das ist nicht nur interessant, sondern auch wichtig für mich, denn ich komme aus Malaysia und dort ist das Arbeitsleben ganz anders organisiert als hier. Gut finde ich auch, dass ich mit so vielen verschiedenen Menschen zu tun habe. Das erleichtert mir sicher die Integration. Mit meinem Verdienst bin ich so zufrieden, aber ich habe auch nicht vor, für immer bei der Leiharbeitsfirma zu bleiben.

3 Ein neuer Arbeitsplatz

A 3a – Track 10

Nadezhda Zorina: Guten Tag, mein Name ist Nadezhda Zorina. Heute ist mein erster Arbeitstag. Ich bin die neue Sachbearbeiterin in der Finanzbuchhaltung. Ich sollte mich bei meinem Vorgesetzen, Herrn Mester, melden.

Empfang: Herzlich willkommen. Einen Moment, ich rufe Herrn Mester an.

(…)

Hallo, Herr Mester, hier ist der Empfang. Frau Zorina ist da.

(…)

Nehmen Sie doch bitte Platz. Herr Mester holt Sie gleich ab.

Nadezhda Zorina: Vielen Dank.

Herr Mester: Guten Tag, Frau Zorina. Schön, dass Sie da sind.

Nadezhda Zorina: Guten Tag. Ich freue mich auch auf die Zusammenarbeit mit Ihnen und Ihrem Team.

Herr Mester: Kommen Sie doch bitte mit. Wir gehen am besten als Erstes in die Personalabteilung gleich hier links im Erdgeschoss. Dort bekommen Sie Ihren Büroschlüssel und einen Firmenausweis. Den brauchen Sie morgens und abends für die Zeiterfassung. Brauchen Sie auch einen Schlüssel für die Tiefgarage?

Nadezhda Zorina: Nein, ich komme mit den Öffentlichen zur Arbeit.

Herr Mester: Gut. Wenn Sie in der Personalabteilung fertig sind, zeige ich Ihnen Ihren Arbeitsplatz und stelle Sie Ihren Kollegen und Kolleginnen vor. Die Finanzbuchhaltung befindet sich im ersten Stock direkt neben der Marketingabteilung. Aber das wissen Sie ja. Das Vorstellungsgespräch hat ja dort im Konferenzraum stattgefunden.

Nadezhda Zorina: Ja, erinnere mich.

(…)

Herr Mester: Hallo. Sie wissen ja alle, dass heute unsere neue Kollegin anfängt. Das ist Frau Zorina. Sie wird unser Team verstärken und vor allem Rechnungen prüfen und bezahlen sowie interne Reisekosten verbuchen.

drei Kollegen gleichzeitig: Guten Tag. / Hallo. / Herzlich willkommen in unserer Abteilung.

Nadezhda Zorina: Guten Tag.

Herr Mester: Das sind Frau Braun und Frau Fischer. Und das ist Herr Heidenberger. Er wird sich während Ihrer Einarbeitung um Sie kümmern. Wenn Sie also Fragen haben, sprechen Sie ihn an.

Herr Heidenberger: Hallo, Frau Zorina. Ich freue mich auf eine gute Zusammenarbeit.

Herr Mester: Der Schreibtisch dort neben dem Fenster – das ist Ihr Arbeitsplatz. Rechner, Telefon – alles da. Und Ihren Mantel können Sie in den Schrank dort hängen.

Nadezhda Zorina: Vielen Dank.

Herr Mester: Ich zeige Ihnen jetzt die wichtigen Abteilungen in der Firma und gebe Ihnen anschließend noch einige Informationen über die Baier Metallverarbeitung GmbH. Sie wissen ja bereits, die Firma wurde Anfang der Fünfzigerjahre von Herrn Baier gegründet. Aber dazu später mehr. Danach wird Herr Heidenberger Sie über Ihre Aufgaben in den nächsten Tagen informieren.

B 1a – Track 11

Nadezhda Zorina: Hi, Carlos, wie gehts?

Carlos: Sehr gut, und dir Nadezhda?

Nadezhda Zorina: Mir geht es auch sehr gut. Du weißt ja, ich habe einen neuen Job bei Baier angefangen. Heute war mein erster Tag.

Carlos: Stimmt. Und wie waren die neuen Kollegen?

Nadezhda Zorina: Lernst du eigentlich noch Italienisch an der Volkshochschule?

Carlos: Natürlich. Ich bin jetzt im dritten Semester und möchte am Ende des Kurses die A1-Prüfung machen. Nach dem Kurs mache ich dann zwei Wochen Urlaub in Italien.

Nadezhda Zorina: Findest du es nicht anstrengend, jede Woche abends noch zu lernen?

Carlos: Manchmal habe ich natürlich keine Lust, nach der Arbeit noch in die Volkshochschule zu fahren. Es ist auch nicht immer einfach, Zeit für die Hausaufgaben zu finden. Aber es macht mir Spaß, mit anderen zusammen zu lernen. Schau dir doch auch mal das Volkshochschulprogramm an. Da gibt es bestimmt Kurse, die dich interessieren.

Nadezhda Zorina: Vielleicht hast du recht. Ein bisschen Abwechslung vom Arbeitsalltag wäre bestimmt gut. Weißt du, wann das nächste Semester anfängt?

Carlos: Ich glaube in der ersten oder zweiten Februarwoche. Du kannst dir übrigens das ganze Programm online anschauen. Vielleicht können wir ja einen Kurs zusammen machen.

Nadezhda Zorina: Das ist eine gute Idee. Also …

C 1b – Track 12

Herr Mester: Liebe Kolleginnen und Kollegen, schön dass Sie alle pünktlich zu unserer wöchentlichen Teamsitzung gekommen sind. Frau Sokolowski ist leider krank. Sie hat eine Grippe. …

Wir haben heute nur eine halbe Stunde Zeit, da ich um halb zehn der Geschäftsführung berichten muss, wie hoch im letzten Monat unsere Einnahmen und Ausgaben waren und wie sich unsere Umsätze entwickelt haben. Bevor wir anfangen – wer schreibt das Protokoll? Frau Fischer, könnten Sie das bitte übernehmen?

Frau Fischer: Herr Mester, ich habe erst letzte Woche Protokoll geschrieben. Könnte nicht …

Herr Mester: Stimmt. Frau Braun, hätten Sie vielleicht Zeit?

Frau Braun: Kein Problem, das kann ich gern machen.

Herr Mester: Danke. (…)

Ich habe Ihnen alle gestern die Tagesordnung gemailt. Fast alle haben ja bereits unsere neue Kollegin, Nadezhda Zorina, kennengelernt. Frau Zorina, vielleicht stellen Sie sich in der Runde noch einmal kurz vor, denn einige Kollegen waren krank und sind heute erst wieder da.

Nadezhda Zorina: Guten Tag. Also, ich komme aus Russland, aus Samara. Ich bin vor fünf Jahren mit meinem Mann nach Deutschland gekommen. Nachdem ich an der Volkshochschule Deutsch gelernt habe, habe ich eine einjährige Ausbildung zur geprüften Bilanzbuchhalterin an der IHK in Duisburg gemacht. Anschließend habe ich ein Jahr lang als Buchhalterin als Elternvertretung bei der Klatt GmbH gearbeitet. Ich freue mich natürlich, dass ich hier in einem netten Team eine Stelle bekommen habe.

Herr Mester: Vielen Dank, Frau Zorina. Wir freuen uns alle, dass Sie hier sind.

Kommen wir zu TOP 1 – Probleme mit der neuen Software. Herr Heidenberger, Sie haben diesen Tagesordnungspunkt gemeldet. Was für Probleme gibt es denn?

Herr Heidenberger: Die Software ist leider ziemlich kompliziert und sehr schwer zu bedienen. Es sind in den letzten Wochen deshalb einige Fehler passiert. Ich schlage vor, dass wir eine zweite Schulung bekommen.

Herr Mester: Das ist eine sehr gute Idee. Ich werde versuchen, bald einen Termin für eine Schulung zu bekommen. Kommen wir zum zweiten Tagesordnungspunkt – Verzögerungen beim Bezahlen von Rechnungen.

Frau Fischer: Herr Mester, wir kommen einfach nicht hinterher. Wir brauchen Verstärkung. Wir schaffen es einfach nicht mehr. Es ist natürlich schön, dass Frau Zorina jetzt angefangen hat, aber wir bräuchten mindestens noch einen weiteren Buchhalter.

Herr Mester: Ich weiß, dass Sie alle sehr engagiert arbeiten. Wäre es möglich, in den nächsten Wochen Überstunden zu machen?

Frau Fischer: Das geht leider nicht. Ich muss nach der Arbeit immer meine Tochter von der Kita abholen.

Herr Mester: Dann müssen wir eine andere Lösung suchen. Ich werde mit der Personalabteilung sprechen und noch eine Stelle beantragen.

Frau Fischer: Sehr gut.

Herr Mester: Kommen wir zum letzten Punkt auf der Tagesordnung: Urlaubspläne in der Ferienzeit. Bitte tragen Sie Ihre Urlaubspläne in den Ferienkalender ein.

Frau Braun: Einverstanden. Machen wir.

Herr Mester: Sie wissen ja, Mitarbeitende mit schulpflichtigen Kindern haben Vorrang. Da ich jetzt gehen muss, schlage ich vor, dass wir in der nächsten Woche darüber sprechen, wer wann Urlaub machen möchte.

C 2a – Track 13

1

Schreiben Sie das Protokoll!

2

Schreiben Sie bitte das Protokoll.

3

Können Sie bitte das Protokoll schreiben?

4

Würden Sie bitte das Protokoll schreiben?

5

Könnten Sie vielleicht das Protokoll schreiben?

6

Dürfte ich Sie bitten, das Protokoll zu schreiben?

❸ Übungen

A 1a – Track 14

1

Ulf Eck ist seit vier Jahren Geschäftsführer der Baier AG in Stuttgart. Die Firma hat ca. 1000 Mitarbeitende und produziert Bauteile für die Automobilindustrie. Herr Eck leitet das Unternehmen und trifft alle wichtigen Entscheidungen.

2

Frau Ina Schmidt ist die Sekretärin von Herrn Eck. Sie schreibt E-Mails und Briefe, plant und organisiert Termine und Reisen.

3

Frau Dr. Huml leitet die Personalabteilung sowie den Bereich Buchhaltung. Dort werden Rechnungen geprüft, Lieferanten bezahlt und Gehälter an die Mitarbeitenden überwiesen.

4

Die Abteilung Vertrieb wird von Herrn Yi geleitet. Er organisiert den Verkauf und berät die Kunden.

5

Frau Ada Delgado, Leiterin der Marketingabteilung, ist zuständig für Werbung und Marktforschung.

6

Sonia Seddik leitet den Bereich IT. Sie und ihre Mitarbeitenden warten die Computer und Server und schulen die Kollegen und Kolleginnen, wenn neue Software-Programme eingeführt werden.

7

In der Abteilung Forschung und Entwicklung von Herrn Dr. Jo Ross werden neue Produkte entwickelt.

8

Und Jan Hofer plant und steuert die Produktion und ist zuständig für die Qualität.

A 2a – Track 15

- Kann ich Ihnen helfen?
- Ja, gerne. Wo finde ich den Konferenzraum?
- Der Konferenzraum ist im ersten Obergeschoss. Sie können den Aufzug benutzen. Gehen Sie hier geradeaus den Gang entlang und dann rechts. Der Aufzug ist neben der Treppe. Wenn Sie im ersten Obergeschoss aus dem Aufzug treten, gehen Sie links. Der Konferenzraum ist der nächste Raum hinter der Teeküche.
- Vielen Dank.

B 1 – Track 16

Tim: Hallo Mai-Lin, hallo Danylo. Ich mache gerade Tee. Wollt ihr auch einen trinken?

Mai-Lin: Hi, Tim. Ja gern, danke. Der Arbeitstag war bis jetzt wieder ziemlich anstrengend. Es gibt so viel zu tun in meiner Abteilung.

Danylo: Ich bin auch total kaputt und müde. Ich brauche etwas Stärkeres. Ich trinke lieber einen Espresso und keinen Tee. Ich freue mich schon auf den Feierabend in zwei Stunden.

Tim: Hast du etwas Besonderes vor?

Danylo: Eigentlich nicht. Wenn ich nach Hause komme, gehe ich immer zuerst mit meinem Hund spazieren. Da kann ich den Stress vom Arbeitstag abbauen und mich erholen.

Mai-Lin: Gehst du denn auch bei schlechtem Wetter mit deinem Hund raus?

Danylo: Mein Hund muss raus, auch wenn es regnet oder schneit. Schlechtes Wetter macht mir nichts aus. Du kennst ja das Sprichwort: Es gibt kein schlechtes Wetter, nur schlechte Kleidung. Nur wenn es sehr kalt ist, gehe ich nicht so lange mit ihm spazieren.

Mai-Lin: Also, ich muss heute Abend noch mit meinem Mann zur Volkshochschule. Wir möchten im Sommer in Spanien Urlaub machen und wollten deshalb ein bisschen Spanisch lernen. Wir haben gerade den ersten Kurs beendet und fangen jetzt mit dem zweiten an.

Tim: Spanisch wollte ich auch schon immer lernen. Wie oft findet der Kurs denn statt?

Mai-Lin: Es ist ein Intensivkurs. Er findet immer dienstags und donnerstags von 18 Uhr bis 20.30 Uhr statt.

Danylo: Musst du auch Hausaufgaben machen?

Mai-Lin: Natürlich. Meistens lerne oder wiederhole ich Vokabeln im Bus, wenn ich abends nach Hause fahre. Ich habe eine Vokabel-App auf mein Smartphone heruntergeladen. Das ist toll. Und am Wochenende lerne ich immer daheim. Obwohl ich manchmal keine Lust habe.

Danylo: Ich glaube, ich hätte keine Lust, in der Freizeit noch eine Sprache zu lernen.

Tim: Ich habe vor einigen Jahren auch an der VHS Spanisch gelernt. Ich war aber abends immer so müde und habe deshalb nur einen Kurs gemacht.

Mai-Lin: Ja, es ist wirklich nicht immer einfach, nach der Arbeit zu lernen.

Tim: Ich habe mich allerdings jetzt wieder für einen Kurs an der VHS angemeldet.

Mai-Lin: Wofür denn?

Tim: Ich habe mich schon immer für Fotografie interessiert und auch schon sehr viele Fotos mit meinem Smartphone gemacht. Jetzt habe ich mir eine digitale Kamera gekauft und wollte die technischen Grundlagen kennenlernen, damit ich noch besser fotografieren kann. Der Kurs findet aber nur an einem Wochenende statt – und es gibt keine Hausaufgaben!

D 2 – Track 17

1
- Herr Marcos, in unserer Firma ist es üblich, dass sich alle Mitarbeiter duzen. Das gilt auch für mich als Abteilungsleiter. Ich heiße Ludwig.
- Das freut mich, Herr Santander, äh …, Ludwig. Ich bin Pedro.

2
- Frau Tanaka, sicher bin ich einige Jahre älter als Sie, aber weil wir jetzt schon einige Monate sehr gut zusammenarbeiten, sollten wir nicht mehr so förmlich sein und Du zueinander sagen. Mein Vorname ist Elham.
- Toll, Elham. Ja, wir sollten uns duzen. Ich bin Ayaka.

3
- Guten Tag, mein Name ist Robert Hansen. Ich bin neu hier in der Firma. Sie sind Frau Olsen, richtig?
- Also, unter Kollegen duzen sich hier alle Mitarbeiter. Ja, mein Nachname ist Olsen, aber hier bin ich Svenja. Freut mich, dich kennenzulernen, Robert.
- Ja, also dann guten Tag, Svenja.

④ Termine und Absprachen

A 1b – Track 18

DIALOG 1

- Hi Ada, vergiss nicht, dass wir uns morgen mit den Leuten von der Firma ConCox zum Mittagessen treffen!
- Morgen? Ich dachte übermorgen!
- Nein, schau, hier in meinem Kalender steht es. Das Treffen ist morgen, am sechsten Januar um 12.30 Uhr.

DIALOG 2

- Guten Tag, ich bin von der Firma AB. Ich komme, um bei Ihnen die Waschmaschine zu reparieren.
- Oh, Sie sind ja früher hier, als ich gedacht habe.
- Ja, ich war beim letzten Kunden schneller, als ich erwartet habe, und auf der Straße war nur wenig Verkehr.
- Die Waschmaschine steht im Keller. Kommen Sie bitte mit.

DIALOG 3

- Fridolin und Söhne, Sie sprechen mit Waltraut Müller.
- Guten Tag, Frau Müller, hier spricht Armin Freud. Kann ich mit Frau Dombrowski sprechen?
- Frau Dombrowski ist noch nicht im Haus. Kann ich ihr etwas ausrichten?

▶ Ja, wir haben heute um 11.00 Uhr einen Termin, also in einer Stunde. Ich werde mich etwas verspäten, denn ich stehe im Stau.

● Ja, das sage ich Ihr.

▶ Vielen Dank und auf Wiederhören.

DIALOG 4

● Hallo, da bist du ja endlich, Susanne!

▶ Entschuldige, dass ich etwas zu spät komme. Ich habe auf der Straße noch einen alten Freund getroffen. Wir haben uns kurz unterhalten.

● Kein Problem. Ich habe auch noch nichts bestellt.

▶ Dann können wir das jetzt ja zusammen machen.

DIALOG 5

● Hier muss noch eine Mauer gezogen werden. Die muss bis zum nächsten Freitag fertig sein, damit wir den Terminplan einhalten können.

▶ Das könnte schwierig werden, wir haben im Moment zu wenig Leute hier auf der Baustelle. Außerdem müssen wir noch die Bodenplatte für das Nachbarhaus fertig machen.

● Das muss irgendwie klappen. Wir müssen den Zeitplan einhalten, sonst bekommen wir Probleme mit dem Bauherrn.

▶ Ich will sehen, was wir machen können.

DIALOG 6

● Claudio, hast du Zeit, dir kurz diesen Vertrag anzuschauen?

▶ Das geht jetzt gar nicht. Ich muss um 12 Uhr im Rathaus sein. Es ist schon ziemlich spät. Ich muss mich beeilen. Ich schaue mir den Vertrag später an, wenn ich zurück bin.

A 2 – Track 19

1

Vergiss nicht, dass wir uns morgen mit den Leuten von der Firma ConCox zum Mittagessen treffen!

2

Ich werde mich etwas verspäten.

3

Wir haben uns kurz unterhalten.

4

Hast du Zeit, dir kurz diesen Vertrag anzuschauen?

5

Ich muss mich beeilen.

6

Ich schaue mir den Vertrag später an, wenn ich zurück bin.

B 2b – Track 20

Ursula: Fernando und Lydia, habt ihr die Mail wegen der Fortbildung gelesen?

Lydia: Ja, Ursula, ich habe sie gelesen.

Fernando: Ich auch.

Ursula: Ich habe gerade mit den anderen aus der Abteilung gesprochen – sie bitten uns, dass zwei von uns oder wir

alle drei an der Fortbildung teilnehmen, weil sie Kinder haben und das Wochenende mit der Familie zusammensein wollen. Sie haben versprochen, dass wir in den Osterferien unsere Urlaubszeit zuerst planen dürfen und sie sich nach uns richten, wenn wir uns um die Fortbildung kümmern.

Lydia: Ok, wir sind zeitlich sicher flexibler als sie. Ich wäre bereit, an der Fortbildung teilzunehmen. Ich habe an dem Wochenende nichts Besonderes vor. Wie ist es mit euch?

Ursula: Ich habe eigentlich keine Zeit, denn ich wollte an dem Wochenende mit meiner Freundin eine Städtetour nach Paris machen.

Fernando: Ich habe das Wochenende auch schon verplant. Ich fahre mit meinem Fußballverein zu einem Spiel nach Böblingen und ich glaube, meine Mannschaftskollegen wären ziemlich verärgert, wenn ich nicht mitkomme.

Lydia: Aber allein gehe ich nicht zu der Fortbildung. Es ist auf jeden Fall besser, wenn wir zu zweit sind.

Ursula: Das stimmt, wir sollten dich nicht allein lassen. Zum Glück haben wir die Städtetour noch nicht fest gebucht. Ich werde noch einmal mit meiner Freundin sprechen, dass wir die Tour an einem anderen Wochenende machen.

Fernando: Danke, Ursula. Dafür werde ich beim nächsten Mal länger bleiben und Überstunden machen, wenn es mal wieder Mehrarbeit am Abend gibt.

Lydia: Dann melde ich also Ursula und mich für die Fortbildung an und wir berichten euch allen dann auf der nächsten Abteilungsbesprechung nach der Fortbildung, was wir gelernt haben.

D 2a – Track 21

1

● Bitte entschuldigen Sie!

▶ Sie kommen ja schon wieder zu spät zu unserer Teamsitzung. Ich möchte Sie bitten, in Zukunft pünktlich zu sein.

● Es tut mir leid, aber ich musste noch mit der Einkaufsabteilung telefonieren.

2

● Luis, du kommst schon wieder zu spät. Der Arbeitsbeginn ist um 8.00 Uhr. Das sollte nicht mehr vorkommen. Beim nächsten Mal muss ich die Personalabteilung informieren.

▶ Es tut mir leid, aber auf der Hauptstraße war Stau.

● Du solltest früher zu Hause losfahren.

▶ Ok, es wird nicht wieder vorkommen.

● Das hoffe ich.

3

● Guten Tag, wir liefern die neuen Gartenmöbel.

▶ Na, das wurde aber Zeit! Ich warte schon seit einer Stunde. Sie wollten doch um drei Uhr hier sein!

● Es tut uns leid, aber beim letzten Kunden hat es länger gedauert, als wir erwartet haben.

141

4 Übungen

B 4b – Track 22

Martin: Alyssa, wir müssen uns ja noch einigen, wie wir in den Sommerferien, also von Mitte Juli bis Ende August, Urlaub machen. Wichtig ist, dass immer nur maximal drei von uns fünf Kollegen hier im Servicecenter gleichzeitig Urlaub machen können.

Alyssa: Ich weiß, Martin. Die Rundmail von der Geschäftsleitung zum Urlaub habe ich auch gelesen. Was ist mit Fabricio, Anahita und Patricia? Wir hatten vereinbart, dass sie zuerst ihren Urlaub planen, weil sie Kinder haben und nur Urlaub nehmen können, wenn die Schulferien sind.

Martin: Sie haben sich schon geeinigt. Anahita macht vom 16. Juli bis 1. August Urlaub, Fabricio vom 3. bis 22. August und Patricia vom 15. bis 30. August.

Alyssa: Dann wird es schwierig. Unser neues Haus wird Anfang August fertig gebaut. Danach wollen wir umziehen und dann eigentlich vom 15. bis 31. August Urlaub machen.

Martin: Das geht aber nicht. Wenn Fabricio und Patricia vom 15. bis 22. August gleichzeitig weg sind, muss einer von uns neben Anahita hier sein.

Alyssa: Was machen wir dann? Eigentlich würde ich auch gern ab Mitte August Urlaub haben. Könntest du auch im September Urlaub machen?

Martin: Nein, das geht bei mir nicht. Was ist mit dir? Kannst du vielleicht im September in Urlaub gehen?

Alyssa: Das kann ich auf keinen Fall. Mein Mann ist den ganzen September beruflich in den USA.

Martin: Dann schlage ich Folgendes vor: Wenn du nur die letzten zwei Wochen im August Urlaub machen kannst, mache ich wie Anahita von Mitte bis Ende Juli Urlaub. Dann kannst du ohne Probleme von Mitte bis Ende August wegfahren.

Alyssa: Einverstanden und vielen Dank. Im nächsten Jahr darfst du dann zuerst entscheiden, wann du deinen Sommerurlaub nimmst.

D 3a – Track 23

Moderator: Liebe Hörerinnen und Hörer, unser heutiges Thema ist Pünktlichkeit. Sind die Deutschen tatsächlich so pünktlich, wie man allgemein sagt? Oder gibt es auch Situationen, in denen man unpünktlich sein kann, ohne dass es Probleme gibt? Dazu haben wir einige Leute auf der Straße befragt.
Frau Lutter zum Beispiel sagt:

Frau Lutter: Ja, ganz ohne Pünktlichkeit funktioniert der Alltag nicht, aber es gibt auch Situationen, wo man nicht ganz pünktlich sein muss. Wenn zum Beispiel auf der Einladung zu einer Party steht „ab 20.00 Uhr", dann ist es nicht so schlimm, wenn man eine Stunde später kommt. Die Gastgeber rechnen nicht mit der Pünktlichkeit ihrer Gäste. Aber in anderen Situationen, zum Beispiel bei der Arbeit, ist Pünktlichkeit schon sehr wichtig.
Ich persönlich glaube, dass sich ein eher pünktlicher Mensch bin. Nicht nur bei der Arbeit, sondern auch, wenn ich zum Beispiel in einem Café verabredet bin und eine Freundin oder ein Freund wartet auf mich. Dann versuche ich immer, nicht mehr als maximal fünf Minuten zu spät zu kommen.

Moderator: Und das sagt Herr Landowski:

Herr Landowski: Pünktlichkeit in Deutschland? Ich bin nicht ganz sicher, ob man Pünktlichkeit in Deutschland wirklich so ernst nimmt. Viele Leute – und ich gehöre dazu – sind eher unpünktlich. Zum Glück habe ich flexible Arbeitszeiten und kann selbst entscheiden, wann ich an meinem Arbeitsplatz bin und wann ich ihn verlasse, denn sonst würde ich sicher Probleme mit meinen Vorgesetzen bekommen.
Es kann schon vorkommen, dass ich mich zum Beispiel bei einer Einladung bei einer Freundin 20 oder auch 30 Minuten verspäte – aber auf jeden Fall rufe ich dann an und sage, dass ich später komme als geplant. Ich bin auch nicht verärgert, wenn Leute verspätet zu einer Verabredung mit mir kommen.

Moderator: Herr Vargas sagt zu dem Thema:

Herr Vargas: Ganz sicher gehöre ich zu den pünktlichen Menschen, sowohl bei privaten Verabredungen als auch im Beruf – zum Beispiel bei Besprechungen mit Kollegen oder Kundenterminen. Ich mag es auch nicht, wenn andere zu spät kommen.
Es kann aber passieren, dass man keine Chance hat, pünktlich zu sein, zum Beispiel, wenn es Zugverspätungen oder Staus auf den Autobahnen gibt, was ja nicht so selten vorkommt. Damit das Risiko für Verspätungen aus diesen Gründen nicht zu groß wird, plane ich immer sehr viel Zeit für Auto- oder Bahnfahrten ein, wenn ich zu einem wichtigen Termin muss oder zu einem bestimmten Zeitpunkt am Flughafen sein muss. So habe ich am Flughafen manchmal zwar lange Wartezeiten, aber das ist immer noch besser, als einen Flug zu verpassen. Natürlich ist es dann ärgerlich, wenn auch der Flug Verspätung hat.

Moderator: Und Frau Siri meint:

Frau Siri: Es gibt Situationen, in denen es besser ist, etwas früher zu kommen als vereinbart. Und es gibt Situationen, wo es vielleicht sogar etwas besser ist, etwas später zu kommen als vereinbart.
Bei einem Arzttermin, aber auch bei einem Bewerbungsgespräch sollte man ruhig etwas früher kommen als vereinbart – so zehn Minuten. Wenn man aber zum Beispiel eine Verabredung zum Essen um 19.00 Uhr hat, dann ist es nicht ganz so schlimm, wenn man etwas später kommt. Ich meine mit „etwas später" natürlich nicht zu viel. Zehn Minuten finde in Ordnung – das ist vielleicht auch ganz gut, denn so haben die Gastgeber etwas weniger Hektik, wenn sie zum Beispiel noch den Tisch decken müssen. Das ist jedenfalls meine Meinung.

⑤ Waren – Branchen – Handel

A 1a – Track 24

DIALOG 1

- Guten Tag, ein Kilo Kirschen bitte.
- Gerne. Die sind im Angebot. 5 Euro 50 das Kilo. Darf es noch etwas sein?
- Haben Sie schon Spargel?
- Ja, der erste dieses Jahr, hier aus der Region. Ausgezeichnete Qualität.
- Wie viel kostet er?
- 13 Euro das Kilo.
- Mmh, dann bitte 500 Gramm.

DIALOG 2

- Guten Tag. Wir suchen einen neuen Fernseher. Sie haben hier zwei Geräte, die uns interessieren. Der SU 727 und der XC 42. Beide sind gleich groß, aber der XC 42 ist 100 Euro teurer. Was ist der Unterschied? Könnten Sie uns beraten?
- Gerne. Nun, der Unterschied liegt in der Bildauflösung. Der SU 727 hat Full HD und das andere Modell kann Ultra HD empfangen.
- Was bedeutet das?
- Das sind Standards für die Bildauflösung, also die Bildqualität. Ich kann Ihnen mal Bilder in beiden Standards zeigen …

DIALOG 3

- Schau mal, die Hose, nur 39 Euro. Sie sieht gut aus. Was denkst du?
- Ja, das finde ich auch. Die haben hier oft Sonderangebote, wirklich tolle Preise. Ich habe hier schon oft etwas gekauft. Auch die günstigen Klamotten haben hier immer eine super Qualität. Schau doch mal, ob sie dir passt?
- Wo sind denn die Umkleidekabinen?

DIALOG 4

- Sitzt du schon wieder am Bildschirm?
- Ja, ich brauche neue Schuhe.
- Aber wenn die nicht passen?
- Das macht nichts. Man kann alles problemlos zurücksenden und bei diesem Internet-Anbieter kostet das nichts. Das ist für mich besonders wichtig. Kaufen ohne Risiko.

B 1a – Track 25

Anton Moss: Herzlich willkommen liebe Gäste zu unserer kleinen Führung durch unser Werk. Mein Name ist Anton Moss und ich leite diese Möbelfirma. Bevor ich Ihnen die Abteilungen und den Weg unserer Produkte vorstelle, kurz noch etwas zu unserem Unternehmen. Uns gibt es seit 1984. Damals gab es noch sehr wenige Möbelbauer, die sich Gedanken über eine umweltfreundliche Möbelproduktion machten. Wir haben klein angefangen, mit einer kleinen Tischlerei hier im Schwarzwald und 15 Mitarbeitern. Heute beschäftigen wir über 1000 Menschen und haben unseren Kundenkreis vergrößert. Umweltfreundliche Möbelproduktion bedeutet für uns, wir fällen nur so viele Bäume, wie wir brauchen. Das machen wir, damit das Holz nachwachsen kann. All das Holz, das wir verarbeiten, stammt von hier, es wird nicht aus anderen Ländern importiert. Und das bedeutet, es gibt keine langen Transportwege, die der Umwelt schaden. Außerdem verwenden wir keine umweltschädlichen Stoffe, sondern behandeln das Holz nur mit natürlichem Öl. Machen wir uns auf den Weg.

B 1b – Track 26

STATION 1

Anton Moss: So, hier sind wir nun bei der ersten Station angekommen: Hier werden neue Produkte entwickelt und bestehende Produkte verbessert. Es wird viel geforscht. In Laborversuchen wird die Nachhaltigkeit neuer Materialien getestet. Nach langen Versuchsreihen können die Möbel dann in die Produktion gehen.

STATION 2

Anton Moss: In diesem Gebäude werden die Möbel dann hergestellt. Das Holz wird zersägt – dabei haben die Mitarbeiter große Erfahrung im Umgang mit Maschinen. Diese technischen Anlagen werden regelmäßig gewartet.

STATION 3

Anton Moss: In dieser Halle werden die Möbel aufbewahrt. Jede Lieferung wird noch einmal genau geprüft. Spezielle Software zeigt an, welche Produkte fehlen. Diese Produkte werden dann in der Produktionsabteilung bestellt.

STATION 4

Anton Moss: Diese Abteilung befindet sich direkt neben dem Lager. Hier werden Lieferscheine ausgestellt und Rechnungen gedruckt. Außerdem werden hier die Mitarbeiter im Lager informiert, was verpackt und versandt werden soll.

STATION 5

Anton Moss: So, und hier werden die Möbel von Speditionen auf LKW und Container geladen und anschließend zu den Kunden gebracht.

STATION 6

Anton Moss: Nun, meine Damen und Herren, da ab hier unsere Waren unser Haus verlassen, möchte ich Ihnen den weiteren Produktweg auf dieser Tafel präsentieren. Also, hier links sehen Sie einen unserer Großkunden. Er kauft die hergestellten Möbel in großen Mengen und lagert sie bei sich. Von dort werden die Möbel weiter an den Einzelhandel verkauft.

STATION 7

Anton Moss: Und hier rechts außen sehen Sie, dass unsere Möbel vom Großhandel dann an die einzelnen Möbelgeschäfte geliefert werden. Dort werden sie an die Endkunden, also an Sie alle, verkauft.

STATION 8

Anton Moss: Ja, und als letzte Station möchte ich noch betonen: All das würde nicht ohne die Arbeit unserer Mitarbeiter in dieser Abteilung, die Sie hier rechts oben sehen, funktionieren. Ihre Aufgabe besteht darin, neue Kunden zu gewinnen und den Kontakt zu den bestehenden Kunden zu pflegen. Hier wird auch der Markt beobachtet – der Absatz und die Absatzwege werden hier geplant.

Haben Sie vielen Dank, dass Sie bei dieser Runde durch unser Haus teilgenommen haben. Und kommen Sie gut wieder nach Hause.

C 3a – Track 27

Moderatorin: Hallo liebe Zuhörerinnen und Zuhörer, hier sind wir wieder bei der Sendung „Berufe wünschen". Heute haben wir drei Erwerbstätige zu Gast, die sich eine Veränderung im Beruf wünschen. Herr Hirz, wollen Sie den Anfang machen?

Lothar Hirz: Ja, das kann ich machen. Ich bin LKW-Fahrer, oder Berufskraftfahrer, wie das heißt. Ich fahre für Speditionen, transportiere alle möglichen Güter. Dabei bin ich oft die ganze Woche unterwegs und nur am Wochenende zu Hause. Und das ist das Problem. Ich fahre zwar sehr gern LKW, aber die Arbeitszeiten sind sehr stressig.

Ich würde gern bei einem städtischen Verkehrsbetrieb arbeiten. Personenverkehr an sich finde ich interessant, aber vor allen Dingen denke ich, dass die Arbeitsbedingungen in einem städtischen Betrieb besser sind. Auf jeden Fall hätte ich gern geregelte Arbeitszeiten.

Moderatorin: Vielen Dank, Herr Hirz, für Ihre Offenheit. Und weshalb sind Sie unzufrieden, Frau Kipp?

Anna Kipp: Ich habe Innenarchitektur und Architektur studiert, leider aber nur eine Stelle als Fachverkäuferin in einem Möbelgeschäft gefunden. Ich verkaufe nicht nur, meine Aufgabe besteht vor allem darin, Kunden zu beraten. Oft brauchen sie Tipps, wie sie ihre Wohnung einrichten sollen. Manchmal zeichne ich am Computer auch Pläne ihrer Wohnung, zum Beispiel, wenn es darum geht, auf kleinem Platz verschiedene Möbel anzuordnen.

Leider ist die Arbeit nicht sehr gut bezahlt. Ich hätte gern ein besseres Gehalt und wäre gern in meinem gelernten Beruf tätig. Als Innenarchitektin oder Architektin könnte ich auch viel kreativer arbeiten.

Moderatorin: Da drücken wir Ihnen die Daumen! Und warum wollen Sie, Herr Reda, sich beruflich verändern?

Paolo Reda: Ich habe eine kleine Tischlerei. Die Arbeit mit Holz macht mir großen Spaß. Ich mag es, wenn ich nach meiner Arbeit sehen kann, dass etwas entstanden ist. Als Tischler bekomme ich unterschiedliche Aufträge, von der Entwicklung neuer Möbel bis hin zu Ausbesserungs- und Reparaturarbeiten.

Mit einer eigenen Firma trägt man aber immer ein großes finanzielles Risiko. Aus diesem Grund würde ich gern meine Selbstständigkeit aufgeben. So wäre ich gern fest angestellter Kundenberater bei einer großen Möbelfirma.

⑤ Übungen

C 4b – Track 28

1

Lothar Hirz: Wenn ich bei der Stadt arbeiten würde, wäre ich zufriedener. Dann hätte ich geregelte Arbeitszeiten.

2

Anna Kipp: Wenn ich als Architektin arbeiten könnte, würde ich viel besser verdienen. Dann könnte ich kreativer sein.

3

Paolo Reda: Wenn ich eine feste Anstellung hätte, müsste ich mir finanziell nicht mehr so viele Sorgen machen. Dann könnte ich mehr Urlaub machen.

⑥ Dienstleistungen

A 1b – Track 29

DIALOG 1

● Hast du schon die Bestellung von Möbelhaus Walter zusammengestellt? Du weißt ja, die Ware muss spätestens morgen beim Kunden sein.

▶ Ich bin gerade dabei, die Bestellung zu verpacken. Sie geht noch heute Mittag raus. Der LKW wird die Möbel noch heute Nachmittag anliefern.

● Sehr gut.

DIALOG 2

● Können Sie mir bitte helfen?

▶ Aber natürlich.

● Ich interessiere mich für das Neptun Z100.

▶ Das ist ein tolles Smartphone. Es hat drei Kameras. Wenn Sie das Gerät mit 128 GB Speicherplatz ohne Vertrag kaufen wollen, kostet es nur 349,95 Euro.

● Und mit Vertrag?

▶ Wenn Sie das Neptun Z100 mit Vertrag kaufen, müssen Sie eine einmalige Zahlung von 9,95 Euro leisten. Die monatlichen Zahlungen betragen dann 56,95 Euro.

● Ich glaube, ich nehme es mit Vertrag.

DIALOG 3

● Bitte unterschreiben Sie hier.

▶ Danke, die Sendung kam aber sehr schnell. Ich dachte, das Paket würde erst morgen kommen.

DIALOG 4

● Was essen wir heute Abend? Ich habe keine Lust zu kochen.

▶ Ich auch nicht. Wir könnten ja mal wieder online Essen bestellen.

● Gute Idee. Worauf hättest du Lust? Chinesisch oder Italienisch?

▶ Lieber Italienisch. Ich habe Lust auf Pizza.

● Ja, Pizza ist gut.

(…)

▶ Was macht das?

▶ 28 Euro.

DIALOG 5

● Wir möchten das Wohn- und Schlafzimmer streichen lassen.

▶ Die Wände und die Decken?

● Ja, und die Türen müssen auch lackiert werden.

▶ In welcher Farbe?

● Ich weiß nicht, vielleicht in Blau.

▶ Das würde bestimmt sehr gut aussehen.
Um den Preis zu kalkulieren, muss ich aber erst die Wandfläche berechnen.

● Natürlich. (…)

▶ Bei einer Fläche von 80 Quadratmetern müssen Sie mit etwa 900 Euro rechnen. Aber ich schicke Ihnen noch mein Angebot zu.

DIALOG 6

● Ich möchte mich bei Ihnen beschweren. Letzte Woche habe ich eine Kaffeemaschine bei Ihnen gekauft, aber sie funktioniert nicht mehr.

▶ Das tut mir sehr leid. Was ist denn das Problem?

● Es gibt eine Fehlermeldung: Störung 8.

▶ Vielleicht gibt es ein Problem mit der Elektronik. Ich schicke sie am besten zu unserem Reparaturservice.

● Gut. Wie lange wird das dauern?

B 1a – Track 30

Nabil Galal: War eigentlich der Maler heute hier?

Laila Galal: Ja, Malermeister Böhm kam mit einem Lehrling pünktlich um 12.00 Uhr.

Nabil Galal: Und? Was hat er gesagt?

Laila Galal: Es ging ganz schnell. Er hat sich die Wände und Decke im Wohnzimmer angeschaut und meinte, man müsste sie nicht neu tapezieren. Und dann hat er die Wand- und Deckenfläche berechnet.

Nabil Galal: Hast du mit ihm auch über die Farben für die Wände und die Decke gesprochen?

Laila Galal: Natürlich. Er hat mich wirklich sehr gut beraten. Er meinte, wir sollten die Wände in hellen und nicht in dunklen Farben streichen lassen, wie ich ursprünglich wollte. Dann wirkt ein Raum größer, als er tatsächlich ist. Er meinte, dunkle Farben wie zum Beispiel Rot sind prima, wenn man große Räume kleiner wirken lassen möchte. Aber unser Wohnzimmer ist nicht so groß.

Nabil Galal: Also, dann doch Weiß, wie ich schon immer gesagt habe.

Laila Galal: Ja, Weiß wäre eine Möglichkeit. Er meinte aber, Gelb würde sehr gut zu unseren Möbeln passen. Und das finde ich auch. Die Decke soll aber weiß bleiben.

Nabil Galal: Wenn du meinst. Hat er auch gesagt, was es ungefähr kosten würde?

Laila Galal: Ja, zwischen 900 und 1000 Euro. Er mailt uns das Angebot bis spätestens Freitag.

Nabil Galal: Das ist ganz schön teuer. Findest du nicht?

Laila Galal: Doch, ich war auch etwas geschockt. Ich hatte gedacht, dass es nicht mehr als 800 Euro kosten würde.

B 2a – Track 31

Nabil Galal: Hallo, Anna, hallo, Rolf. Kommt doch rein.

Anna Kling: Hallo, Nabil, hallo, Laila. (…)
Das Wohnzimmer sieht toll aus. Hattet ihr euch dann doch für Malermeister Böhm entschieden?

Laila Galal: Ja. Nachdem wir drei Angebote eingeholt hatten, entschieden wir uns für Malermeister Böhm.

Nabil Galal: Preislich gab es bei den Angeboten kaum Unterschiede. Wir haben uns für ihn entschieden, weil er meine Frau so gut beraten hatte und weil er so freundlich war.

Laila Galal: Stimmt. Als wir uns dann endlich entschieden hatten, waren wir richtig froh. Unser Wohnzimmer war wirklich nicht mehr schön.

Nabil Galal: Aber nachdem wir den Auftrag bestätigt hatten, wurden wir beide krank. Die Grippe.

Anna Kling: Oh je.

Laila Galal: Ja, wir mussten also den Termin verschieben. Und es war nicht einfach, einen neuen Termin zu finden, denn Malermeister Böhm hat im Frühjahr fast keine freien Termine.

Rolf Kling: Wie lange haben die Malerarbeiten denn gedauert?

Laila Galal: Drei Tage. Aber wir mussten einen Tag vorher das Wohnzimmer ganz ausräumen. Das war ziemlich anstrengend. Und es hat viel länger gedauert, als wir gedacht hatten. Wir hatten ein ziemliches Chaos in der Wohnung. Überall standen Kartons und Möbel. Es war schlimm.

Rolf Kling: Die gelben Wände und die weiße Decke – das gefällt mir richtig gut.

Anna Kling: Das Zimmer wirkt jetzt viel freundlicher und auch größer.

Rolf Kling: Das Sofa und der Sessel sind doch auch neu, oder?

Laila Galal: Ja, sie sind erst vor ein paar Tagen gekommen. Sie waren im Angebot bei Möbel Walter.

Anna Kling: Sie gefallen mir sehr gut. Die Farben passen sehr gut zu den Wänden.

Nabil Galal: Wir haben auch noch ein neues Regal bestellt. Aber das kommt erst in ein oder zwei Wochen.

Laila Galal: Setzt euch doch. Möchtet ihr einen Tee oder lieber einen Kaffee?

Rolf Kling: Für mich bitte einen Kaffee.

Nabil Galal: Aber stellt euch vor: Bevor die Maler mit dem Streichen richtig anfangen konnten, war ein Maler gestürzt und hatte sich den Fuß gebrochen.

Rolf Kling: Was? Das gibt es doch nicht! Und was ist dann passiert?

Laila Galal: Er musste ins Krankenhaus. Dadurch haben sich die Arbeiten um einen Tag verzögert. Als sie endlich alles gestrichen hatten, haben wir das Wohnzimmer sofort wieder eingeräumt und die ganze Wohnung geputzt.

Anna Kling: Aber jetzt habt ihr ja alles überstanden. …

C 3a – Track 32

DIALOG 1

- Enderle Wärmeservice, Sie sprechen mit Berta Morales.
- ▶ Hier ist noch einmal Amanda Paulsen. Vor vier Tagen waren zwei Mitarbeiter Ihrer Firma hier. Sie haben die Heizung gewartet. Aber seit gestern geht gar nichts mehr. Die Heizkörper werden nicht warm.
- Moment, ich rufe mal eben Ihren Auftrag hier im Computer auf. Haben Sie die Auftragsnummer?
- ▶ Ja, die Auftragsnummer ist die 304561.
- Die Monteure haben geschrieben, dass die Heizung nach der Wartung einwandfrei funktioniert hat. Und jetzt funktioniert sie nicht mehr?
- ▶ Nein, absolut nicht. Sie müssen so schnell wie möglich kommen. Ab morgen soll es noch kälter werden.
- Ja, klar. Passt Ihnen morgen früh um acht Uhr?
- ▶ Ja, das passt. Danke, dass es so schnell geht. Auf Wiederhören.

DIALOG 2

- Guten Tag, ich habe vor einer Woche bei Ihnen diese Kamera gekauft – für 1499 Euro. Aber jetzt macht sie keine Fotos mehr.
- ▶ Vielleicht ist der Akku defekt? Darf ich mal sehen?
- Ja, hier. Sie können den Akku gerne testen.
- ▶ Hm, da gibt es ein Problem. Vielleicht ist das Display kaputt.
- Was machen Sie jetzt?
- ▶ Wir schicken die Kamera in die Werkstatt. Die prüfen und reparieren sie. Haben Sie die Quittung?
- Ja, die habe ich hier. Wann kann ich die Kamera zurückbekommen?
- ▶ Heute ist Dienstag. Ich denke, nächste Woche Montag können Sie die Kamera hier abholen.

DIALOG 3

- Lavamet GmbH, Sie sprechen mit Michael Oliveira. Was kann ich für Sie tun?
- ▶ Guten Tag, mein Name ist Rebecca Jeschke von der Großwäscherei Braun. Sie haben vorgestern Waschmaschinen in unsere Filialen in Stuttgart und Ludwigsburg geliefert.
- Ja, richtig. Ich hoffe, die Ware ist gut angekommen.
- ▶ In Stuttgart ist alles in Ordnung, aber in Ludwigsburg wird das Wasser in vier Waschmaschinen nicht warm. Wie haben alles ausprobiert, aber es funktioniert einfach nicht.
- Dann sollten wir einen Mitarbeiter vom Kundendienst zu Ihnen schicken.
- ▶ Ja, bitte möglichst schnell.
- Wir können schon für Morgen einen Termin machen. Sagen wir um 10.00 Uhr?
- ▶ Morgen, Mittwoch? Ja, das passt, wir erwarten Ihren Mitarbeiter. Vielen Dank und auf Wiederhören.
- Auf Wiederhören.

DIALOG 4

- SCRIPT Papiergroßhandel, Adeniz, guten Tag. Was kann ich für Sie tun?
- ▶ Guten Tag, hier ist Barbara Gollwitz vom Kopier-Center in

Berlin. Ich muss leider Ihre Lieferung vom 25. April reklamieren.
- Ach! Was ist denn passiert?
- ▶ Sie haben die Mengen verwechselt und zu viel Fotopapier, aber zu wenig Kopierpapier geliefert.
- Oh, Moment, ich suche den Lieferschein …
  Hier steht: viermal 500 Blatt Kopierpapier und 200-mal 100 Blatt Fotopapier.
- ▶ Aber wir hatten nur 2.000 Blatt Fotopapier, aber 20.000 Blatt Kopierpapier bestellt. Das haben wir in unserer E-Mail vom 17. April geschrieben.
- Ich habe Ihre Mail aufgerufen. Sie haben recht. Das ist mir wirklich peinlich.
- Können Sie uns bitte noch 18.000 Blatt Kopierpapier nachliefern?
- ▶ Aber natürlich. Was ist mit dem Fotopapier, das wir zu viel geliefert haben?
- Wir schicken die zu viel gelieferte Ware zurück.

⑥ Übungen

A 1a – Track 33

Moderator: Ich begrüße Sie, liebe Hörerinnen und Hörer, zu unserer Sendung „Magazin am Nachmittag". Ich bin Frank Müller. Es heißt, im Bereich Dienstleistungen gibt es die meisten neuen Jobs. Im Jahr 1970 arbeiteten mehr als 40 % der Beschäftigten in Deutschland in der Industrie – zum Beispiel in der Automobilindustrie, in der chemischen Industrie oder im Maschinenbau. Heute sind es weniger als 20 %. Fast drei Viertel aller Arbeitsplätze sind heute im Dienstleistungssektor. Und noch eine Statistik: Etwa 80 % aller Unternehmen in Deutschland sind Dienstleistungsunternehmen. Mein Gast im Studio ist Vanessa Wirth. Sie ist Professorin und Expertin für den Arbeitsmarkt. Guten Tag, Frau Wirth.

Vanessa Wirth: Hallo, Herr Müller. Vielen Dank für die Einladung.

Moderator: Frau Wirth, vielleicht können Sie zunächst unseren Hörerinnen und Hörern erklären, was man unter Dienstleistungen versteht.

Vanessa Wirth: Im Bereich Dienstleistungen arbeiten Menschen für andere Menschen. Dafür bekommen sie Geld. Früher hat man gesagt, sie haben einen Dienst geleistet. Man möchte zum Beispiel seine Haare schneiden lassen. Mit diesem Wunsch geht man zum Friseur. Das Haareschneiden ist die Dienstleistung. Weitere Beispiele sind eine Behandlung bei einem Arzt, eine Fahrt in einem Taxi, eine Autoreparatur in einer Werkstatt oder der Besuch eines Konzerts.

Moderator: Das heißt also, die Beschäftigten im Dienstleistungssektor produzieren keine Güter oder Waren.

Vanessa Wirth: Ganz genau. Die Berufe und Branchen können allerdings sehr unterschiedlich sein.

Moderator: In welchem Bereich arbeiten denn die meisten Menschen?

Vanessa Wirth: Im Handel. Fast ein Fünftel der Beschäftigten im Dienstleistungssektor arbeitet in diesem Bereich. 19 % um genau zu sein. Dazu gehören zum Beispiel der Einzelhandel und der Verkauf von Waren an die Verbraucher – entweder in einem Geschäft oder online. Fast genauso viele Menschen wie im Handel arbeiten im Bereich Unternehmensdienstleistungen, nämlich 18 %.

Moderator: Was gehört alles zu Unternehmensdienstleistungen?

Vanessa Wirth: Darunter versteht man Dienstleistungen, die nicht von Privatleuten, sondern nur von Unternehmen genutzt werden – zum Beispiel Wachdienste, Werbeagenturen oder Logistikunternehmen.

Moderator: Und wie sieht es im Bereich Gesundheit aus?

Vanessa Wirth: Da arbeiten 14 % der Beschäftigten. Aber wir erwarten, dass in den nächsten Jahren der Gesundheitsbereich stärker wachsen wird. Fast ein Zehntel – 9 % – ist übrigens in den öffentlichen Verwaltungen beschäftigt. Drei weitere Bereiche mit vielen Beschäftigten sind Erziehung und Unterricht mit 8 %, Verkehr mit 7 % und das Gastgewerbe mit 6 %.

Moderator: Was erwarten Sie für die Zukunft?

Vanessa Wirth: Die Anzahl der Beschäftigten im Dienstleistungssektor hat sich zwischen 1970 und heute mehr als verdoppelt. Ich bin davon überzeugt, dass dieser Sektor in den nächsten Jahren weiterhin sehr stark wachsen wird.

Moderator: Vielen Dank, Frau Wirth, für diese interessanten Informationen. Und jetzt …

D 1 – Track 34

Moderator: Guten Tag, meine Damen und Herren. Ich begrüße Sie zu unserer Sendung „Berufswelt". Wussten Sie, dass die Zahl der Beschäftigten in Callcentern in den letzten zehn Jahren stark gewachsen ist? Heute gibt es mehr als 160.000 Beschäftigte in Callcentern in Deutschland.
Am Telefon ist der Arbeitsmarktexperte Herr Dr. Gerlach. Herr Dr. Gerlach, was macht ein Mitarbeiter in einem Callcenter?

Herr Dr. Gerlach: Callcenter-Mitarbeiter nehmen Anrufe von Kunden entgegen und beantworten ihre Fragen und beraten sie, wenn sie Probleme mit den Produkten und Dienstleistungen der Firma haben, für die die Servicemitarbeiter arbeiten. Sie sind also auch für das Beschwerdemanagement ihrer Firma zuständig. Inzwischen werden die Kunden aber immer öfter in Live-Chats am Computer beraten. Meistens arbeiten sie in Großraumbüros, manche aber auch von zu Hause aus.

Moderator: Wie wird man Mitarbeiter in einem Callcenter? Welche Voraussetzungen gibt es?

Herr Dr. Gerlach: Man braucht keinen bestimmten Schulabschluss. Viele Beschäftigte in diesem Bereich haben eine Weiterbildung in Teil- oder Vollzeit absolviert.

Moderator: Worauf kommt es in dem Beruf an? Welche Kompetenzen sollte man haben?

Herr Dr. Gerlach: Man braucht auf jeden Fall eine gute Stimme, denn man telefoniert den ganzen Tag mit Kunden. Man muss jeden Anrufer schnell und so effektiv wie möglich beraten. Damit man das schaffen kann, muss man sich konzentrieren können. Natürlich kommt es auch auf die Kommunikationsfähigkeit an. Man muss eine gute Menschenkenntnis besitzen, denn in dem Job muss man mit verschiedenen Menschen umgehen und für sie passende Lösungen finden können. Darüber hinaus braucht man Überzeugungskraft. Ziel ist es ja, Kunden „glücklich" zu machen.

Moderator: Und wie viel verdienen die Mitarbeiter durchschnittlich im Jahr?

Herr Dr. Gerlach: Ca. 24.000 Euro brutto. Das Gehalt hängt aber von verschiedenen Faktoren wie der Größe des Unternehmens, der Berufserfahrung sowie der Branche ab.

7 Zukunftsperspektiven

A 2a – Track 35

Moderatorin: Verehrte Hörerinnen und Hörer, in den letzten Jahren haben neue Techniken und Digitalisierung das Leben stark verändert. Zu diesem Thema haben wir Passanten auf der Straße gefragt, was das für sie persönlich bedeutet. Hier einige Antworten.
So sagt zu Beispiel Herr Wuxi Ni zu dem Thema:

Wuxi Ni: Also, wenn es um technische Veränderungen geht, die für mich wichtig sind, fällt mir zuerst das Navi ein. Ich bin beruflich viel unterwegs und mache oft Kundenbesuche in Städten, die ich nicht so gut kenne. Früher war es nicht einfach, Adressen zu finden. Entweder mussten mir die Kunden genau beschreiben, wo sie ihr Büro haben, oder ich brauchte einen Stadtplan oder auch beides. Heute liegen alle Stadtpläne, die ich früher im Auto hatte, in meinem Büro. Mit einem Navi, das ich jetzt im Auto habe, ist alles viel einfacher geworden.
Allerdings ist ein Navi auch nicht immer perfekt. Manchmal zum Beispiel gibt es Baustellen, die es nicht kennt, oder es sind Straßen gesperrt. Dann muss ich oft große Umwege fahren oder lange suchen, um zur richtigen Adresse zu kommen – oder ich muss die Kunden doch anrufen, um nach dem Weg zu fragen.

Moderatorin: Und Frau Stella Adhiambo meint:

Stella Adhiambo: Natürlich hat die technische Entwicklung der letzten Jahre auch mein Leben verändert – und da denke ich nicht nur an die veränderte Kommunikation, z. B. per Internet. Auch Lesegewohnheiten verändern sich. Viele Leute lesen heute mehr Texte am Bildschirm als auf Papier wie früher. Auch ich muss bei der Arbeit leider viel am Bildschirm meines PCs lesen. Auch das E-Book ist ein gutes Beispiel für die Veränderungen. Der Leser hat nur noch einen einfachen, leichten Bildschirm in der Hand und kann darauf viele viele Bücher speichern, für die früher ein ganzer Koffer oder mehr erforderlich gewesen wäre. Das ist natürlich praktisch, aber ich persönlich bin eine begeisterte Leserin, die lieber ein Buch aus Papier in der Hand hat. Ein E-Book würde ich mir nie kaufen.

Moderatorin: Und Herr Alvaro Arango äußerte sich folgendermaßen:

Alvaro Arango: Die moderne Technik ist wirklich anders geworden. Früher brauchten wir viele getrennte Geräte, heute sind viele Funktionen z. B. in einem Smartphone versammelt. Ich kann mit meinem Smartphone nicht nur telefonieren, sondern auch fotografieren. Außerdem kann ich Filme sehen und mich mit dem Kompass orientieren. Sogar Handwerksgeräte werden schon ersetzt! In meinem Smartphone habe ich zum Beispiel eine elektronische Wasserwaage, die ich erst neulich benutzt habe, als ich ein Regal im Wohnzimmer aufgehängt habe. Das finde ich einfach super. Sicher, ein gutes Smartphone ist teuer, aber auf der anderen Seite gibt man auch weniger Geld aus, weil es einfach nicht mehr notwendig ist, bestimmte Geräte zu kaufen.

Moderatorin: Ok, das war's, liebe Hörerinnen und Hörer, ich hoffe, die Beiträge waren für Sie …

C 1a – Track 36

Moderator: Liebe Hörerinnen und Hörer, in unserer Serie „Arbeit und Leben" geht es heute um das Thema Digitalisierung. Wir sprechen mit Frau Müntefering vom Institut für Zukunftsforschung in Unterrode. Guten Tag, Frau Müntefering.

Frau Müntefering: Guten Tag.

Moderator: Frau Müntefering, wie wird die Digitalisierung die Arbeitswelt verändern?

Frau Müntefering: Diese Frage ist schon heute aktuell, die Digitalisierung hat die Arbeitswelt schon jetzt verändert. Und ich bin sicher, dass es auch in Zukunft weitere Veränderungen geben wird. So sind zum Beispiel viele neue Berufe entstanden, denken Sie z. B. an den Beruf des Webdesigners, der heute und in Zukunft wichtig bleiben wird – und es werden noch viele andere Berufe entstehen.

Moderator: Welche anderen Berufe sind neben dem Webdesigner neu entstanden? Können Sie einige Beispiele geben?

Frau Müntefering: Ja, neue Berufe sind z. B. der Beruf IT-Systemkauffrau oder IT-Systemelektroniker. In beiden Berufen ist die digitale Informationstechnologie der Schwerpunkt und es gibt für sie eine dreijährige Ausbildung.

Moderator: Ist es auch denkbar, dass Berufe verschwinden?

Frau Müntefering: Ja, das ist auch möglich, aber das ist eigentlich auch nichts Neues. Durch technische und soziale Veränderungen sind schon immer Berufe verschwunden und neue entstanden. Denken Sie zum Beispiel an die Landwirtschaft und das Handwerk. Durch die technische Entwicklung sind hier im Laufe der Jahrzehnte Berufe und Arbeitsmöglichkeiten verschwunden. Schon in kurzer Zeit wird es z. B. bei Banken und Versicherungen große Veränderungen

geben. Durch die weitere Entwicklung des Online-Bankings z. B. brauchen die Banken viel weniger Mitarbeiter im Kundenservice.

Moderator: Das heißt, traditionelle Berufe haben keine Zukunft?

Frau Müntefering: Nein, das heißt es nicht. Es wird auch in Zukunft noch viele traditionelle Berufe geben. Aber die Weiterbildung wird immer wichtiger, und die Unternehmen werden in passende Programme investieren müssen. Wenn sie das nicht tun, werden sie Probleme mit der Konkurrenz bekommen. In diesem Kontext kann E-Learning hilfreich sein, also das Lernen mit elektronischen oder digitalen Medien. Ich denke, dass viele Firmen das E-Learning in den kommenden Jahren immer mehr nutzen werden. Es bietet viele Vorteile gegenüber klassischen Fortbildungsmaßnahmen.

Moderator: Welche Vorteile meinen Sie?

Frau Müntefering: E-Learning lässt sich gut in den Arbeitsalltag integrieren. Die Mitarbeiter müssen z. B. nicht mehr ganze Wochenenden oder feste Abendtermine freihalten, um sich weiterzubilden. Sie können die Lerninhalte flexibel von den Lernplattformen abrufen, wann immer es ihnen passt. Außerdem kann man beim E-Learning die Lerninhalte sehr gut auf die individuellen Bedürfnisse der Mitarbeiter abstimmen.

Moderator: Vielen Dank, Frau Müntefering, für diese interessanten Ausblicke.

⑦ Übungen

C 1 – Track 37

Siehe Track 36.

D 3 – Track 38

Moderator: Liebe Hörerinnen und Hörer, in unserer Serie „Arbeit und Leben" geht es heute um die Frage, wie stark die Digitalisierung und künstliche Intelligenz das Privatleben und das Berufsleben beeinflussen. Wir haben darüber mit Familie Marzahn gesprochen. Würden Sie sich vielleicht kurz vorstellen?

Martina Marzahn: Ja gerne. Ich bin Martina Marzahn und arbeite als Sachbearbeiterin in einer Versicherung.

Björn Marzahn: Und ich bin Björn Marzahn. Ich bin Ingenieur von Beruf.

Moderator: Wie ist es bei Ihnen zu Hause? Haben Sie schon Geräte, die automatisch Lebensmittel im Supermarkt bestellen, wenn Ihr Kühlschrank leer ist?

Björn Marzahn: Nein, so weit ist es noch nicht. Wir haben einen Staubsaugerroboter, das ist ganz praktisch. Er saugt zum Beispiel das Wohnzimmer und das Schlafzimmer, wenn wir nicht zu Hause sind. Dann ist der Fußboden sauber, wenn wir zurückkommen. Aber einen Sprachassistenten haben wir nicht und wir wollen auch keinen haben, denn dann ist das Risiko der Kontrolle und Überwachung unseres Privatlebens sehr viel größer als jetzt.

Martina Marzahn: Wir haben auch keinen Smart-TV. Wir haben überhaupt keinen Fernseher mehr. Das ist auch nicht nötig, denn Filme können wir auch online sehen und Nachrichten lesen wir ebenfalls im Internet.

Moderator: Aber sicher haben Sie Smartphones, oder?

Martina Marzahn: Ja, die haben wir. Ich habe sogar zwei Smartphones. Ein privates und eins, das meine Firma bezahlt. Ich arbeite auch zu Hause und manchmal auch am Wochenende und muss immer Zugriff auf Unterlagen aus der Firma haben. Im Urlaub schalte ich das Smartphone der Firma aber aus. Ich will nicht immer erreichbar sein – und meine Chefs akzeptieren das.

Moderator: Und bei Ihnen, Herr Marzahn, welche Rolle spielt die Digitalisierung in Ihrem Berufsleben?

Björn Marzahn: Ich arbeite in einem großen Industrieunternehmen, das Elektroteile herstellt. Dort bin ich Mitglied in einer Projektgruppe, die die Aufgabe hat, Möglichkeiten zu finden, Einkauf, Produktion und Warenlieferung stärker zu vernetzen. Wir haben schon gute Ergebnisse erreicht und viele Abläufe sind schneller geworden. Aber wir haben noch einen langen Weg vor uns, denn für die Vernetzung ist es notwendig, dass wir auch gut mit unseren Kunden und Lieferanten zusammenarbeiten.

Inhalte der Audio-Dateien

Track	Einheit Aufgabe/ Übung	Kurztitel
1		Nutzerhinweise
	Einheit 1	
2	A | 2a	Herr Suwaid stellt sich vor
3	C | 2a	Interview mit drei Migranten (1)
4	C | 2c	Interview mit drei Migranten (2)
	Übungen 1	
5	A | 1c	Vorstellungsgespräch von Tanya Danow
6	C | 3	Drei Kurzberichte (Interview)
	Einheit 2	
7	A | 2a	Vier Kurzvorstellungen
8	D | 1a	Fragebogen für eine Zeitarbeitsfirma
	Übungen 2	
9	B | 4a	Umfrage zum Thema Zeitarbeit
	Einheit 3	
10	A | 3a	Frau Zorinas erster Arbeitstag
11	B | 1a	Lernen bei der Volkshochschule
12	C | 1b	Eine Teambesprechung
13	C | 2a	Höflich fragen, bitten, auffordern
	Übungen 3	
14	A | 1a	Aufgaben und Zuständigkeiten in der Baier AG
15	A | 2a	Wo finde ich …?
16	B | 1	Pausengespräch zwischen Mai-Lin, Danylo und Tim
17	D | 2	Duzen oder siezen?
	Einheit 4	
18	A | 1b	Dialoge: Terminabsprachen
19	A | 2	Reflexivpronomen
20	B | 2b	Wer geht auf die Fortbildung?
21	D | 2a	Pünktlichkeit am Arbeitsplatz

Track	Einheit Aufgabe/ Übung	Kurztitel
	Übungen 4	
22	B | 4b	Wer macht wann Urlaub?
23	D | 3a	Aussagen zum Thema Pünktlichkeit
	Einheit 5	
24	A | 1a	Einkaufsgespräche
25	B | 1a	Besuch in einer Möbelfirma: Begrüßung
26	B | 1b	Besuch in einer Möbelfirma: Betriebsbesichtigung
27	C | 3a	Berufswünsche
	Übungen 5	
28	C | 4b	Was wäre, wenn?
	Einheit 6	
29	A | 1b	Gespräche mit Dienstleistern
30	B | 1a	Die Maler müssen kommen
31	B | 2a	Nach den Malerarbeiten
32	C | 3a	Beschwerden und Reklamationen
	Übungen 6	
33	A | 1a	Radiointerview mit einer Arbeitsmarktexpertin zum Thema „Dienstleistungen"
34	D | 1	Radiointerview mit einem Arbeitsmarktexperten zum Thema „Callcenter"
	Einheit 7	
35	A | 2a	Umfrage in der Fußgängerzone
36	C | 1a	Radiosendung zum Thema „Arbeitswelt von morgen"
	Übungen 7	
37	C | 1	Digitalisierung in der Arbeitswelt
38	D | 3	Interview zum Thema „Digitalisierung und künstliche Intelligenz im Privatleben"

Impressum Audio-Dateien

Studio: Clarity Studio Berlin

Regie und Aufnahmeleitung: Susanne Kreutzer

Tontechnik: Gislinde Böhringer, Hüseyin Dönertaş

Sprecherinnen und Sprecher: Denis Abrahams, Marianne Graffam, Roman Hemetsberger, Susanne Kreutzer, Kim Pfeiffer, Benjamin Plath, Melina Rost, Christian Schmitz

Quellen

Bildquellen

Umschlag (Coverfoto) stock.adobe.com/ajr_images; (Karte) Cornelsen/Volkhard Binder
S. 5 (1) Shutterstock.com/Frank Gaertner; (2) stock.adobe.com/copyright by Oliver Boehmer - bluedesign®; (3) stock.adobe.com/ASDF; (4) stock.adobe.com/Janina Dierks/Janina; **S. 7** (5) Shutterstock.com/zhu difeng; (6) Shutterstock.com/NicoElNino; (7) stock.adobe.com/Stephen Coburn/This image is copyright of SnappyStock, Inc.; **S. 8** (A) Shutterstock.com/wavebreakmedia; (B) Shutterstock.com/ Matej Kastelic; (C) Shutterstock.com/Prasit Rodphan; (D) Shutterstock.com/Elena11; (E) Shutterstock.com/goodluz; (F) Shutterstock.com/Frank Gaertner; **S. 10** Shutterstock.com/ lenetstan; **S. 12** (1) Shutterstock.com/baranq; (2) Shutterstock.com/kurhan; (3) Shutterstock.com/Rocketclips, Inc.; (4) Shutterstock.com/GagliardiImages; (5) Shutterstock.com/Bhakpong; (6) Shutterstock.com/Kamil Macniak; **S. 14** Shutterstock.com/ProStockStudio; **S. 16** Shutterstock.com/serdjophoto; **S. 18** Shutterstock.com/JHDT Productions; **S. 19** Shutterstock.com/Dubova; **S. 20** Shutterstock.com/denegru; **S. 24** Shutterstock.com/Fresnel; **S. 25** Shutterstock.com/Mangostar; **S. 26** (Praktikum) Shutterstock.com/industryviews; (Agentur) stock.adobe.com/copyright by Oliver Boehmer - bluedesign®; (Zeitarbeitsfirma) stock.adobe.com/Holger de Vries/ HaDeVau; (Jobportal) stock.adobe.com/Boris Zerwann/ Zerbor; (Zeitungsanzeige) Shutterstock.com/ArTono; (Aushang) Shutterstock.com/Patty Chan; (Freunde) Shutterstock.com/Rido; (Initiativbewerbung) Shutterstock.com/Lisa S.; (Ausbildung) Shutterstock.com/ Robert Kneschke; **S. 28** (li.) Shutterstock.com/Andrey_ Popov; (re.) stock.adobe.com/copyright by Oliver Boehmer - bluedesign®; **S. 32** Shutterstock.com/Rido; **S. 34** (li.) Shutterstock.com/Michelangelo Gratton; (re.) Shutterstock.com/oliveromg; **S. 35** (li.) Shutterstock.com/ pixelheadphoto digitalskillet; (re.) Shutterstock.com/fizkes; **S. 37** (li.) Shutterstock.com/whitelook; (mi.) Shutterstock.com/Djomas; (re.) Shutterstock.com/ FeyginFoto; **S. 43** Shutterstock.com/AJR_photo; **S. 45** (A) stock.adobe.com/Katarzyna Bialasiewicz photographee.eu; (B) stock.adobe.com/© Djordje Radosevic/djrandco; (C) stock.adobe.com/ASDF; **S. 46** Shutterstock.com/Jacob Lund; **S. 48** Shutterstock.com/wavebreakmedia; **S. 50** stock.adobe.com/mavoimages; **S. 52** (1) stock.adobe.com/ Westend61; (2) stock.adobe.com/Monkey Business; (3) stock.adobe.com/Westend61/Jo Kirchherr; (4) stock.adobe.com/mavoimages; (5) stock.adobe.com/MARIIA; (6) stock.adobe.com/HQUALITY; (7) stock.adobe.com/ Yakobchuk Olena; (8) stock.adobe.com/StockPhotoPro; **S. 56** Shutterstock.com/Neomaster; **S. 57** Shutterstock.com/ VGstockstudio; **S. 60** stock.adobe.com/contrastwerkstatt; **S. 61** stock.adobe.com/industrieblick; **S. 62** (A) Shutterstock.com/Wellnhofer Designs; (B) stock.adobe.com/ Janina Dierks; (C) Shutterstock.com/SeventyFour; (D) Shutterstock.com/sirtravelalot; (E) Shutterstock.com/ GUNDAM_Ai; (F) Shutterstock.com/adriaticfoto; **S. 63** (Würfel) Shutterstock.com/Drug Naroda; **S. 64** (ob.) Shutterstock.com/InesBazdar; (mi. 1) Shutterstock.com/ Altitude Visual; (mi. 2) stock.adobe.com/Seventyfour; (un.) stock.adobe.com/maho; **S. 65** Shutterstock.com/Robert Kneschke; **S. 66** (ob. li.) Shutterstock.com/goodluz; (ob. mi.) Shutterstock.com/Cookie Studio; (ob. re.) Shutterstock.com/ Monkey Business Images; **S. 67** Shutterstock.com/Vidoslava; **S. 68** Shutterstock.com/Billion Photos; **S. 71** (li.)

Shutterstock.com/Stephm2506; (re.) Shutterstock.com/ Brastock; **S. 73** Shutterstock.com/GaudiLab; **S. 74** Shutterstock.com/ArdeaA; **S. 76** (Hintergr. ob.) stock.adobe.com/djvstock; (Lutter) Shutterstock.com/ Michelangelo Gratton; (Landowski) Shutterstock.com/Anna Nahabed; (Vargas) Shutterstock.com/oliveromg; (Siri) Shutterstock.com/myboys.me; **S. 79** Shutterstock.com/ALPA PROD; **S. 80** (A) Shutterstock.com/Corepics VOF; (B) Shutterstock.com/guruXOX; (C) Shutterstock.com/ Rawpixel.com; (D) Shutterstock.com/zhu difeng; (E) Shutterstock.com/LADO; (F) Shutterstock.com/Iakov Filimonov; **S. 81** TESTROOM GmbH/Media Analyzer; **S. 82** (ob.) Shutterstock.com/Guenter Albers; **S. 85** (Lothar) Shutterstock.com/stockfour; (Anna) Shutterstock.com/ Robert Kneschke; (Paolo) Shutterstock.com/Daniel M Ernst; **S. 86** Shutterstock.com/Narong Jongsirikul; **S. 88** (Gemüse) Shutterstock.com/TrotzOlga; (Dosenananas) Shutterstock.com/Sergiy Kuzmin; (Jeans) Shutterstock.com/ Billion Photos; (Holz) Shutterstock.com/CHIARI VFX; (Teller) Shutterstock.com/Dan Kosmayer; (Krawatte) Shutterstock.com/Hadou; (TV) Shutterstock.com/Ruslan Ivantsov; (Drucker) Shutterstock.com/Sergey Peterman; **S. 89** (A) Shutterstock.com/GaudiLab; (B) Shutterstock.com/ stockfour; (C) Shutterstock.com/Arina P Habich; (D) Shutterstock.com/ivan_kislitsin; **S. 92** Shutterstock.com/ Iakov Filimonov; **S. 94** Shutterstock.com/Harish Marnad; **S. 97** Deutsche Bahn AG / Pablo Castagnola; **S. 98** (A) stock.adobe.com/Westend61; (B) stock.adobe.com/Dan Race/Dan; (C) stock.adobe.com/Antonioguillem; (D) stock.adobe.com/Stephen Coburn/This image is copyright of SnappyStock, Inc.; (E) stock.adobe.com/stokkete; (F) stock.adobe.com/Iakov Filimonov/JackF; **S. 100** stock.adobe.com/Peter Atkins; **S. 104** stock.adobe.com/PR Image Factory/Copyright @ 2017 PR IMAGE FACTORY/PR; **S. 106** Cornelsen/Andreas Terglane; **S. 111** (ob.) Shutterstock.com/New Africa; (un.) Shutterstock.com/Y Photo Studio; **S. 112** stock.adobe.com/kay fochtmann/kay; **S. 114** (1) stock.adobe.com/Kzenon; (2) stock.adobe.com/ Pixel-Shot; (3) stock.adobe.com/www.industrieblick.net/ industrieblick; (4) stock.adobe.com/Syda Productions/lev dolgachov/Syda; **S. 116** (1) Shutterstock.com/Jaroslav Francisko; (2) stock.adobe.com/Kaesler Media; (3) Shutterstock.com/Iakov Filimonov; (4) Shutterstock.com/ Poprotskiy Alexey; (5) Shutterstock.com/ESB Professional; (6) stock.adobe.com/AntonioDiaz; (7) Shutterstock.com/ Denys Prykhodov; (8) Shutterstock.com/RioPatuca Images; **S. 117** Shutterstock.com/POM POM; **S. 118** (1) Shutterstock.com/Anton Gvozdikov; (2) Shutterstock.com/ Dmitry Bruskov; (3) Shutterstock.com/Zurijeta; **S. 120** Shutterstock.com/DW labs Incorporated; **S. 121** Shutterstock.com/M-SUR; **S. 122** (A) Shutterstock.com/ NicoElNino; (B) Shutterstock.com/Vyntage Visuals; (C) Shutterstock.com/Zapp2Photo; (D) Shutterstock.com/ beeboys; **S. 124** (1 bis 4) Shutterstock.com/DR-images; (5) Shutterstock.com/OlgaSiv; (6) Shutterstock.com/donikz; (7) Shutterstock.com/Mile Atanasov; (8) Shutterstock.com/ cobalt88; (9) Shutterstock.com/Sergey Peterman; **S. 127** (ob. li.) Shutterstock.com/Filip Warulik; (mi. li.) Shutterstock.com/BestPhotoStudio; (un. li.) Shutterstock.com/stockfour; **S. 130** (A) Shutterstock.com/ Factory_Easy; (B) Shutterstock.com/Artsplav; (C) Shutterstock.com/Baptist; (D) Shutterstock.com/alterfalter; **S. 133** Shutterstock.com/sylv1rob1

Textquellen

S. 86 Kiezkaufhaus, Wiesbaden. Das Kiezkaufhaus - Lokal Liefern Lassen [bearbeitet] https://stadtleben.de/wiesbaden/ branchen/location/kiezkaufhaus/[26.06.2018]

Notizen